일본어 회화 및 **독해력 향상**을 위한

일어판 이솝우화

타노시쿠 마나부 니혼고

林相倍 訳著

Academy House
學士院

일본어 회화·독해, 이 보다 더 좋은 교재 있을까?

일러두기

이 책은 이솝우화(Aesop's Fable, イソップの寓話(ぐうわ))의 일본어판(テキスト)으로, 약 500여편에 이르는 이야기 자료 중 재미있고 흥미진진한 내용 60편을 선별하여 구성하였다.

내용은 주로 동물이야기를 소재로, 동물 특유의 투쟁적인 삶이나 특이한 행동방식을 인간의 삶에 투영시켜 반추해볼 수 있도록 하였다.

각 이야기에는 자세한 각주의 어구해설을 통해 스스로 번역해가며 읽도록 하였다. 일본어학습에 흥미를 가지기 시작한 초급단계의 학습자들로부터 일본어를 어느 정도 구사할 수 있는 초중급의 학습자들이 어휘력과 회화력을 높일 수 있는 내용으로 구성하였다.

특히 본문내용에서 원어민이 구사하는 자연스런 대화는 물론, 풍부하고 다양한 생활저변의 언어를 망라한 상황표현은 물론, 수식어인 기본 의성어·의태어는 다른 어느 일본어교육 교재에도 찾아볼 수 없는 것들이다.

원래 두 권으로 기획했으나 가격대비의 절약을 도모하고 낱말·독해·회화 등 종합적인 자료의 통합으로 분권의 불편을 없애고, 또 밑줄을 그어 가면서 학습했을 때 중요표현 내용을 한 권에서 찾아 볼 수 있도록 한 것이다.

각주의 자세한 어구해설에서 일본한자를 밝혔고, ㉠은 기본형이므로 낱말이 어떻게 문법적으로 활용되고 있는지를 알 수 있게 하였다. 또, 맨 뒤에 **부록으로 한국어대역을 덧붙였다.** 그것은 재한일본인(在韓日本人)이 정확한 우리말 표현을 이해하게 함과 학습자들도 대조할 수 있도록 배려하였고, **형용사·형용동사·동사의 문법활용을 덧붙였다.** 이 교본으로 일본어를 확실히 정립하기 바란다.

이 책을 5회 정도 반복해서 소리내어 읽고 테이프를 듣는다면, 도쿄 한 가운데 가 있더라도 어느 일본인과의 대화가 가능하다. 이것이 이 책의 특징이다. **내용을 그대로 몸으로 느껴보라.**

그리고 이야기 사이에는 삽화를 넣어 내용이해와 재미를 더하도록 하였다. 각 이야기는 단순히 읽는 재미뿐만 아니라, 그 이야기가 주고자 하는 진정한 의미를 음미해보는 것도 중요하다. 이처럼 우리에게 해학적인 많은 우화를 남긴 '이솝'이란 사람은 도대체 어떤 인물이었을까?

　이솝의 많은 이야기와 명성에 비해 그의 생애에 대한 기록은 많지않다. 그리스의 역사가 헤로도토스(Herodotos, BC 484~424)와 많은 작가들의 기록을 통해 살펴보면, 이솝은 BC 6세기 중엽의 그리스 사람으로서 피타고라스(Pythagoras, BC 582?~497?)의 고향이기도 한 사모스섬(Samos Island: 에게해 남동쪽 소아시아 연안에 위치한 동서 폭 약 43km, 남북 약 13km로 472.5㎢ 그리스령의 섬)에 사는 이아드몬(Iadmon)이라는 사람의 노예였는데, 그는 이야기를 꾸미는 재주가 뛰어나 주인으로부터 노예에서 해방되어 세계의 여러 곳을 유람하며 많은 이야기를 남겼다.

　이솝은 그리스어로 아이소포스(Aisopos)이며, 이는 이디오프(Ethiop, 피부가 검은 사람)로 원래 에티오피아인으로 추정되며, 그는 안짱다리, 불룩나온 배, 검은 피부로 비할데 없는 추남인데다 기형적이리 만큼 키가 작았다. 그러나 두뇌회전이 빠르고 화술이 뛰어나서 세상에 명성이 높았다.

　이솝의 우화는 그가 죽은 후 편찬된 것으로 그 내용은 주로 인간의 여러 유형의 모습들을 동물의 특징을 빌어 표현하고 있는데, 약하고 힘이 없는 자들이 그들의 지혜와 선(善)으로 강하고 권력있는 자를 이기고 행복해진다는 줄거리로 되어 있다. 그것은 노예였던 이솝의 신분적인 압박감에서 비롯된 것인지도 모른다. 그러나 겉으로 드러나는 단순한 논리, 즉 약자가 지혜로서 강자를 이긴다는 것만이 이솝우화의 교훈만은 아니다. 지금으로부터 2500여년 전에 만들어진 이야기이지만 현대를 살아가는 오늘의 우리들 삶에도 변함없는 교훈을 주고 있기 때문이다.

　이솝의 우화는 어린이들에게는 흥미와 함께 슬기와 교훈을, 어른들에게는 잊고 지내기 쉬운 작지만 큰 진리들을 가르쳐 주는 이야기라고 생각된다. 이 책을 통해 삶의 교훈을 얻음과 동시에 일본어정복과 실력향상도 기할 수 있으리라 확신한다. 독자제현의 건투를 비는 바이다.

편집자 적음

目次 / もくじ

1. ありの おんがえし(개미의 보은) ··· 9
2. なかまはずれに された こうもり(따돌림당한 박쥐) ··················· 13
3. ねずみの そうだん(쥐의 논의) ··· 18
4. うそを つく こども(거짓말하는 어린이) ······································· 21
5. あぶと ライオン(등에와 사자) ··· 26
6. かけっこ(달리기내기) ··· 29
7. みずに うつった かげ(물에 비친 그림자) ····································· 34
8. ありと きりぎりす(개미와 여치) ··· 37
9. きんの たまご(황금 달걀) ··· 42
10. ずるい きつね(교활한 여우) ··· 45
11. くまの ないしょばなし(곰의 비밀이야기) ····································· 50
12. ライオンの かわを きた ろば(사자 가죽을 뒤집어쓴 당나귀) ··· 53
13. さかなの おうさま(물고기의 왕) ··· 58
14. まけおしみ(억지쓰기) ··· 61
15. ろばを かついだ おやこ(당나귀를 멘 아버지와 아들) ··············· 64
16. はりねずみの こしかけ(고슴도치 걸상) ······································· 72
17. かに よこばい(게 모걸음) ··· 75
18. きんの おの(금도끼) ··· 78
19. からすと みずがめ(까마귀와 물항아리) ······································· 83
20. いなかと まちの ねずみ(시골쥐와 도회쥐) ································· 86
21. うしと かあさんがえる(소와 엄마개구리) ··································· 91
22. ろばの わるぢえ(당나귀의 잔꾀) ··· 94
23. ライオンを たすけた ねずみ(사자를 구조한 쥐) ······················· 99
24. さるの おうさま(원숭이 왕) ··· 103
25. がけの したの おおかみ(벼랑 아래의 이리) ····························· 108
26. きたかぜと おひさま(북풍과 햇님) ··· 111
27. りこうな こひつじ(영리한 새끼양) ··· 116
28. おんしらずの しか(배은망덕한 사슴) ··· 119
29. そらを とんだ かめ(하늘을 날은 거북) ····································· 122

30. つよい ぼう(강한 막대기) ……………………………………………… 127
31. きつねと つるの ごちそう(여우와 학의 음식대접) ……………… 130
32. おくびょう ライオン(겁이 많은 사자) …………………………… 134
33. おしゃれな からす(멋쟁이 까마귀) ……………………………… 137
34. りこうな にわとり(영리한 닭) …………………………………… 141
35. ふえふき りょうし(피리부는 어부) ……………………………… 144
36. からすの こえじまん(까마귀의 목소리자랑) …………………… 149
37. かえるの おうさま(개구리의 왕) ………………………………… 152
38. くじゃくの じまん(공작새의 뽐냄) ……………………………… 157
39. あわて うさぎ(덜렁이 토끼) ……………………………………… 160
40. ひばりの ひっこし(종다리의 이사) ……………………………… 164
41. さるの あみうち(원숭이의 투망질) ……………………………… 167
42. ろばと きりぎりす(당나귀와 여치) ……………………………… 172
43. いどに おりた きつね(우물에 내려온 여우) …………………… 175
44. おつきさまの きもの(달님의 옷) ………………………………… 179
45. おばけの りんご(도깨비 사과) …………………………………… 182
46. ほらふき せんしゅ(허풍선이 선수) ……………………………… 188
47. わしと からす(독수리와 까마귀) ………………………………… 191
48. うまと ろば(말과 당나귀) ………………………………………… 196
49. えに かいた ライオン(그림의 사자) …………………………… 199
50. にひきの やぎ(두 마리의 염소) ………………………………… 206
51. わしの おんがえし(독수리의 보은) ……………………………… 209
52. いじわる いぬ(심술쟁이 개) ……………………………………… 214
53. さると まめ(원숭이와 콩) ………………………………………… 217
54. ろばの かげ(당나귀의 그늘) ……………………………………… 221
55. おばさんの しっぱい(아주머니의 실패) ………………………… 224
56. ぶたと らくだ(돼지와 낙타) ……………………………………… 229
57. とびこえ きょうそう(뛰어넘기 경주) …………………………… 232
58. ねずみの くふう(쥐의 궁리) ……………………………………… 237
59. おおかみと ひつじかい(이리와 양치기) ………………………… 240
60. めんどりと こむぎ(암탉과 밀) …………………………………… 244

※부록: 本文対訳 …………………………………………………… 251〜279

1. あり⁾の おんがえし²⁾
(개미의 보은)

ある³⁾ あつい⁴⁾ なつ⁵⁾の ひざかりでした⁶⁾。

「ああ⁷⁾、みず⁸⁾が のみたい⁹⁾。」と、おもった¹⁰⁾ いっぴき¹¹⁾ の ありが かわ¹²⁾に きました¹³⁾。

みずを のもうと して¹⁴⁾ あたま¹⁵⁾を さげた¹⁶⁾ とたん¹⁷⁾、かぜ¹⁸⁾に ふきとばされて¹⁹⁾ かわに おちて しまいました²⁰⁾。

もう²¹⁾ すこし²²⁾で、おぼれそうに²³⁾ なりました²⁴⁾。

---

1) あり(蟻): 개미
2) おん(恩)がえ(返)し: 은혜갚음, 보은
3) あ(或)る: 어떤, 어느
4) あつ(暑)い: 덥다, 더운
5) なつ(夏): 여름
6) ひ(日)ざか(盛)りでした: 한낮(대낮)이었습니다. ㉙ ~だ, ~です: ~(이)다, 입니다
7) ああ: (감탄사) 아(아)!
8) みず(水): 물
9) の(飲)みたい: 마시고 싶다. ㉙ のむ:마시다 *たい: ~하고싶다(조동사로 소망을 나타낸다)
10) おも(思)った: 생각했다, 생각한 ㉙ おもう: 생각하다
11) いっぴき(一匹): 한 마리, 한 필
12) かわ(川): 하천, 강, 시내
13) き(来)ました: 왔습니다 ㉙ く(来)る: 오다
14) の(飲)もうと して: 마시려고 해서 ㉙ のむ: 마시다, する: 하다 *동사+オ단어미+うと: ~려고
15) あたま(頭): 머리
16) さ(下)げた: 숙인 ㉙ さげる: 숙이다
17) とたん(途端): 찰나, 순간
18) かぜ(風): 바람
19) ふ(吹)きと(飛)ばされて: 불어 날려 버려서 ㉙ ふきとばす: 불어 날려 버리다
20) お(落)ちて しまいました: 떨어져 버렸습니다 ㉙ おちる: 떨어지다, しまう: ~해 버리다, ます: ~입(합)니다
21) もう: 곧, 머지않아, 이제

そのとき㉕、き㉖の うえ㉗の はと㉘が その ようす㉙を じっと㉚ みて いました㉛。

「かわいそうだ㉜。たすけて やろう㉝。」

はとは いちまい㉞の きのは㉟を くわえて㊱ かわに おとして㊲ やりました㊳。

ありは はっぱ㊴の うえに はいあがりました㊵。はっぱは きし㊶に つき㊷、ありは たすかりました㊸。

「はとさんの おかげで㊹ いのちびろい㊺を した。」

---

22) すこ(少)し: 조금, 약간 *もう すこしで: 조금 있으면, 잠시 후면
23) おぼ(溺)れそうに: 빠질 것 같이 웬 おぼれる: 빠지다
24) ~に なりました: ~이 되었습니다. 웬 なる: ~이(가) 되다
25) とき(時): 때, 시간 *その とき: 그 때
26) き(木): 나무
27) うえ(上): 위
28) はと: 비둘기
29) ようす(様子): 모습, 모양
30) じっと: 꼼짝 않고, 지그시, 가만히
31) み(見)て いました: 보고 있었습니다. 웬 みる: 보다, います: いる (있다)의 공대말
32) かわいそうだ: 가엾다, 불쌍하다
33) たす(助)けて やろう: 살려(도와) 주어야겠다. 웬 たすける: 살리다, やる: ~(해)주다, 보내다
   *~う: 말하는 주어의 의사·권유를 나타내며, 동사+オ단어미+う: ~겠다, ~하자
34) いちまい(一枚): 한 장, 한 잎
35) き(木)のは(葉): 나뭇잎 *このは는 아어(=아동의 언어), かれは: 마른 잎
36) くわ(銜)えて: 입에 물어서 웬 くわえる: 입에 물다
37) お(落)として: 떨어뜨려서 웬 おとす: 떨어뜨리다
38) やりました: 주었습니다 웬 やる: ~(해)주다
39) は(葉)っぱ: 잎(=は), 잎사귀
40) は(這)いあ(上)がりました: 기어올라갔습니다. 웬 はいあがる: 기어오르다
41) きし(岸): 물가
42) つ(着)き: 도착(하고), 도착(해서) 웬 つく: 도착하다, 앉다
43) たす(助)かりました: 살아났습니다. 웬 たすかる: 살아나다, 도움이 되다
44) お(御)かげ(蔭)で: 덕택으로
45) いのち(命)びろ(拾)い: 목숨을 건짐 웬 ひろ(拾)う: 건지다, 줍다

1. ありの おんがえし　11

1. ありの おんがえし

　ありは はとの しんせつ⁴⁶⁾を わすれませんでした⁴⁷⁾。

　それから⁴⁸⁾ まもなく⁴⁹⁾、りょうし⁵⁰⁾が やって きて⁵¹⁾、きの うえの はとに、てっぽう⁵²⁾を むけました⁵³⁾。

　はとは きが つきませんでした⁵⁴⁾。ありは りょうしの あし⁵⁵⁾に はいあがって、ちくりと⁵⁶⁾ かみつきました⁵⁷⁾。

　「あいた、たっ⁵⁸⁾。」

　ずどん⁵⁹⁾──。

　たま⁶⁰⁾は それて⁶¹⁾、はとは そら⁶²⁾へ とびたちました⁶³⁾。こう して⁶⁴⁾、ありは はとに おんがえしを する ことが できました⁶⁵⁾。

---

46) しんせつ(親切): 친절
47) わす(忘)れませんでした: 잊지 않았습니다. ㉢ わすれる: 잊다
48) それから: (접속사) 그 다음에, 그리고
49) ま(間)もなく: 이윽고, 곧, 머지않아(＝やがて)
50) りょうし(猟師): 사냥꾼
51) や(遣)って き(来)て: 다가와서 ㉢ やってくる: 다가오다, 찾아오다
52) てっぽう(鉄砲): 총, 총포류
53) む(向)けました: 향하였습니다, 겨누었습니다 ㉢ むける: 겨누다
54) き(気)が つ(付)きませんでした: 알아차리지 못했습니다. *きが つく: 깨닫다, 알아차리다
55) あし(足): 발, 다리
56) ちくりと: 콕, 따끔하게 (바늘 따위로 찌르는 모양)
57) か(嚙)みつ(付)きました: 물고 늘어졌습니다. ㉢ かむ: (깨)물다
58) あいた, たっ: 아야, 앗 *「あ」는 감탄사, 「いた」는 「いたい(＝아프다)」의 준말
59) ずどん: 탕, 쾅 (총포 따위를 쏘는 소리)
60) たま(弾): 알, 총알
61) そ(逸)れて: 빗나가고 ㉢ それる: 빗나가다
62) そら(空): 하늘, 공중
63) と(飛)びた(立)ちました: 날아갔습니다. ㉢ とびたつ: 날아가다
64) こう して: 이렇게 해서
65) ～ことが できました: ～할 수가 있었습니다. ㉢ できる: ～할 수 있다

2. なかまはずれ¹⁾に された こうもり²⁾
(따돌림당한 박쥐)

　むかし³⁾、とり⁴⁾と けもの⁵⁾が ふとした⁶⁾ ことから⁷⁾ せんそう⁸⁾を はじめました⁹⁾。なかなか¹⁰⁾ しょうぶが つきません¹¹⁾。たがいに¹²⁾ かったり¹³⁾ まけたり¹⁴⁾ して いました。

　ある とき、とりが けものを さんざんに¹⁵⁾ やっつけました¹⁶⁾。すると¹⁷⁾、こうもりが ひょっこり¹⁸⁾ とりの じんち¹⁹⁾に あらわれました²⁰⁾。

　「みなさん²¹⁾、おめでとう²²⁾。あの らんぼうな²³⁾ けものた

---

1) なかま(仲間)はず(外)れに された: 동료들한테 따돌림 당한 *なかまはずれ: 동료들한테 따돌림을 받음　웬 はずれる: 제외되다, される: ~당하다, なかまはずれに される: 따돌림 당하다
2) こうもり: 박쥐
3) むかし(昔): 옛날, 예전
4) とり(鳥): 새
5) けもの(獣): 짐승
6) ふとした: 우연한, 사소한
7) こと(事)から: 일에서(일로부터)
8) せんそう(戦争): 전쟁
9) はじ(始)めました: 시작했습니다.　웬 はじめる: 시작하다
10) なかなか: 좀처럼, 쉽사리, 꽤, 어지간히
11) しょうぶ(勝負)が つ(付)きません: 승부가 결말나지 않습니다.　웬 つく: 매듭을 짓다
12) たが(互)いに: 서로, 교대로
13) か(勝)ったり: 이기기도　웬 かつ: 이기다
14) ま(負)けたり: 지기도　웬 まける: 지다
15) さんざん(散散)に: 산산히, 여지없이 (몹시 심한 모양)
16) や(遣)っつけました: 해치웠습니다　웬 やっつける: 해치우다
17) すると: 그러자, 그랬더니
18) ひょっこり: 느닷없이 (뜻밖에 나타나거나 마주치는 모양)
19) じんち(陣地): 진지
20) あら(現)われました: 나타났습니다　웬 あらわれる: 나타나다

ちを よく うちまかしました24)ね。わたしは ごらん25)の と おり26)、はね27)が あって とべる28)から、とりの なかま29) です。どうぞ よろしく30)。」

とりは ひとりでも31) みかたが ほしい32) ときでした33)。 よろこんで34) こうもりを なかまに いれました35)。

でも、こうもりは よわむし36)でした。たたかい37)が はじ まると38) すがた39)を くらましました40)。どこかに41) かくれ て42)、ようす43)を うかがって44) いたのです。

---

21) みな(皆)さん: 여러분 *존경어: (みなさま)를 쓴다.
22) おめでとう: 축하합니다
23) らんぼう(乱暴)な: 난폭한, 무례한
24) う(打)ちま(負)かしました: 해치웠습니다 ㉿ うちまかす: 해치우다
25) ご(御)らん(覧): 봄, 보심 *ごらんなさい: 보십시오
26) とお(通)り: ~대로, ~듯이, ~같이
27) はね(羽)が あって: 날개가 있어 ㉿ ある: 있다
28) と(飛)べる: 날 수 있다 *とぶ(날다)의 가능형, とべるから: 날 수 있으므로(있으니)
29) なかま(仲間): 동료, 한패
30) どうぞ よろしく: 잘 부탁드립니다(=どうぞ よろしく おねが(願)いします)
31) ひとり(一人)でも: 한 사람(짐승)이라도
32) みかた(味方)が ほしい: 자기 편을 갖고 싶다(싶을)
33) とき(時)でした: ~을 때였습니다
34) よろこ(喜)んで: 즐겁게, 기쁘게 ㉿ よろこぶ: 기뻐하다, 즐거워하다
35) い(入)れました: 넣었습니다 ㉿ いれる: 넣다
36) よわむし(弱虫): 나약자, 겁장이
37) たたか(戦)い: 싸움, 전쟁
38) はじ(始)まると: 시작되면 ㉿ はじまる: 시작되다 *はじめる: 시작하다
39) すがた(姿): 모습, 모양, 형체, 자태
40) くら(晦)ましました: 감추었습니다 ㉿ くらます: 감추다
41) どこかに: 어딘가에
42) かく(隠)れて: 숨어서 ㉿ かくれる: 숨다
43) ようす(様子): 상황, 모양
44) うかが(窺)って: 엿보고, 살피고 ㉿ うかがう: 엿보다

2. なかまはずれに された こうもり　15

その うちに⁴⁵⁾ こんど⁴⁶⁾は けものが とりを さんざんに まかしました⁴⁷⁾。

「かった⁴⁸⁾、かった。ばんざい⁴⁹⁾。」

けものは かちどきを あげました⁵⁰⁾。すると、こうもりが ひょっこり けものの じんちに あらわれました。

「みなさん、おめでとう。らんぼうな とりども⁵¹⁾を よく やっつけましたね。わたしは ねずみ⁵²⁾の しんるい⁵³⁾で けものです。どうぞ よろしく。」

けものは よろこんで こうもりを じぶんたち⁵⁴⁾の なかま に しました。

こんな ふうに⁵⁵⁾ けものが かつと⁵⁶⁾ こうもりは けものに つきました⁵⁷⁾。とりが かつと とりの みかたに なりまし た。

その うちに、せんそうも おわって⁵⁸⁾ けものと とりは

---

45) うち(内)に: 사이에, 동안에
46) こんど(今度): 이번
47) まか(負)しました: 이겼습니다　㉈ まかす(=かつ): 이기다
48) か(勝)った: 이겼다　㉈ かつ: 이기다, 승리하다
49) ばんざい(万歳): 만세
50) か(勝)ちどきを あ(上)げました: 승리의 함성(개가)을 질렀습니다　㉈ あげる: 지르다, 내다
51) とりども: 새들, 새놈들
52) ねずみ: 쥐
53) しんるい(親類): 친척, 일가
54) じぶん(自分)たち: 자기들
55) こんな ふう(風)に: 이런 식으로
56) かつ(勝)と: 이기면
57) つ(付)きました: 달라붙었습니다　㉈ つく: (달라)붙다, 나다, 띠다, 차리다

なかなおり⁵⁹⁾を しました。すると、こうもりの ことが りょうほう⁶⁰⁾に わかって⁶¹⁾ しまいました⁶²⁾。

　こうもりが とりの せかい⁶³⁾に かお⁶⁴⁾を だすと⁶⁵⁾、

「おまえ⁶⁶⁾は とりじゃ ない⁶⁷⁾。」と ことわられました⁶⁸⁾。

　しかたなく⁶⁹⁾ けものの せかいに いくと⁷⁰⁾、

「おまえは けものじゃ ない。」と ことわられました。

　こうもりは どっちからも⁷¹⁾ なかまはずれに されました⁷²⁾。いまでも⁷³⁾、ひとりぼっち⁷⁴⁾で ゆうがた⁷⁵⁾から こそこそ⁷⁶⁾ とんで⁷⁷⁾ います。

---

58) おわ(終)って: 끝나서, 마쳐서　㉯ おわる: 끝나다
59) なかなお(仲直)り: 화해
60) りょうほう(両方): 쌍방, 양쪽
61) わかって: 알려져, 밝혀져　㉯ わかる: 알리다
62) 〜て しまいました: 〜해 버렸습니다　㉯ しまう: 〜해 버리다
63) せかい(世界): 세계, 세상
64) かお(顔): 얼굴, 낯
65) だ(出)すと: 내밀면, 내밀자　㉯ だす: 내밀다
66) おまえ(お前): 자네, 너 (2인칭의 비속어)
67) 〜じゃ ない: 〜이 아니다. *「では ない」의 구어적 표현
68) こと(断)わられました: 거절당했습니다　㉯ ことわる: 거절하다
69) しかた(仕方)なく: 하는 수 없이, 어쩔 수 없이
70) い(行)くと: 가면　㉯ い(行)く: 가다
71) どっち(何方)からも: 어느 쪽에서도
72) なかま(仲間)はずれに されました: (한패에서) 따돌림을 당하게 되었습니다　㉯ はずれる, される
73) いま(今)でも: 지금도, 현재도
74) ひとりぼっち: 외톨이, 단 혼자(=ひとりぽっち) *ひとりみ(身): 독신, 홀몸
75) ゆうがた(夕方): 해질녘, 저녁 때
76) こそこそ: 살금살금
77) と(飛)んで: 날고　㉯ とぶ

3. ねずみ¹⁾の そうだん²⁾
(쥐의 논의)

「このごろ³⁾ まいばん⁴⁾のように⁵⁾、なかま⁶⁾が ねこ⁷⁾に たべられる⁸⁾。なんとか⁹⁾ うまい¹⁰⁾ くふう¹¹⁾は ないかな¹²⁾。」

ある ばん、ねずみたちが そうだんを はじめました。

「あるとも¹³⁾。いい かんがえ¹⁴⁾が あるぞ¹⁵⁾。ねこの くび¹⁶⁾に、すず¹⁷⁾を つける¹⁸⁾ ことだ。」

「なるほど¹⁹⁾ そう すれば²⁰⁾、ちりん ちりんと²¹⁾ すずが

---

1) ねずみ: 쥐
2) そうだん(相談): 상담, 상의, 논의
3) こ(此)のごろ(頃): 요즈음, 요사이, 최근
4) まいばん(毎晩): 매일 밤, 밤마다
5) 〜のように: 〜처럼, 〜와 같이
6) なかま(仲間): 동료, 한패
7) ねこ(猫): 고양이
8) た(食)べられる: 잡아먹힌다 ㉿ たべる: 먹다
9) なんとか: 어떻게 하든지, 뭐라고
10) うま(旨)い: 훌륭한, 뛰어난
11) くふう(工夫): 궁리, 고안
12) ないかな: 없을까
13) あ(有)るとも: 있고말고 ㉿ ある: 있다
14) かんが(考)え: 생각
15) 〜ぞ: 〜지, 〜데, 〜다, 〜가(종지형에 붙어 강하게 다짐하는 뜻을 나타냄)
16) くび(首): 목
17) すず(鈴): 방울
18) つ(付)ける: 붙이다, 부착하다, 달다 *つける ことだ: 다는 것이다
19) なるほど: 과연, 정말
20) すれば: 하면 ㉿ する: 하다 *〜れば: 〜면(가정형에서 동사+어미エ단+ば)
21) ちりん ちりんと: 딸랑 딸랑 하고(거리고)

3. ねずみの そうだん　*19*

なって²²⁾、ねこの きた ことが すぐに²³⁾ わかるね。」

「それは うまい かんがえだ。」

ねずみたちは おおよろこびで²⁴⁾ さんせいしました²⁵⁾。すずも ちゃんと²⁶⁾ ようい²⁷⁾を しました。これさえ²⁸⁾ ねこの くびに つければ、もう²⁹⁾ しんぱい³⁰⁾は ありません。

ところが³¹⁾ こまりました³²⁾。いったい³³⁾、だれ³⁴⁾が おそろしい³⁵⁾ ねこの くびに すずを つけるのでしょう³⁶⁾。

「おお、こわ³⁷⁾。ぼく³⁸⁾は ごめんだ³⁹⁾。」

「わたしも いやよ⁴⁰⁾。」

いい かんがえも なんにも⁴¹⁾ なりませんでした。

---

22) な(鳴)って: 소리나서, 울려서 ㉑ なる: 울리다
23) すぐに: 곧, 즉시
24) おおよろこ(大喜)びで: 몹시 기뻐서
25) さんせい(賛成)しました: 찬성했습니다 ㉑ さんせいする: 찬성하다
26) ちゃんと: 빈틈없이, 확실히
27) ようい(用意): 준비
28) これさえ: 이것만 *さえは 조건가정형 '〜ば'를 수반하여 '〜만 …면'
29) もう: 이제, 정말
30) しんぱい(心配): 염려, 걱정
31) ところが: 그런데
32) こま(困)りました: 난처했습니다, 곤란했습니다 ㉑ こまる: 곤란하다
33) いったい(一体): 도대체
34) だれ(誰): 누구, 아무, 누가
35) おそ(恐)ろしい: 두려운, 무서운
36) 〜でしょう: 〜일까요, 〜겠지요
37) こわ: 무서워 *こわい(무섭다)의 축약형
38) ぼく(僕): 나, 저 (남성어)
39) ごめん(御免)だ: 싫어, 질색이야 *ごめんなさい(죄송합니다) *ごめんください(실례합니다)
40) いやよ: 싫어
41) なん(何)にも: 조금도, 전혀, 어디에도

4. うそを つく₁₎ こども₂₎
   (거짓말하는 어린이)

　ひつじかい₃₎の こどもが もりの なかから₄₎ とびだして きました₅₎。こどもは おおごえで₆₎ さけびながら₇₎ はしって きました₈₎。

　「たいへんだ₉₎、おおかみが でたあ₁₀₎。おおかみだ、おおかみだあ。たすけて くれえ₁₁₎。」

　「なに、おおかみだって₁₂₎。」

　おとな₁₃₎たちは びっくりしました₁₄₎。

　「それ、いけ₁₅₎。」とばかり₁₆₎、しごとを ほうりだして₁₇₎ と

---

1) うそ(嘘)を つ(吐)く: 거짓말을 하다 ㉬ つく: 말하다, 토하다
2) こども(子供): 어린이
3) ひつじ(羊)かい(飼): 양치기
4) もり(森)の なか(中)から: 숲 속에서
5) と(跳)びだ(出)して きました: 뛰어나왔습니다 ㉬ とびだす: 뛰어나가(오)다
6) おおごえ(大声)で: 큰 소리로
7) さけ(叫)びながら: 외치면서 ㉬ さけぶ: 외치다
8) はし(走)って きました: 달려(서) 왔습니다 ㉬ はしる: 달리다, くる: 오다
9) たいへん(大変)だ: 큰 일이다
10) おおかみ(狼)が で(出)たあ: 이리가 나왔다! ㉬ でる: 나오다 *おおかみ는 우리나라에선 '늑대'
11) たす(助)けて くれえ: 도와줘요!, 살려줘요 ㉬ くれる: 주다, ~해주다
12) ~だって: ~라고 (한번 말한 것을 되풀이해서 상대방이 말할 때 씀)
13) おとな(大人): 어른, 성인
14) びっくりしました: 깜짝 놀랐습니다
15) それ、い(行)け: 자, 가자 ㉬ いく: 가다 *여기서 それ는 주의를 촉구할 때 쓰며 '자', '봐라'의 뜻이며, 일상에는 それだよ: '그것이다', '그것이에요'처럼 쓴다.
16) ~とばかり: ~라는 듯이
17) しごと(仕事)を ほう(放)りだ(出)して: 일을 내팽개치고 ㉬ ほうりだす: 내팽개치다

んで いきました18)。みんな てに19) てに、てっぽう20)や ぼう21)を もって22) かけつけました23)。ところが どうでしょう。

　おおかみ なんて24)、かげ25)も かたち26)も ありません。みんなは きょろ きょろ しながら27) たずねました28)。

「ぼうや29)、おおかみは どこだい30)。」

　すると、こどもは おなかを かかえて31) わらいだしました32)。

「おおかみって いうと33)、おじさんたち34)が あわてて35) くるでしょう。それが おもしろいから36) だまして37) やったのさ38)。ああ、おもしろかった。」

---

18) と(跳)んで い(行)きました: 뛰어 갔습니다　㉹ とぶ: 뛰다, いく: 가다
19) みんな(皆) て(手)に: 모두 손에　*みな: 전부, 다, てにてに: 손에 손에
20) てっぽう(鉄砲): 총, 소총　* てつぼう(鉄棒): 쇠뭉치
21) ぼう(棒): 몽둥이, 막대
22) も(持)って: 들고, 가지고　㉹ もつ: 가지다, 들다
23) か(駆)けつ(付)けました: 급히 달려왔습니다　㉹ かけつける: 급히 달려(뛰어) 오다(가다)
24) なんて: ~따위는, ~라고는
25) かげ(影): 그림자
26) かたち(形): 모습, 모양
27) きょろ きょろ しながら: 두리번 두리번하(거리)면서　㉹ する: 하다
28) たず(尋)ねました: 물었습니다　㉹ たずねる: 묻다
29) ぼう(坊)や: 애야(사내애를 귀엽게 부르는 말＝ぼっちゃん)
30) どこだい: 어디 있니?　*「い」는 문세강조의 종조사이다.
31) おなか(御腹)を かか(抱)えて: 배를 움켜(부둥켜) 안고　㉹ かかえる: (껴)안다, 부둥켜 안다
32) わら(笑)いだ(出)しました: 웃어댔습니다　㉹ わらいだす: 웃어대다
33) ~って い(言)うと: ~라고 하면
34) おじさんたち: 아저씨들
35) あわ(慌)てて: (놀라서) 당황해서　㉹ あわてる: (놀라서) 당황하다, 허둥대다
36) おもしろいから: 재미있으므로　㉹ おもしろい: 재미있다, 재미있는
37) だま(騙)して: 속여(서)　㉹ だます: 속이다
38) やったのさ: 해준 것이지　*「の」(~인 것)＋「さ」(~이지): 상대방에게 주장하는 기분을 나타냄

4. うそを つく こども 23

おとなたちは たがいに かおを みあわせました。

「なんて わるい こどもだろう。こんど うそを ついたら しょうちしないぞ。」

「もう しません。」

こどもは したを ぺろりと だして にげて いきました。

しばらく たちました。こどもは この まえの ことを おもいだして、もう いちど やって みたく なりました。そこで また、もりから とびだして わめきたてました。

「おおかみだあ、おおかみだ。たすけて くれえ。」

おおかみと きいては すてても おけません。むらの ひとたちは また とんで いきました。すると、こどもが さも おかしそうに、わらいころげて いました。

「なんだ、また だまされたか。」

---

39) たが(互)いに: 서로
40) み(見)あ(合)わせました: (서로) 마주 보았습니다　㉾ みあわせる: 마주 보다
41) わる(悪)い: 나쁜, 나쁘다
42) こんど うそ(嘘)を つ(吐)いたら しょうち(承知)しないぞ: 이 다음 거짓말을 (말)하면 용서하지 않겠다　㉾ つく: 말하다, 토하다 *うそを つく: 거짓말을 하다
43) した(舌)を ぺろりと だ(出)して: 혀를 날름 내며 *ぺろりとは 혀를 재빨리 내미는 모양
44) に(逃)げて: 도망쳐, 달아나　㉾ にげる: 도망치다, 달아나다
45) しばらく た(経)ちました: 얼마간 (시간이) 지났습니다　㉾ たつ: (시간・때가) 지나다
46) おも(思)いだ(出)して: 생각해내서　㉾ おもいだす: 생각해내다
47) やって みたく なりました: ~해 보고 싶어졌습니다　㉾ やる: 하다, 해주다, みる: 보다, なる: 되다
48) そこで: 그래서
49) わめ(喚)きた(立)てました: 큰 소리로 마구 외쳐댔습니다　㉾ わめく: 큰 소리로 외치다, 아우성치다 *たてる: 마구 ~대다
50) す(捨)てても お(置)けません: 내버려 둘 수도 없습니다　㉾ すてる: 버리다, ~해 버리다
51) むら(村): 마을
52) さも おか(可笑)しそうに: 아주(자못) 우스운듯이
53) わら(笑)いころ(転)げて: 자지러지게 웃고　㉾ わらいころげる: 자지러지게 웃다

みんなは　ぷんぷんしましたが⁵⁵⁾、こどもは　あじを　しめました⁵⁶⁾。それからも　たびたび⁵⁷⁾　うそを　ついて、みんなを　だましました。

　ところが⁵⁸⁾　ある　ひ、ほんとうに⁵⁹⁾　おおかみが　あらわれました⁶⁰⁾。こどもは　あおく　なって⁶¹⁾　さけびました。

　「たすけて　くれ。おおかみが　でた。こんどは　ほんとうだ、ほんとうだ。」

　けれど⁶²⁾、むらの　ひとたちは　ほんとうに　しませんでした⁶³⁾。

　「ふん⁶⁴⁾、もう　だまされないぞ⁶⁵⁾。」

　みんなは　しらない　かおで⁶⁶⁾　しごとを　つづけました⁶⁷⁾。おおかみに　おそわれた⁶⁸⁾　こどもを　だれひとり⁶⁹⁾　たすける　もの⁷⁰⁾は　ありませんでした。

---

54) なんだ、また　だまされたか: 뭐야(뭐냐), 또 속임당했다는 건가
55) ぷんぷんしましたが: 몹시 성이 났습니다만 *ぷりぷり, ぷりぷり(몹시 성이 난 모양)로도 쓴다.
56) あじ(味)を　し(占)めました: 맛을 들였습니다, 재미를 들였습니다
57) それからも　たびたび(度度): 그 뒤에도 여러번(자주, 몇 번이고＝しばしば)
58) ところが: 그랬더니, 그런데, 그래서
59) ほんとうに: 정말로
60) あら(現)われました: 나타났습니다　㉤ あらわれる: 나타나다, 드러나다
61) あお(青)く　なって: 파랗게 질려서　㉤ なる: ～이 되다
62) けれど: 하지만(けれども)
63) ほんとうに　しませんでした: 정말로 여기지 않았습니다
64) ふん: 흥 (가볍게 대꾸하거나 불안·경시하는 기분을 나타내는 콧소리)
65) だまされないぞ: 속지 않겠다　㉤ だます: 속이다
66) し(知)らない　かお(顔)で: 모르는 기색으로
67) つづ(続)けました: 계속했습니다　㉤ つづける: 계속하다
68) おそ(襲)われた: 습격당한　㉤ おそわれる: 습격당하다, 덮치다
69) だれひとり(誰一人): 누구 한 사람
70) たす(助)ける　もの(者): 도와주는 사람　㉤ たすける: 돕다, 구조하다

5. あぶ¹⁾と ライオン²⁾
(등에와 사자)

　ちいさな³⁾ あぶが ライオンの め⁴⁾の まえを ぶんぶん⁵⁾ とびまわって いいました⁶⁾。

　「ライオンなんて⁷⁾、ぼく、ちっとも こわく ないよ⁸⁾。おまえさんが いくら⁹⁾ ほえようと¹⁰⁾ あばれようと¹¹⁾、ぼくは へいきさ¹²⁾。こう みえても¹³⁾ ぼくは つよいんだ¹⁴⁾。うそだと おもうなら¹⁵⁾、うでまえを みせて やろうか¹⁶⁾。」

　あぶは いきなり¹⁷⁾ とんで きて ライオンの はなさき¹⁸⁾を さしました¹⁹⁾。

---

1) あぶ(虻): 등에 (동물의 피를 빨아먹는 파리・벌 비슷한 곤충)
2) ライオン: 사자
3) ちい(小)さな: 작은 (연체사) *ちいさい와 같은 뜻이다.
4) め(目): 눈
5) ぶんぶん: 붕붕, 윙윙
6) と(飛)びまわ(回)って い(言)いました: 날아다니며 말했습니다 ㉿ とぶ: 날다, いう: 말하다
7) ~なんて: ~따위
8) ちっとも こわ(恐)く ないよ: 전혀(조금도) 무섭지 않아(요)
9) いくら: 아무리
10) ほ(吠)えようと: 으르렁거려도 ㉿ ほえる: (짐승 등이)짖다, 으르렁 거리다
11) あば(暴)れようと: 날뛰어도, 난폭하게 굴어도 ㉿ あばれる: 날뛰다, 난폭하게 굴다
12) へいき(平気)さ: 개의치않아, 태연해
13) こう み(見)えても: 이렇게 보여도
14) つよ(強)いんだ: 강한 것이다 ㉿ つよい: 강하다 *~んだ: 'のた(~ㄴ것이다)'의 구어형
15) うそ(嘘)だと おも(思)うなら: 거짓말이라고 생각하면 ㉿ おもう: 생각하다
16) うでまえ(腕前)を み(見)せて やろうか: 솜씨(기량)를 보여 줄까? ㉿ みせる: 보이다, ~해보이다
17) いきなり: 갑자기, 느닷없이
18) はな(鼻)さき(先): 코 끝 *はなのせ: 콧등
19) さ(刺)しました: 찔렀습니다 ㉿ さす: 찌르다

5. あぶと ライオン

5. あぶと ライオン

「あいた、たっ。」

ライオンは おおきな て[20]を ふりあけて[21] はなさきを たたきました[22]。けれど、あぶは にげるし[23]、はなからは ち[24]が でる しまつ[25]でした。

「どうだい、わかったろう[26]。」

あぶは とくいで たまりません[27]。ぶうんと うなりを あげて[28]、とびあがりましたが[29]、くもの あみ[30]に ひっかかって[31] うごけなく[32] なりました。

どうぶつ[33]の おうさま[34]の ライオンに かった あぶでしたが[35]、ちいさな くもに まけて[36] あわれな[37] さいごを とげたのです[38]。

---

20) おおき(大)な て(手): 큰 손, 커다란 손
21) ふ(振)りあ(上)げて: 치켜 들어서 ㉨ ふりあげる: 치켜 들다
22) たた(叩)きました: 두들겼습니다 ㉨ たたく: 두드리다
23) に(逃)げるし: 도망가고 ㉨ にげる: 도망치다, 달아나다
24) ち(血): 피
25) しまつ(始末): 꼴, 모양, 형편
26) どうだい、わかったろう: 어때, 알았지 ㉨ わかる: 알다, 잘 헤아리다
27) とくい(得意)で たま(堪)りません: 득의에 차 가만히 있지못합니다 ㉨ たまる: 참다
28) ぶうんと うな(唸)りを あ(上)げで: 붕붕(윙윙)거리는 소리를 내면서 ㉨ うなる: 웅웅 소리를 내다, 웅웅거리다, あげる: (소리 따위를) 내다, 지르다
29) と(飛)びあ(上)がりましたが: 날아올랐습니다만 ㉨ とびあがる: 날아오르다
30) くもの あみ(網): 거미줄
31) ひ(引)っか(掛)かって: 걸려서 ㉨ ひっかかる: 걸리다
32) うご(動)けなく: 움직일 수 없게 ㉨ うごける: 움직이다
33) どうぶつ(動物): 동물
34) おおさま(王様): 왕
35) か(勝)った あぶでしたが: 승리한 등에이었지만 ㉨ かつ: 이기다
36) ま(負)けて: 져서 ㉨ まける: 지다
37) あわ(哀)れな: 불쌍한, 가련한
38) さいご(最後)を と(遂)げたのです: 최후를 마친 것입니다 ㉨ とげる: 마치다, 죽다, 이루다

6. かけっこ[1]
(달리기내기)

のどかな[2] はる[3]の ひ[4]です。

かめ[5]が のんびり[6] さんぽ[7]を たのしんで いますと[8]、そこへ うさぎが とんで きました[9]。

「やあ、かめさんは のろい[10]ね。これから 'のろがめ'と、なまえ[11]を かえたら どうだい[12]。」

かめは むっとしました[13]。

「そんな ことを いうんなら[14]、どっち[15]が はやいか[16] かけっこを して みようよ。」

「いいとも、やって みよう[17]。」

---

1) か(駆)けっこ: 달리기(내기), 경주 ㉄ かける: 달리다, 뛰다
2) のどか(長閑)な: (날씨가) 화창한
3) はる(春): 봄
4) ひ(日): 날, 낮
5) かめ(亀): 거북
6) のんびり: 한가로이, 유유히
7) さんぽ(散歩): 산책
8) たの(楽)しんで いますと: 즐기고 있자 ㉄ たのしむ: 즐기다
9) うさぎ(兎)が と(跳)んで き(来)ました: 토끼가 뛰어 왔습니다 ㉄ とぶ: 뛰다, 뛰어넘다
10) のろ(鈍)い: 느리다, 둔하다 *のろがめ: 느림보거북
11) なまえ(名前): 이름
12) か(変)えたら どうだい: 바꾸면 어때? ㉄ かえる: 바꾸다
13) むっとしました: 갑자기 화가 나서 입을 다물었습니다
14) い(言)うんなら: 이를테면, 말하자면
15) どっち: 어느 쪽(=どちら)
16) はや(速)いか: 빠른가? ㉄ はやい: 빠르다
17) いいとも、やって みよう: 좋고말고, 해보자 *ようは 권유를 나타낸다(~자, ~자꾸나)

6. かけっこ

　うさぎは おおいそぎで[18]、こやま[19]の むこう[20]に あかい[21] はた[22]を たてて[23] きました。

　「いいかい[24]、あの はたの ところまでだよ[25]。ようい、どん[26]。」

　うさぎと かめは スタートを きりました[27]。

　うさぎは ぴょんと はねて[28] かけだしましたが[29]、かめは のろり のろりと[30] はいだしました[31]。

　うさぎが とちゅう[32]で ふりかえって みると[33]、かめは まだ ずっと あとです[34]。

　「なんだ。ここらで ちょっと ひとねむり[35]して いこうか[36]。」

---

18) おおいそ(大急)ぎで: 몹시 서둘러서, 아주 급하게
19) こやま(小山): 작은 산, 낮은 산
20) むこ(向)う: 저쪽, 건너편, 맞은편
21) あか(赤)い: 빨갛다, 빨간
22) はた(旗): 깃발
23) た(立)てて: 세우고　㊟ たてる: 세우다, 짓다
24) いいかい: 됐니?, 좋으니?
25) ところまでだよ: (장소)곳까지이다
26) ようい(用意) どん: 준비! 탕 *どん은 북소리·총소리를 나타내는 말
27) スタートを き(切)りました: 스타트를(출발을) 끊었습니다
28) ぴょんと は(跳)ねて: 깡총 뛰어서　㊟ はねる: 뛰다, 뛰어오르다
29) か(駆)けだ(出)しましたが: 달리기 시작했습니다만　㊟ かけだす: 뛰기(달리기) 시작하다
30) のろりのろりと: 느릿느릿, 꾸물꾸물
31) は(這)いだ(出)しました: 기기 시작했습니다　㊟ はいだす: 기어나가(오)다, 기기 시작하다
32) とちゅう(途中): 도중
33) ふ(振)りか(返)えって み(見)ると: (뒤를) 돌아다 보니　㊟ ふりかえる: (뒤를) 돌아다보다
34) ずっと あと(後)です: 훨씬(아주) 뒤입니다
35) ひとねむ(一眠)り: 한숨 잠
36) ～て い(行)こうか: ～해 갈까　㊟ ～て いく: ～해 가다

6. かけっこ 31

うさぎは みちくさを くっ37)て、ぐうぐう38) ねむりました。その あいだに39) かめは いっしょうけんめいに40) あるいて うさぎを おいこしました41)。

うさぎは ねむりこんで いて42)、きが つきません43)。ゆうがた44)の すずしい45) かぜが ふいて きて、うさぎは めを さましました46)。

「しまった47)。ねすぎたぞ48)。」

うさぎは はねおきて49) かけだしました。けれど その とき、かめは こやまの てっぺん50)から わざと51) ころころ ころがりおちて52) いました。

うさぎが けっしょうてん53)に つくと、かめは もう あか

---

37) みちくさ(道草)を く(食)って: (도중에서) 지정거려서 ㉿ くう: 소비하다, 잡아먹다
38) ぐうぐう: 쿨쿨
39) あいだ(間)に: 사이에, 동안에
40) いっしょうけんめい(一生懸命)に: 열심히, 목숨을 걸고
41) お(追)いこ(越)しました: 앞질렀습니다, 추월했습니다 ㉿ おいこす: 추월하다
42) ねむ(眠)りこ(込)んで いて: 푹 잠들어 있어서 ㉿ ねむりこむ: 깊이 잠들다
43) き(気)が つきません: 정신을 차리지 못했습니다
44) ゆうがた(夕方): 저녁 무렵, 해질 녘
45) すず(涼)しい: 시원하다, 시원한
46) め(目)を さ(覚)ましました: 잠을 깼습니다, 눈을 떴습니다 ㉿ さます: 깨다, 깨우다
47) しまった: 아차, 아뿔싸
48) ね(寝)す(過)ぎたぞ: 너무 잤구나
49) は(跳)ねお(起)きて: 벌떡 일어나서 ㉿ はねおきる: 벌떡 일어나다
50) てっぺん(天辺): 꼭대기, 정상
51) わざと: 고의로, 일부러
52) ころころ ころがりお(落)ちて: 데굴데굴 굴러 떨어져서 ㉿ ころがりおちる: 굴러 떨어지다 *ころがる는 '구르다'
53) けっしょうてん(決勝点): 결승점

い はたを かついで⁵⁴⁾ いました。

「ばんざい⁵⁵⁾、ぼくが かったよ。」

あし⁵⁶⁾の のろい かめが あしの はやい うさぎに かったのです。

「かめさん、おめでとう。きみを ばかに して⁵⁷⁾、ごめんね⁵⁸⁾。」

「いや、ぼくは はしれないから⁵⁹⁾、ただ⁶⁰⁾ むちゅうで⁶¹⁾ あるいたのさ。」

かめと うさぎは なかよし⁶²⁾で ときどき⁶³⁾ かけっこを します。

---

54) かつ(担)いで: 메고, 짊어지고　㉑ かつぐ: 메다, 짊어지다
55) ばんざい(万歳): 만세
56) あし(足): 발, 걸음
57) ばかに して: 바보 취급해서, 업신여겨서
58) ごめんね: 미안해
59) はし(走)れないから: 달리지 못해서, 빨리 움직이지 못해서　㉑ はしる: 달리다, 빨리 움직이다
60) ただ(唯): 단지, 그냥, 오직
61) むちゅう(夢中)で: 열중해서, 몰두해서
62) なかよ(仲良)し: 단짝, 사이가 좋은 친구
63) ときどき(時々): 가끔, 때때로

7. みずに うつった⑴ かげ⑵
(물에 비친 그림자)

　ジョンは まちへ でかけて⑶ ふとい ほね⑷を みつけました⑸。
「うれしいな⑹。うちへ かえって⑺ ゆっくり⑻ かじる⑼ ことに しよう。」
　ジョンは ほねを くわえて⑽ とっとこ とっとこ あるきだしました⑾。いい おてんき⑿で ことり⒀も たのしく⒁ うたって⒂ いました。
　ジョンは ほねを しっかりと くわえて⒃、めを ひからせながら⒄ あるいて いました。いつかみたいに⒅ おおきな

---

1) うつ(映)った: 비친　㉿ うつる: 비치다, 반영하다, 잘 어울리다
2) かげ(影): 그림자 *かげ(陰): 그늘, 뒤, 배후
3) まち(町)へ でか(出掛)けて: 마을로 나가서　㉿ でかける: 나가다, 외출하다
4) ふと(大)い ほね(骨): 굵은 뼈(뼈다귀)　㉿ ふとい: 굵다, 굵은
5) みつ(見付)けました: 발견했습니다　㉿ みつける: 찾(아내)다, 발견하다
6) うれ(嬉)しいな: 즐겁구나, 기쁘구나
7) うちへ かえって: 집에 돌아가서　㉿ かえる: 돌아가다, 귀가하다
8) ゆっくり: 천천히, 서서히
9) かじ(齧)る: 갉아먹다
10) くわ(銜)えて: 물고　㉿ くわえる: (입에) 물다
11) とっとこ とっとこ ある(歩)きだ(出)しました: 종종 걸음으로 걷기시작했습니다　㉿ あるきだす: 걷기 시작하다 *'とっとこ とっとこ'는 'とことこ(종종걸음)'의 힘준말
12) おてんき(天気): 일기, 날씨
13) ことり(小鳥): 작은 새
14) たの(楽)しく: 즐겁게　㉿ たのしい: 즐겁다, 즐거운
15) うた(歌)って: 지저귀고, 노래하고　㉿ うたう: 노래하다, 지저귀다
16) しっかりと くわえて: 꽉 물고서
17) め(目)を ひか(光)らせながら: 눈을 번뜩이면서　㉿ ひからせる=ひからす: 빛내다, 번뜩이다
18) いつかみたいに: 언제인가처럼 *'ーみたい'는 접미어로 '～같다', 'ーみたいに'는 '～처럼'의 뜻임.

7. みずに うつった かげ

いぬ[19]に ほねを よこどりされては たまりません[20]。

　ジョンは やがて[21] はし[22]の うえに きました。その まま わたって[23] しまえば よかったのです[24]。でも、ジョンは あしを とめて[25]、はしの うえから かわの みずを みおろしました[26]。

　すると、どうでしょう[27]。かわの なかにも いぬが いて、ふとい ほねを くわえて います。

　「やあ、あの ほねも ほしいなあ。」

　ジョンは ひとこえ[28] たかく[29] わんと ほえました[30]。とたんに[31]、ほねは くちから おちて みずの そこ[32]へ しずんで[33] いきました。

　「しまった[34]。ぼくの すがたが みずに うつって いたのだ[35]。」

---

19) いぬ(犬): 개
20) よこ(横)ど(取)りされては たま(堪)りません: 가로챔당해서는 참을 수 없습니다　㋙ たまる: 참다
21) やがて: 이윽고, 머지않아
22) はし(橋): 다리
23) そのまま わた(渡)って: 그대로(그냥) 건너가　㋙ わたる: 건너다
24) しま(仕舞)えば よ(良)かったのです: 해버리면 좋았을 것입니다　㋙ よい: 좋다, 좋은
25) と(止)めて: 멈춰서　㋙ とめる: 멈추다, (수도・가스를) 잠그다
26) みお(見下)ろしました: 내려다 보았습니다, 굽어 보았습니다　㋙ みおろす: 내려다보다
27) すると、どうでしょう: 그러자, 어떻게 됐지요
28) ひとこえ(一声): 한 마디
29) たか(高)く: 높게, 크게　㋙ たかい: 높다, 높은, (키・목소리)가 크다
30) わんと ほ(吠)えました: 멍(왕)하고 짖었습니다　㋙ ほえる: 짖다, 으르렁거리다
31) とたんに: 순간에, 찰나에
32) そこ(底): 밑바닥
33) しず(沈)んで: 잠겨져　㋙ しずむ: 가라앉다, (해・달 따위가)지다, 잠기다, 빠지다
34) しまった: 아차, 아뿔사
35) うつ(映)って いたのだ: 비춰져 있었던 거다　㋙ うつる: 비치다, いる: 있다

8. ありと きりぎりす[1]
(개미와 여치)

　あつい なつでも[2] ありたちには なつやすみ[3]が ありませんでした。まいにち、あさ[4] はやくから[5] せっせと[6] はたらきつづけて[7] いました。
　きりぎりすの ほう[8]は まいにち、
「ぎりぎり ぎっちょん[9]、ぎっちょん ぎっちょん。」と、うたばかり うたって[10]、あそびくらして[11] いました。
　たべる ものは どこにでも あるし、のやまは はなざかりで[12] たのしい なつでした。
　きりぎりすは ありの ことが ふしぎで たまりません[13]。
「もしもし[14]、ありさん。どう して そんなに はたらいて

---

1) きりぎりす: 여치
2) なつ(夏)でも: 여름이라도 (일지라도) *무엇을 들어서 말할 때 쓰임
3) なつやす(夏休)み: 여름방학, 여름휴가
4) まいにち(毎日) あさ(朝): 매일 아침
5) はや(早)くから: 일찍부터 ㊟ はやい: 빠르다, 빠른
6) せっせと: 열심히, 부지런히
7) はたら(働)きつづ(続)けて: 일을 계속하고 ㊟ はたらく: 일을 하다, つづける: 계속하다
8) ほう(方): 쪽, 편, 방면, 분야
9) ぎりぎり ぎっちょん: 기리기리 깃쵱(여치 울음소리)
10) うた(歌)ばかり うたって: 노래만 부르고 ㊟ うたう: 노래하다, 노래 부르다
11) あそ(遊)びくら(暮)して: 놀며 지내고 ㊟ あそぶ: 놀다
12) のやま(野山)は はな(花)ざか(盛)りで: 산야는 꽃이 만발해서
13) ふしぎ(不思議)で たまりません: 이상해 견디지 못합니다. ㊟ たまる: 견디다
14) もしもし: 여보세요, 여보시오 *전화 등 사람을 부를 때 하는 말

ばかり いるの。たまには やすんで[15]、ぼくのように うたでも うたって みたら どう。たのしく なるよ。」

　すると、ありは しごとの て[16] やすめないで[17] こたえました[18]。

「なつの あいだ[19]に たべる ものを あつめて[20]、さむい ふゆ[21]の したく[22]を して いるのです。うたって あそぶ ひまなんか[23] ありません。」

　きりぎりすは あきれました[24]。

「やあ、ばからしい。そんな さきの ことばかり[25] かんがえたら きりが ないよ[26]。」

　たのしい なつが おわると、あきも すぎて、ふゆに なりました。さむい ふゆが きたのです。きたかぜ[27]が ぴゅうぴゅう ふいて[28]、のにも やまにも ゆきが ふりました[29]。

---

15) たまには やす(休)んで: 가끔은 쉬고　㉘ やすむ: 쉬다
16) しごと(仕事)の て(手)も: 일손도
17) やす(休)めないで: 쉬(휴식하)지않고, 편안을 취하지않고　㉘ やすめる: 쉬(게 하)다, 편안히 하다
18) こた(答)えました: 대답했습니다　㉘ こたえる: 대답하다
19) あいだ(間): 사이, 틈, 동안
20) あつ(集)めて: 모아서　㉘ あつめる: 모우다
21) さむ(寒)い ふゆ(冬): 추운 겨울
22) したく(支度): 준비
23) ひま(暇)なんか: 여가(틈) 따위(같은 건)
24) あき(呆)れました: 어이가 없었습니다, 기가 막혔습니다　㉘ あきれる: 어이없다, 기가 막히다, 놀라다
25) さき(先)の こと(事)ばかり: 앞날의 일에만
26) き(切)りが ないよ: 끝이 없어요　*きりがない: 끝이 없다
27) きたかぜ(北風): 북풍
28) ぴゅうぴゅう ふ(吹)いて: 쌩쌩 불며
29) ゆき(雪)が ふ(降)りました: 눈이 내렸습니다(왔습니다)　㉘ ふる: 내리다

8. ありと きりぎりす 39

8. ありと きりぎりす

　きりぎりすは みる かげも なく30) やせほそって31) いました。どこも ゆきで たべものなんか みつかりません32)。

　「ぼくも ありさんのように なつの あいだに、たべものを ためて おけば33) よかった。」

　きりぎりすは いまにも34) たおれそうに35) なりながら、とぼとぼと36) ゆきみち37)を あるいて いきました。

　はたらきもの38)の ありの ほうは、ふゆが きても へいき39)でした。たべものは どっさり ためて40) あるし、あたたかい41) いえ42)も つくりました43)。

　きりぎりすが ありの いえを さがしあてた とき44)、ありたちは たのしく たべて いました。

　「ありさん、おねがい45)。なにか たべる ものを くださ

---

30) み(見)る かげ(影)も なく: 볼품도 없이, 처참하게
31) やせほそ(細)って: 야위어서 몸이 홀쭉해져　㉿ やせほそる: 야위어서 몸이 홀쭉해지다
32) みつ(見付)かりません: 찾을 수 없습니다　㉿ みつかる: 발견되다, 찾게 되다
33) た(貯)めて お(置)けば: 모(쌓)아 두었으면　㉿ ためる: 모우다, おく: 두다, 놓다
34) いまにも: 당장이라도
35) たお(倒)れそうに: 쓰러질 것 같이　㉿ たおれる: 쓰러지다 *たおす는 쓰러뜨리다
36) とぼとぼと: 터벅터벅
37) ゆきみち(雪道): 눈길
38) はたら(働)きもの(者): 열심히 일하는 자(사람)
39) へいき(平気): 걱정없음, 아무렇지도 않음
40) どっさり た(貯)めて: 듬뿍(잔뜩) 저장되어
41) あたた(暖)かい: 따뜻하다, 따뜻한
42) いえ(家): 집
43) つく(作)りました: 지었습니다　㉿ つくる: 짓다, 세우다
44) さが(探)しあ(当)てた とき(時): 찾아내었을 때　㉿ さがしあてる: 찾아내다
45) おねが(願)い: 부탁(소원)해요　㉿ ねがう: 부탁하다 *おねがいする: 부탁드리다

い46)。おなかが すいて しにそうだ47)よ。」

　ありたちは びっくりしました48)。

　「やあ、いつか49)の きりぎりすさんじゃ ないか50)。なつは うたって いたから ふゆは おどって51) いるのかと おもったよ。さあ、えんりょなく52) たべて ください。げんきに なって53)、ことし54)の なつも たのしい うたを きかせて もらいたい55)ね。」

　しんせつな56) ありたちでした。きりぎりすは うれしなみだ57)を ぽろぽろ58) こぼしました59)。

---

46) なにか たべる ものを ください: 뭔가 먹을 것을 주세요
47) す(空)いて し(死)にそうだ: 허기져 죽을 것 같다　㉥ すく: 허기지다, 속이 비다　しぬ: 죽다　*おなかが すく: 배가 고프다
48) びっくりしました: 깜짝 놀랐습니다
49) いつ(何時)か: 언젠가, 이전에
50) ～じゃ ないか: ～이(가) 아닌가(＝～では ないか)
51) おど(踊)って: 춤추고　㉥ おどる: 춤추다
52) えんりょ(遠慮)なく: 사양하지 말고, 꺼리낌없이
53) げんき(元気)に なって: 건강하게 되어서
54) ことし(今年): 올해
55) き(聞)かせて もら(貰)いたい: 듣고 싶다(들려주어 받고싶다)　㉥ きかせる: 들려 주다, 일러 주다, もらう: 받다, 얻다
56) しんせつ(親切): 친절한
57) うれ(嬉)しなみだ(涙): 너무 기뻐 흘리는 눈물　*～を ながす: (너무 기뻐서) 눈물을 흘리다.
58) ぽろぽろ: 뚝뚝, 주르르
59) こぼ(零)しました: 흘렸습니다　㉥ こぼす: 흘리다

9. きんの たまご[1]
(황금 달걀)

ある あさ、おばあさん[2]が びっくりしました[3]。

「おじいさん[4]、たいへん[5]。うちの めんどりが[6] きんぴか[7] の たまごを うみましたよ[8]。」

「どれ どれ、ほんとうだ[9]。」

めんどりは まいにち、ひとつずつ[10] きんの たまごを うみました。それは たかく うれました[11]。

びんぼうな[12] ふたりは たいへん おかねもち[13]に なりました。すると、よくが でて きました[14]。

「まいにち きんの たまごを うむくらいだ。からだの

---

1) きん(金)の たまご(卵): 황금 달걀
2) おばあさん: 할머니
3) びっくりしました: 깜짝 놀랐습니다. *びっくり: 깜짝 놀람 ㉰ びっくりする: 깜짝 놀라다
4) おじいさん: 할아버지
5) たいへん(大変): 큰일, 큰 사건, 굉장한 일 *'몹시・매우・대단히' 뜻도 있다
6) うち(内)の めんどり(鳥)が: 우리(자기)집 암탉이 *うちは '안・내부・사이・동안' 뜻도 있지만 자기쪽 집 사람을 뜻하며, めんどり는 암컷(암탉)을 말하며, おんどり는 수컷(수탉)을 말한다.
7) きん(金)ぴか: 금빛으로 빛남 * きんびかり: 금빛
8) う(生・産)みましたよ: 낳았습니다요 ㉰ うむ: 낳다
9) ど(何)れ どれ、ほんとうだ: 어디 어디, 정말이다
10) ~ずつ: ~씩
11) たか(高)く う(売)れました: 비싸게 팔렸습니다 ㉰ うれる: 팔리다 *うる: 팔다
12) びんぼう(貧乏)な: 가난한, 빈핍한
13) おかね(金)も(持)ち: 부자
14) よく(欲)が でて きました: 욕심이 생겨나왔습니다 ㉰ でる: 나오(가)다, くる: 오다, 생기다

9. きんの たまご

なかには¹⁵⁾ きんが いっぱい あるだろう¹⁶⁾。」

　おじいさんは めんどりを ころして¹⁷⁾ おなか¹⁸⁾の なかを しらべました¹⁹⁾。けれど、きんの かけら²⁰⁾も ありません。ふつう²¹⁾の にわとり²²⁾と おなじでした²³⁾。

「しまったわい²⁴⁾。いかして おけば²⁵⁾、まいにち きんの たまごを うんだのに²⁶⁾…、おおぞん²⁷⁾を したわい²⁸⁾。」

---

15) からだ(体)の なか(中)には: 몸 안에는 *なか: 안·속·중·사이
16) いっぱい(一杯) あるだろう: 가득 있을테지 *いっぱい: (그릇·장소 따위에) 가득찬 모양, だろう는 여기서 조동사로 쓰였다.
17) ころ(殺)して: 죽여서　㉾ ころす: 죽이다, 억누르다
18) おなか(御腹): 배
19) しら(調)べました: 조사했습니다　㉾ しらべる: 조사하다, 찾다
20) かけら: 조각, 부스러기, 단편
21) ふつう(普通): 보통
22) にわとり(鶏): 닭
23) おな(同)じでした: 같았습니다
24) しまった(わい): 아뿔사(로군) * わい는 노인들의 영탄 때 '～로군, ～군'
25) い(生)かして お(置)けば: 살려 두었으면　㉾ いかす: 살리다, 살려 두다
26) う(生·産)んだのに: 낳을 것인데　㉾ うむ: 낳다
27) おおぞん(大損): 큰 손해
28) したわい: 했군　㉾ する: 하다 *した: 했다.

10. ずるい¹⁾ きつね²⁾
(교활한 여우)

　にひき³⁾の ねこが ごちそう⁴⁾の とりあい⁵⁾を はじめました。

　「これ、ぼくが みつけたから⁶⁾ ぼくんだぞ⁷⁾。」

　「ちがうよ⁸⁾。ぼくの ほうが さきに みつけたんだ。ぼくが たべるんだ。」

　「いや⁹⁾、ぼくの ほうが さきだ。よこせよ¹⁰⁾。」

　「やるもんか¹¹⁾。」

　「てを はなせったら¹²⁾。」

　「はなすもんか¹³⁾。」

　にひきの ねこは にらみあって¹⁴⁾、ごちそうを つかんだ¹⁵⁾

---

1) ずるい: 교활한, 교활하다
2) きつね(狐): 여우
3) にひき(二匹): 두 마리
4) ごちそう(御馳走): 먹(을)거리, 맛있는 요리, 손님대접
5) と(取)りあ(合)い: 쟁탈전, 서로 다투어 빼앗음　㊌ とりあう: 쟁탈하다, 맞잡다
6) み(見)つけたから: 발견했으니까　㊌ みつける: 발견하다, 찾(아내)다
7) ぼくんだぞ: 내것이야 *ぼくのだぞ는 문어체
8) ちが(違)う: 틀리다, 다르다
9) いや(否): 아냐, 아니야, 아니오
10) よこ(寄越)せよ: 이리 (넘겨)줘　㊌ よこす: 넘겨주다, 보내(오)다
11) やるもんか: 줄까보냐, 줄줄 알아, 못줘 *やるものかは 문어체
12) (てを) はな(放)せったら: (손을) 놓으란 말야　㊌ はなす: 놓다 *～ったら: ～도, ～은(는) 말야
　*はなせ: 명령형으로 '놓아'
13) はな(放)すもんか: 놓을까보냐, 놓을줄 알아, 못놓아 *はなすものかは 문어체

まま[16] はなしません。

　とおりかかった[17] きつねが あしを とめました[18]。

　きつねは ねこの あいだに わりこみました[19]。

　「ぼうやたち[20] なにを さわいで[21] いるんだね。」

　「あのね、きつねの おじさん。この こったら[22]、ぼくが みつけた ごちそうを よこどり[23]しようと するんだよ。」

　「ちがうよ。これは ぼくが さきに みつけたんだ。」

　「わかった、わかった。おじさんが きちんと[24] はんぶん[25]に わけて あげよう[26]。もう けんか[27]は やめて、はかりを もって きなさい[28]。」

　きつねは ごちそうを ふたつに して、はかりに かけました[29]。

---

14) にら(睨)みあ(合)って: 서로 쏘아보고　㉠ にらみあう: 서로 쏘아(노려) 보다
15) つか(摑)んだ: 잡은, 쥔　㉠ つかむ: 붙잡다, 쥐다
16) ～まま: ～(한) 채
17) とお(通)りかか(掛)った: 지나가던　㉠ とおりかかる: 마침 지나가다
18) あし(足)を と(止)めました: 걸음을 멈추었습니다　㉠ とめる: 멈추다 *あし: 발, 발걸음, 다리
19) わ(割)りこ(込)みました: 끼어들었습니다　㉠ わりこむ: 끼어들다, 새치기하다
20) ぼうやたち: 얘들아
21) さわいで: 떠들고, 소란스럽게 하고　㉠ さわぐ: 떠들다, 소란피우다, 허둥대다
22) この こ(子)ったら: 이 아이는 말이예요 (참)
23) よこど(横取)り: 가로챔, 횡령
24) きちんと: 정확하게
25) はんぶん(半分): 반, 반분
26) わ(分)けて あ(上)げよう: 나누어서 주마　㉠ わける: 나누다, あげる: 주다 *あげる는 'あた(与)える(주다)', 'やる(주다)'의 겸손한 말
27) けんか: 다툼, 싸움, 분쟁
28) はかり(秤)を も(持)って き(来)なさい: 저울을 가지고 오너라　㉠ もつ: 가지다, くる: 오다 *なさいは '～하시오'의 뜻으로 윗사람에게 쓸 수 없으며, 대신 'なさいませ'를 쓴다.
29) はかり(秤)に か(掛)けました: 저울에 달았습니다　㉠ かける: (무게를) 달다

10. ずるい きつね   47

「あれ、みぎ30)の ほうが おもい31)ぞ。」

みぎの ほうを すこし ちぎって32) たべました。

「こんどは ひだりが おもいや33)。」

ひだりの ほうも すこし ちぎって たべました。

「なんだ34)、みぎが おもく なったぞ35)。」

みぎを ちぎって たべました。

「これじゃ、みぎが かるすぎる36)。」

ひだりを ちぎって たべました。

きつねは はかりに かけながら、みぎと ひだりの ごちそうを かわりばんこに37) ちぎって たべました。

にひきの ねこは めを まるく して38) みて いましたが、はかりの うえの ごちそうは まめつぶほど39)に なりました。

「これじゃ、しようが ない40)ね。おじさんが かたづけて41)

---

30) みぎ(右): 오른쪽 ↔ ひだり(左)
31) おも(重)い: 무겁다, 무거운 ↔ かる(軽)い: 가볍다, 가벼운 *'~ぞ'는 종지형에 붙어 강하게 다짐하는 뜻을 나타낸다.
32) ちぎ(千切)って: 잘라 떼어서 ㉠ ちぎる: 잘라 떼다, 찢어 떼다
33) ひだり(左)が おもいや: 왼쪽이 무겁구나 *~や는 자기에게 타이르는 듯한 기분을 나타내거나, 가벼운 단정을 나타내어 '~한데'
34) なん(何)だ: 뭐냐, 뭐야
35) おも(重)く なったぞ: 무겁게 되었구나 ㉠ なる: ~이 되다
36) かる(軽)すぎる: 너무 가볍다
37) かわ(代)りばん(番)こに: 교대로
38) め(目)を まる(丸)く して: 눈을 동그랗게 해서(뜨고)
39) まめ(豆)つぶほど(程): 콩알 정도(만큼)
40) しよう(仕様)が ない: 할 수 없다, 할 도리가 없다

あげよう。」

　きつねは ごちそうを きれいに たいらげて[42]、「ああ、うまかった[43]。はい[44]、さようなら。」と いって しまいました。

　なんて[45] ずるい きつねでしょう。

「ぼくたち、けんかなんか[46] しないで、なかよく わけて たべれば[47] よかったね[48]。」

　にひきの ねこは こっくりしました[49]。

　けんかは もう こりごりでした[50]。

---

41) かた(片)づ(付)けて: 처리해　㉆ かたづける: (해)치우다, 결말내다
42) たい(平)らげて: 모조리 먹어치우고　㉆ たいらげる: 모조리 먹어치우다, 평정하다
43) うま(甘)かった: 맛있었다　㉆ うまい: 맛있다, 맛있는
44) はい: 자 (주의를 촉구하는 소리) *원래는 '네: 예'의 대답하는 소리이거나 긍정하는 소리이다.
45) なん(何)て: (연어) 이 얼마나, 어쩜 이렇게
46) けんか(喧嘩)なんか: 싸움 따위
47) なかよく わ(分)けて たべれば: 사이 좋게 나누어 먹었더라면　㉆ わける: 나누다, たべる: 먹다
48) よ(良)かったね: 좋았었다　㉆ よい: 좋다, 곱다, 착하다 *いい: 좋다(구어체에서 사용한다)
49) こっくりしました: 끄떡였습니다
50) こりごりでした: 지긋지긋했다

11. くま¹⁾の ないしょばなし²⁾
(곰의 비밀이야기)

　ふたりの なかよし³⁾が やまみちを あるいて いました。

　すると、とつぜん⁴⁾ めの まえに おおきな くまが あらわれました⁵⁾。

　ひとりは あわてて⁶⁾ きに のぼりましたが、もう ひとりには その ひま⁷⁾も ありません。じめんに⁸⁾ たおれて⁹⁾ しんだ ふり¹⁰⁾を して いました。くまは、しんだ ものには てを ださないからです¹¹⁾。

　くまは のっそりと やってきました¹²⁾。たおれた おとこの かおを くんくん¹³⁾ かぎまわって¹⁴⁾、その まま いって しまいました。

---

1) くま(熊): 곰
2) ないしょ(内所・内緒)ばなし(話): 비밀이야기
3) なか(仲)よし: 사이 좋은 친구
4) とつぜん(突然): 돌연, 갑자기
5) あら(現)われました: 나타났습니다　㉘ あらわれる: 나타나다
6) あわ(慌)てて: 당황해서
7) ひま: 겨를, 틈, 짬
8) じめん(地面)に: 땅 바닥에, 지면에
9) たお(倒)れて: 쓰러져서　㉘ たおれる: 쓰러지다
10) し(死)んだ ふ(振)り: 죽은 척(체)　㉘ しぬ: 죽다 *ふり: 차림새, 모습, 체(시늉)
11) て(手)を だ(出)さないからです: 손을 대지 않기 때문입니다　㉘ だ(出)す: 뻗(치)다, 대다
12) のっそり や(遣)ってき(来)ました: 느릿느릿 다가왔습니다　㉘ やってくる: 다가오다, 찾아오다
13) くんくん: 킁킁 (냄새를 맡는 모양)
14) か(嗅)ぎまわって: 돌아가며 냄새맡더니　㉘ かぐ: 냄새 맡다, まわる: 돌다, 둘레를 돌다

11. くまの ないしょばなし　51

11. くまの ないしょばなし

きに のぼった[15] おとこは ほっとして[16] おりて きました[17]。

「くまが さっき[18] ひそひそ[19] はなして いたね[20]。なにを はなしたんだい[21]。」

「ああ、あれかい[22]。」

たおれて いた おとこは おきあがって[23] こたえました[24]。

「くまはね、あぶない[25] ときに ともだちを すてて[26]、じぶんだけ にげるような[27] おとことは なかよく するなって[28]、はなして いったんだよ[29]。」

---

15) き(木)に のぼ(上)った: 나무에 올라갔던 ㉡ のぼる: 오르다, 올라가다
16) ほっとして: 휴우하고, 겨우 안심하고
17) お(下)りて きました: 내려왔습니다
18) さっき: 좀(조금) 전에
19) ひそひそ: 소곤 소곤
20) はな(話)して いたね: 말하고 있었지
21) なにを はなしたんだい: 무엇을 말하던가
22) あれかい: 그건 말야!
23) お(起)きあ(上)がって: 일어나서 ㉡ おきあがる: 일어나다
24) こた(答)えました: 대답했습니다 ㉡ こたえる: 대답하다
25) あぶ(危)ない: 위험하다, 위험한
26) す(捨)てて: 버리고 ㉡ すてる: 버리다
27) に(逃)げるような: 달아나 버린, 도망쳐 버린 ㉡ にげる: 달아나다, 도망치다
28) するなって: ~하지말라고 *~って는 이때 인용조사로 「~라고, ~면서」
29) い(行)ったんだよ: 가 버렸다네 ㉡ いく: 가다

12. ライオンの かわ¹⁾を きた²⁾ ろば³⁾
　　(사자 가죽을 뒤집어쓴 당나귀)

　ある ひ、ろばが やまの ふもと⁴⁾で ライオンの かわを みつけました⁵⁾。
　おおきな かおや⁶⁾ しっぽまで ついて いる⁷⁾、りっぱな⁸⁾ かわです。ろばは こおどり⁹⁾しました。
　「これは、いい ものが てに はいったぞ¹⁰⁾。」
　ろばは さっそく¹¹⁾ ライオンの かわを あたま¹²⁾から かぶりました¹³⁾。
　できるだけ¹⁴⁾ きどって¹⁵⁾、のそり のそりと¹⁶⁾ むら¹⁷⁾の ほうへ あるいて いきました。

---

1) かわ(皮): 가죽, 털가죽
2) き(着)た: 입은, 뒤집어쓴　㉞ きる: 옷을 입다, 뒤집어쓰다, 신세지다
3) ろば: 당나귀
4) ふもと(麓): (산)기슭
5) み(見)つ(付)けました: 발견했습니다　㉞ みつける: 발견하다
6) かお(顔)や: 얼굴(낯) 이랑　＊～や: ～이랑, ～며, ～이니
7) しっぽ(尻尾)まで つ(付)いている: 꼬리까지 붙어 있는　㉞ つく: 붙다, 달라붙다
8) りっぱ(立派)な: 훌륭한, 멋진
9) こおど(小躍)り: 덩실거림
10) て(手)に はい(入)ったぞ: 손에 들어왔구나　㉞ はいる: 들어오(가)다, 들다, 입학하다, 입사하다
11) さっそく: 즉시
12) あたま(頭): 머리
13) かぶ(被)りました: 뒤집어썼습니다　㉞ かぶる: 쓰다, 뒤집어쓰다
14) できるだけ: 가능한 한
15) きど(気取)って: 점잔을 빼서　㉞ きどる: 젠체하다, 점잔빼다
16) のそり のそりと: 느릿 느릿＝のっそり
17) むら(村): 마을, 촌락, 시골

さあ、むらじゅう[18]が おおさわぎに[19] なりました。まるで[20]、おもちゃばこ[21]を ひっくり かえした[22] ように なったのです。
　「わあっ、ライオンが きたぞ。」
　「みんな、きを つけろ。」
　「そばへ よるな[23]。」
　どうぶつたちは おどろき あわてて[24] にげたり かくれたり[25] しました。
　にげおくれた[26] ものは ぺこぺこ[27] おじぎを して[28]、
　「これは これは[29]、ライオンさま。いつも おげんきで、おめでとう ございます。」などと、こころにも ない おせじ[30]を いいました。
　ろばは うまれて[31] はじめて[32] いい きもち[33]に なりま

---

18) むらじゅう(村中): 마을 전체, 온 마을
19) おおさわ(大騒)ぎに: 몹시 요란해, 크게 소란스러워
20) まるで: 마치
21) おもちゃばこ(箱): 장난감 통(상자)
22) ひ(引)っくり(繰)かえ(返)した: 뒤집어엎은　㉦ ひっくりかえす: 뒤엎다, 뒤집다
23) よ(寄)るな: 다가서지마　㉦ よる: 다가가다, 접근하다
24) おどろ(驚)き あわ(慌)てて: 놀라서 허둥대며　㉦ おどろく: 놀라다, あわてる: 허둥대다
25) に(逃)げたり かく(隠)れたり: 도망치기도 하고 숨기도 하고　㉦ にげる: 도망치다, かくれる: 숨다
26) に(逃)げおく(遅)れた: 도망칠 기회를 잃은　㉦ にげおくれる: 도망칠 기회를 잃다
27) ぺこぺこ: 굽실굽실 (머리를 자꾸 조아리는 모양)
28) おじぎ(辞儀)をして: 인사를 하며
29) これは これは: 아니 이거, 이것 참 *감탄・놀람을 나타내는 말
30) こころ(心)にも ない おせじ(世辞): 마음에도 없는 겉치레 인사
31) う(生)まれて: 태어나서　㉦ うまれる: 태어나다
32) はじ(初)めて: 처음으로
33) きもち(気持): 기분

12. ライオンの かわを きた ろば 55

した。

　ろばは いつも みんなから ばかに されて[34] いました。

　ところが、きょうは あべこべ[35]です。みんなを うんと[36] ばかに して やる ことが[37] できるのです。

　ライオンの かわを きた ろばは さる[38]に であいました[39]。さるには いつも いじめられて[40] いるのです。

　そこで ろばは さるを おもいきり[41] けとばして[42] やりました。さるは おどろいて にげて いきました。

　ろばは とくいで[43] たまりません[44]。

　「この へんで[45] ひとつ ライオンの ように、ほえて[46] やろう。」と おもいたちました[47]。

　ろばは こえを はりあげ[48]て ほえました。じぶんでは う

---

34) ばかに されて: 업신여김당하고 ㉰ される: 당하다
35) あべこべ: 반대, 뒤바뀜
36) うんと: 크게, 매우, 훨씬
37) して や(遣)る ことが: 해 주는 것이 ㉰ する: 하다, 주다
38) さる(猿)に: 원숭이와 *조사 'に'는 '(때)~에, (장소·방향)~에, ~으로, (동작)~에게, 을, (목적)~을, 위해서, (비교)~와, (수단·방법)~으로, ~에 의해서' 등 많은 용도로 쓰인다.
39) であ(出会)いました: 우연히 마주쳤습니다 ㉰ であう: 마주치다, 우연히 만나다
40) いじ(苛)められて: 괴롭힘을 당하고 ㉰ いじめる: 괴롭히다, 못살게 굴다
41) おも(思)いき(切)り: 마음껏 ㉰ おもいきる: 마음껏 하다, 단념하다
42) けと(蹴飛)ばして: 걷어차(서) ㉰ けとばす: 내차다, 걷어차다
43) とくい(得意)で: 득의양양해서
44) たま(堪)りません: 견딜 수 없습니다 *たまらない: 참을 수 없다(연어)
45) この へん(辺)で: 이쪽에서
46) ほ(吠)えて: 으르렁거려 ㉰ ほえる: 짖다, 으르렁거리다
47) おも(思)いた(立)ちました: 결심했습니다 ㉰ おもいたつ: 결심하다, 기도하다
48) はり(張)あ(上)げて: 질러서 ㉰ はりあげる: (소리를) 지르다, 외치다

おおん…と ほえた つもりでしたが、ろばですから ひひひいんと いななきました49)。

それで、きつねが ふきだしました50)。

「あれは ろばだ。ライオンの かわを かぶった51) ろばなんだ。」

どうぶつたちは よってたかって52)、ライオンの かわを はぎとりました53)。すると、ただ54)の ろばが あらわれました55)。

ろばは こえを だしたばかりに56)、ばけの かわ57)を はがされて58) しまったのです。

---

49) いなな(嘶)きました: 울었습니다　㉾ いななく: (말이 높은 소리로) 울다
50) ふきだ(噴出)しました: 웃음을 터뜨렸습니다　㉾ ふきだす: 웃음을 터뜨리다
51) かぶ(被)った: 뒤집어쓴　㉾ かぶる: 쓰다, 뒤집어쓰다
52) よ(寄)ってたか(集)って: (연어) 여러 사람이 달라붙어, 여럿이서
53) はぎと(取)りました: 벗겨냈습니다　㉾ はぎとる: 벗겨내다, 떼어내다
54) ただ(只): 보통, 예사, 다만
55) あら(現)われました: 드러났습니다, 탄로났습니다 ㉾ あらわれる: 드러나다, 나타나다
56) だ(出)したばかりに: (짜)낸 탓으로 ㉾ だす: 내다, 짜내다, 드러내다
57) ば(化)けの かわ(皮): 가면
58) はが(剝)されて: 벗겨서　㉾ はがす: 벗기다, 떼다

13. さかな⁽¹⁾の おうさま⁽²⁾
(물고기의 왕)

とても⁽³⁾ おおきな さかなが すんで⁽⁴⁾ いました。

この さかなは らんぼうで⁽⁵⁾ いばりや⁽⁶⁾でした。いつも ちいさな さかなたちを いじめてばかり⁽⁷⁾ いました。

「おれ⁽⁸⁾は せかいいちの⁽⁹⁾ でっかい⁽¹⁰⁾ さかなだ。さかなの おうさまだ。ちびっこども⁽¹¹⁾は どけ⁽¹²⁾、どけ。」

などと どなりちらすので⁽¹³⁾ ちいさな さかなたちは びくびくしながら⁽¹⁴⁾、くらして⁽¹⁵⁾ いました。

ごちそうも おおきな さかなが ひとりじめ⁽¹⁶⁾に しまし

---

1) さかな(魚): 물고기
2) おうさま(王様): 왕, 임금님
3) とても: 아주, 몹시, 대단히
4) す(住)んで: 살고 ㉾ すむ: 살다
5) らんぼう(乱暴)で: 난폭하고, 무례하고
6) いば(威張)りや(屋): 거만쟁이
7) いじ(苛)めてばかり: 괴롭히고만 *ばかり: ~만, 다만 ~할 뿐
8) おれ: 나 *주로 남자가 동료 또는 아랫사람에게 쓴다.
9) せかい(世界)いち(一)の: 세계 제일의
10) でっかい: 큰, 방대한(=でかい)
11) ちびっこども: 나이 어린아이들, 작은 아이들
12) ど(退)け: 비켜라 ㉾ どける: 비키다, 치우다
13) など(等)と どな(怒鳴)りち(散)らすので: 따위(등)라고 마구 호통치기 때문에 ㉾ どなる: 고함치다, 호통치다
14) びくびくしながら: 덜덜 떨면서
15) くら(暮)して: 지내고, 살아가고 ㉾ くらす: 살다, 지내다
16) ひとりじ(一人占)め: 독점, 독차지

13. さかなの おうさま

た。ますます ふとって₁₇₎ おおきく なりました。

　それに ひきかえ₁₈₎、ちいさな さかなたちは いつも おなかを すかして₁₉₎ やせて₂₀₎ いきました。

　ある ひ、りょうし₂₁₎が あみうち₂₂₎に きました。でも、あみに かかる₂₃₎のは ちいさな さかなばかりで、みんな あみの め₂₄₎から にげて₂₅₎ しまいます。

　おしまいに₂₆₎ おおきな さかなが かかりました。いっぴきだけで、あみが いっぱいに なりました。

　「やあ、さかなの おうさまを いけどったぞ₂₇₎。」

　りょうしは おおよろこびで₂₈₎ かえって いきました。

　ちいさな さかなたちも おどりまわって₂₉₎ よろこびました。

---

17) ますます ふと(太)って: 점점 살쪄서　㉰ ふとる: 살찌다, 늘어나다
18) それに ひきかえ: 그와는 반대로
19) す(空)かして: (배를) 주려서　㉰ すかす: 비워두다, 공복으로 하다
20) や(痩)せて: 야(여)위어, 살이 빠져　㉰ やせる: 야(여)위다, 살이 빠지다
21) りょうし(漁師): 어부
22) あみ(網)う(打)ち: 투망질, 그물을 던져 고기를 잡음
23) かか(掛)る: 걸리다, 걸리는　㉰ かかる
24) あみ(網)の め(目): 그물코, 그물눈
25) に(逃)げて: 도망쳐　㉰ にげる: 도망치다
26) おしまいに: 끝으로, 마지막으로
27) い(生)けど(捕)ったぞ: 생포했구나　㉰ いけどる: 사로잡다, 생포하다
28) おおよろこ(喜)びで: 크게 즐거워하며(기뻐하며)　㉰ よろぶ: 기뻐하다, 즐거워하다
29) おど(踊)りまわって: 춤추며 돌아다니며　㉰ おとる: 춤추다, まわる: 돌다, 회전하다

14. まけおしみ[1]
(억지쓰기)

きつねが ぶどう[2]を みつけました[3]。

よく うれて[4] おいしそうな[5] ぶどうです。きつねは したなめずり[6]を しました。

「どれ、ごちそうに なろうかい[7]。」

ぴょんと とびあがりました[8]。

ところが、とどきません[9]。なんべん[10] やっても だめです[11]。ほねおりぞん[12]の くたびれもうけで[13]、きつねは へとへと[14]に なりました。

---

1) ま(負)けお(惜)しみ: (지거나 실패한 것을 인정하지 않고) 억지쓰기
2) ぶどう: 포도
3) み(見)つけました: 찾아냈습니다, 발견했습니다 ㉘みつける: 찾아내다, 찾다
4) う(熟)れて: 익어서, 여물어서 ㉘うれる: 익다
5) おいしそうな: 맛있을 듯한
6) した(舌)なめずり: 입맛을 다심, 쩝쩝거림
7) どれ、ごちそうに な(成)ろうかい: 어디, 먹을거리로 해볼까(=먹어볼까)
8) ぴょんと とび(飛)あが(上)りました: 깡충 뛰어올랐습니다 ㉘とびあがる: 뛰어오르다
9) ところが、とど(届)きません: 그러나, 미치지 않습니다 ㉘とどく: 닿다, 미치다
10) なんべん(何遍): 몇 번(=なんど)
11) だめ(駄目)です: 소용없습니다
12) ほねお(骨折)りぞん(損): 수고한 보람이 없음
13) くたび(草臥)れもう(儲)けで: 헛수고해서, 피곤하기만 하고 아무 소득이 없어서 ㉘くたびれる: 지치다, 지쳐서 싫증날 정도로 ~하다
14) へとへとに: 녹초가 되어 (몹시 피곤해서 힘이 없는 모양)

14. まけおしみ

りす15)や うさぎ16)や こぐま17)が くすくす18) わらいました。

「なあに19) この ぶどうはね、まだ20) すっぱくて21) たべられないのさ。」

きつねは こんな まけおしみを いって、すごすご22)と もどって23) いきました。

みんなは おおわらい24)を しました。

---

15) りす: 다람쥐
16) うさぎ: 토끼
17) こぐま: 작은 곰
18) くすくす: 낄낄, 킥킥
19) なあに: 아니, 뭐, 어떤
20) まだ: 아직
21) す(酸)っぱくて: 시큼해서 ⓦ すっぱい: 시다, 시큼하다
22) すごすご: 터덜터덜
23) もど(戻)って: 되돌아가(서) ⓦ もどる: 되돌아 가(오)다
24) おおわら(大笑)い: 큰 소리로 웃음

15. ろばを かついだ₁₎ おやこ₂₎
(당나귀를 멘 아버지와 아들)

　すいしゃごや₃₎の おとうさん₄₎が ぼうや₅₎を つれて₆₎、いちば₇₎へ ろばを うりに でかけました₈₎。ろばを さきに して、おやこ ふたりは あとから ついて いきました。それを みて、むらの おねえさん₉₎たちが わらいました。

　「まあ、ずいぶん おばかさんねえ₁₀₎。ろばに のって いけば いいのに、この すなぼこり₁₁₎の みちを とことこ₁₂₎ あるいて いくなんて…。」

　「なるほど₁₃₎、それも そうだな。」

　「ぼうやは ろばに のって いきな。おちないように おとうさんが つきそって やるからな₁₄₎。」

---

1) かつ(担)いだ: 멘, 짊어진　㉥ かつぐ: 메다, 짊어지다
2) おやこ(親子): 부모와 자식 *おやご(親御)는 남의 부모의 경칭(부모님)
3) すいしゃごや(水車小屋): 물(레)방앗간
4) おとう(父)さん: 아버지 *ちち(父)의 일반적인 높임말.
5) ぼう(坊)や: 애, 어린이
6) つ(連)れて: 데리고　㉥ つれる: 데리고 오(가)다
7) いちば(市場): 시장
8) う(売)りに でか(出掛)けました: 팔러 나갔습니다　㉥ でかける: 나가다, 외출하다
9) おねえ(姉)さん: 언니, 아가씨
10) ずいぶん おばかさんねえ: 몹시(아주) 바보들이군
11) すなぼこり(砂埃): 모래먼지 *すな는 '모래', ほこり: '먼지', 이때 연음현상으로 ほ가 ぼ로 탁음화되었다.
12) とことこ: 종종걸음(모양)으로
13) なるほど: 과연 *이 이야기에서 「なるほど, それも そうだな。」가 네 번 쓰였다.

おとうさんは　ぼうやを　ろばに　のせました[15]。じぶんは　そばに　つきそいながら　あるいて　いきました。

　すると、むこう[16]から　おとうさんの　ともだちが　やって　きました[17]。

　「おい、おい、こどもを　ろばに　のせて、じぶんは　あるくなんて、よしたまえ[18]。こどもを　いまから　あまやかして[19]　どう　する　つもりだ。こどもは　からだの　ためにも　あるいた　ほうが　いいのだ。あるかせろ[20]、あるかせろ。」

　「なるほど、それも　そうだな。」

　おとうさんは　ぼうやを　ろばから　おろして、かわりに[21]　じぶんが　のりました。ぼうやは　ろばの　あとから　とぼとぼ[22]　あるいて　いきました。

　しばらく　いくと、こんどは　ちちしぼりの　おねえさん[23]が　かおを　しかめて[24]　いいました。

---

14) つ(付)きそ(添)って やるからな: 곁에서 시중(수발)해 줄테니까말야　㉡ つきそう: 수발하다, 곁에 따르다, やる: 하다, ～해주다 *つきそいながら: 곁에 따르면서

15) の(乗)せました: 실었습니다, 태웠습니다　㉡ のせる

16) む(向)こう: 맞은 편, 저쪽

17) ともだち(友達)が や(遣)って きました: 친구가 다가왔습니다.　㉡ やって くる: 다가오다

18) ある(歩)くなんて よ(止)したま(給)え: 걸어가다니 그만 두게　㉡ あるく: 걷다 *よしは '그만둠', たまえ는 온건한 명령어로 '～게'의 뜻이다.

19) あま(甘)やかして: 응석부리게 해서　㉡ あまやかす: 응석부리게 하다

20) ある(歩)かせろ: 걷게 해　㉡ あるく: 걷다, 살아오다

21) お(下)ろして、かわ(代)りに: 내리고, 대신에　㉡ おろす: 내리다

22) とぼとぼ: 타달타달, 타닥타닥 (힘없이 걷는 모양)

23) ちちしぼ(乳搾)りの おねえ(妹)さん: 젖짜기(젖을 짜는 일)의 아줌마(아주머니)

24) しかめて: 찡그리고, 찌푸리고　㉡ しかめる: 찌푸리다, 찡그리다

「まあ、よのなか[25]には ひどい おとうさんも いる ものね。じぶんばっかり きらくそうに[26] ろばに のってさ[27]。ちいさな ぼうやを あるかせるなんて…[28]。かわいそうに、あの ぼうや、くるしそうに よたよた[29] ついて いくじゃ ないの[30]。」

「なるほど、それも そうだな。」

おとうさんは かんがえました。そして、ぼうやを よんで[31] じぶんの まえに のせました。

こんどは おやこ ふたりが ろばに のって、いちばの ほうへ すすんで[32] いきました。

ろばは いちどに[33] ふたりも のせたので、だんだん[34] くるしく なりました。いきづかいも あらく なり[35]、あしも よたよた おそく なって きました。

でも、おとうさんは きが つきません[36]。のんきそうに[37]

---

25) よ(世)のなか(中): 세상
26) じぶん(自分)ばっかり きらく(気楽)そうに: 자신만 편안하게 * ばっかり는 ばかり의 힘준 말
27) のってさ: 타고서 말이야 *이때 さ는 문절의 단락에 붙어서 단정하는 기분을 나타내며, '~말이야', '~야', '~거야' 등으로 표현된다.
28) ある(歩)かせるなん(何)て…: 걸어가게 하다니
29) くる(苦)しそうに よたよた: 고통스러운 듯이 비틀비틀 ㉘ くるしい: 괴롭다, 고통스럽다
30) つ(付)いて い(行)くじゃないの: 뒤따라 가잖아 ㉘ つく: 뒤따르다, 붙다, 정신이 들다
31) よ(呼)んで: 불러서 ㉘ よぶ: 부르다
32) す(進)んで: 나아가서 ㉘ すすむ: 나아가다
33) いちど(一度)に: 일시에, 동시에, 한꺼번에
34) だんだん: 점점
35) いき(息)づかいも あら(荒)く なり: 숨결도 거칠게 되고 ㉘ あらい: 거칠다
36) き(気)が つきません: 깨닫지 못합니다 *きが つく: 깨닫다, 알아차리다
37) のんきそうに: 태평스럽게

15. ろばを かついだ おやこ

15. ろばを かついだ おやこ

　はなうた[38]を うたいながら、ろばの せ[39]に ゆられて[40] いきました。ろばは やがて きょうかい[41]の まえに きました。

　きょうかいの まえには ぼくし[42]さんが たって いて、おとうさんを よびとめました[43]。

　「もしもし、ちょっと まちなさい。そんな よわい[44] どうぶつに、ふたりも のっては ろばが かわいそう[45]じゃ ありませんか。いったい[46]、これから どこへ いくのです。」

　「この ろばを うりに いちばへ いく ところですが。」

　「そんなら、なおさら[47]じゃ。いちばへ つくまでに ろばは よわりきって[48]、うりものには なりませんぞ[49]。」

　「じゃ、どう すれば いいんで[50]。」

　「ろばを かついで いきなされ[51]。」

　「なるほど、それも そうだな。」

---

38) はなうた(鼻歌): 콧노래 *くちぶえ(口笛): 휘파람
39) せ(背): 등
40) ゆ(揺)られて: 흔들리며　㉤ ゆられる: 흔들리다 *ゆれる: 흔들다
41) きょうかい(教会): 교회
42) ぼくし(牧師): 목사
43) よ(呼)び(止)めました: 불러 세웠습니다　㉤ よびとめる: 불러 세우다
44) よわ(弱)い: 약하다, 약한
45) かわいそう: 불쌍한 모양, 가엾은 모양
46) いったい(一体): 도대체
47) なおさら: 더욱 더, 더 한층 *なおさらじゃ: 더더욱이잖아요
48) よわ(弱)りき(切)って: 아주 약해져서
49) うりもの(売物)には なりませんぞ: 매물로는 되지못하죠 *ぞ는 종지형으로 강한 다짐을 나타냄
50) どう すれば いいんで: 어떻게 하면 좋지요.
51) かつ(担)いで い(行)きなされ: 메고 가세요　㉤ かつぐ: 메다, 짊어지다 *なされ는 하시다(なさる)의 명령형

15. ろばを かついだ おやこ **69**

　おとうさんと ぼうやは まず52) ろばから おりました。

　それから、ろばの よつあしを しばり53)、ぼうを とおして54) ふたりで かつぎあげました55)。

　ところが、その おもい ことと いったら ありません56)。

　おやこは かおを まっかに57) して よたよたしながら、

　「えいこら、やっこら58)。」と、いちばへ むかって いきました。

　その ようすを ながめて59) みんなは あきれました60)。

　「あれは きっと きちがいだね61)。」

　ろばを かついだ おやこは まもなく はしの うえに きました。

　「ぼうや、いちばは すぐだ。もう すこしの しんぼうだよ62)。」

　おとうさんは いいましたが、じぶんも ぼうやも へとへとに なって63) いました。

---

52) まず: 우선
53) よ(四)つあしを しば(縛)り: 네 발을 묶고　㉿ しばる: 묶다, 동이다
54) ぼう(棒)を とお(通)して: 막대기를 꿰어서　㉿ とおす: 통하게 하다, 지나가게 하다, 꿰다
55) かつ(担)ぎあ(上)げました: 메고 날랐습니다
56) ～ことと いったら ありません: ～것이란 말할 수 없습니다
57) ま(真)っか(赤)に: 새빨갛게
58) えいこら、やっこら: 영차, 영차
59) なが(眺)めて: 바라보고　㉿ ながめる: 바라보다, 조망하다
60) あき(呆)れました: 기가 막혔습니다
61) きっと きちが(気違)いだね: 마치 미치광이군
62) しんぼう(辛抱)だよ: 참고서 견디어라

15. ろばを かついだ おやこ

　ろばは ろばで さかさに つるされて[64] いるから くるしくて たまりません[65]。くちから あわ[66]を ふいて あばれだしました[67]。

　「こら、おとなしく しないか[68]。」

　しかりつけましたが[69]、ろばは ききません。ますます ひどく あばれたので ぼうが ぽきんと おれました[70]。

　なわも[71] ぷつんと[72] きれました。ろばは もんどりうって[73]、かわへ おちて いきました。

　あいにく[74] あめあがり[75]で、みずかさ[76]が ふえて[77] いました。

　あれよ あれよ[78]と いう まに[79]、ろばは きゅうりゅう[80]に

---

63) へとへとに なって: 녹초가 되어
64) さかさ(逆)に つ(吊)るされて: 거꾸로 매달려서 ㉙ つるす: 달아매다, 매달다
65) くるしくて た(堪)りません: 괴로워서 견딜 수 없습니다 ㉙ くるしい: 괴롭다, たまる: 참다
66) あわ(泡): 거품 *あわを ふ(吹)く: 거품을 내다
67) あば(暴)れだ(出)しました: 설치기 시작했습니다 ㉙ あばれる: 날뛰다, 설치다
68) こら おとなしく しないか: 이봐, 온순(얌전)하게 못하니 ㉙ おとなしい: 온순하다, 얌전하다
69) しか(叱)りつ(付)けましたが: 몹시 꾸짖었지만
70) ぼう(棒)が ぽきんと お(折)れました: 멜대가 뚝하고 부러졌습니다 ㉙ おれる: 꺾이다, 부러지다 * ぽきんと(=ぽきりと): 뚝 (굵고 단단한 것이 큰 소리를 내며 부러지는 모양이나 소리)
71) なわ(縄): 새끼줄, 포승
72) ぷつんと き(切)れました: 툭하고 끊어졌습니다 ㉙ きれる: 끊어지다, 잘라지다
73) もんどりう(打)って: 공중제비해서 ㉙ もんどりうつ: 공중제비하다(=もんどりを うつ)
74) あいにく: 공교롭게
75) あめあ(雨上)がり: 비가 온(그친) 뒤, 비가 막 갬
76) みずかさ: 물의 양, 수량
77) ふ(増)えて: 불어서 ㉙ ふえる: 늘다, 불어나다
78) あれよ あれよ: 갈팡질팡, 우왕좌왕
79) い(言)う ま(間)に: 말할 사이에, 순식간에, 눈 깜짝할 사이에 ㉙ いう: 말하다
80) きゅうりゅう(急流): 급류

のまれて81)、すがた82)が みえなく なりました。

「ああ、なんと いう ことだろう。これと いうのも83)、ひとの いう ことばかり きいたからだ84)。」

おとうさんと ぼうやは しょんぼり85)して、すいしゃごやへ かえって いきました。

---

81) の(飲)まれて: 휩쓸려서　㉮ のまれる: 먹히다, 휩쓸리다
82) すがた(姿): 모습, 형체, 자태
83) これと い(言)うのも: 이렇다 말하는 것도
84) い(言)う こと(事)ばかり き(聞)いたからだ: 말하는 것만 들었던 때문이다
85) しょんぼり: 기운없이, 풀이죽어, 멍하니 (기운없는 모양)

16. はりねずみ₁₎の こしかけ₂₎
(고슴도치 걸상)

　さるは おやま₃₎の たいしょう₄₎で たいへん わがまま₅₎でした。いつも みんなを こまらせて₆₎ いました。
　ある ひの こと、さるが うさぎに いいました。
　「きょうは いい おてんきだ。とんがりやま₇₎へ あそびに いかないか。」
　すると、うさぎは ながい みみを ふって₈₎ ことわりました₉₎。さるは ふきげんに なりましたが₁₀₎、こんどは たぬき₁₁₎を さそいました₁₂₎。けれど、たぬきも ことわりました。
　さるは ますます ふきげんに なって、こんどは きつねを さそいました。きつねも いやでしたが₁₃₎、わがままな さるの ことです。ことわると なにを するか わかりません。そ

---

1) はりねずみ: 고슴도치
2) こしか(腰掛)け: 걸상
3) おやま(山): 산, 영산
4) たいしょう(大将): 대장
5) わ(我)がまま: 버릇없음, 제멋대로 굶
6) こま(困)らせて: 곤란해져, 난처해져 ㉄ こまる: 곤란하다 *こまらせる는 수동형
7) とんが(尖)りやま: 뾰족(한)산 ㉄ とんがる: 뾰족하다 *と(尖)がる의 구어적 표현
8) みみ(耳)をふ(振)って: 귀를 흔들며 ㉄ ふる: 흔들다
9) こと(断)わりました: 거절했습니다 ㉄ ことわる: 거절하다
10) ふきげん(不機嫌)に なりましたが: 기분이 불쾌해졌습니다만
11) たぬき: 너구리
12) さそ(誘)いました: 권유했습니다, 꾀었습니다 ㉄ さそう: 꾀다, 권(유)하다
13) いやでしたが: 싫어했습니다만

16. はりねずみの こしかけ　73

こで、いやいやながら[14] ついて いきました。
　とんがりやまに のぼると[15]、はりねずみが まるく なって ひるね[16]を して いました。
　「こら、おきろ。おやまの たいしょうが きたんだぞ。」
　「うるさい[17]な。ひるねの じゃま[18]を しないで くれ。」
　「おや、ちび[19]の くせに[20] なまいき[21]だな。おまえなんか[22] おれの こしかけに して やろう。」
　さるは はりねずみを ばかに して[23] こしを おろしました[24]。すると、はりねずみは おこって[25]、せなか[26]の とげ[27]を いちどに さかだてました[28]。
　「あいた、たっ。」
　さるは おしり[29]を かかえて とびあがりました[30]。

---

14) いやいやながら: 마지못해서, 할 수 없어서
15) のぼ(登)ると: 올라가는데 ㉙ のぼる: 높은 곳으로 올라가다
16) ひるね(昼寝): 낮잠
17) うるさい: 시끄럽다, 귀찮다 ㉙ うるさい
18) じゃま(邪魔): 방해
19) ちび: 꼬마, 나이 어림, 키가 작음 *ちびの: 꼬마인
20) くせに: 주제에
21) なまいき(生意気): 건방짐, 주제넘음 *なまいきだな: 주제넘구나, 건방지구나
22) おまえ(前)なんか: 너 따위
23) ばか(馬鹿)にして: 깔보고
24) こし(腰)を お(下)ろしました: 앉았습니다 ㉙ おろす: 내리다
25) おこ(怒)って: 화내서 ㉙ おこる: 화내다, 성내다
26) せなか(背中): 등
27) とげ(刺): 가시
28) さか(逆)だ(立)てました: 곤두세웠습니다 ㉙ さかだてる: 거꾸로 세우다, 곤두세우다
29) おしり: 엉덩이
30) かか(抱)えて と(跳)びあ(上)がりました: 감싸쥐고 펄쩍 뛰었습니다 ㉙ かかえる: 감싸쥐다, (껴)안다, とぶ: 뛰다, 도약하다

17. かに₁₎ よこばい₂₎
(게 모걸음)

あかるい₃₎ つきよの ばんでした₄₎。

かにの ぼうや₅₎が すな₆₎の うえを さくさく₇₎ あるいて いました。

かあさんがには それを みて びっくりしました。

「まあ、ぼうやったら₈₎、なんだって そんな ふうに₉₎ よこばいに なって あるくの₁₀₎。みっとも ないわ₁₁₎。みなさんに わらわれますよ₁₂₎。あるく ときは ちゃんと₁₃₎ まっすぐに₁₄₎ あるくものよ。」

「わかったよ、おかあさん。」

---

1) かに: 게 *かあさんがに: 엄마 게(=かあちゃんがに)
2) よこば(横這)い: 모걸음
3) あか(明)るい: 밝다, 밝은
4) つきよ(月夜)の ばん(晩)でした: 달밤의 저녁(밤)이었다 *ばん: 저녁때, 밤
5) ぼう(坊)や: 아가(새끼)
6) すな(砂): 모래
7) さくさく: 사박사박 (눈 따위를 밟을 때 나는 소리)
8) ~ったら: ~말이야, ~라니, 원(=たら) *ぼうやったら: 아가 말이야
9) なんだって そんな ふう(風)に: 어째서 그런 모양으로
10) ~の: ~니? (여성어, 문말에서 감동·물음을 나타낸다)
11) みっとも ないわ: 꼴불견이구나, 보기 흉하구나
12) わら(笑)われますよ: 웃음거리가 되어요 *わらわれもの: 웃음거리
13) ちゃんと: 정확히
14) まっすぐに: 똑바로

17. かに よこばい

かにの ぼうやは くちから あぶく[15]を だして いいました。

「それじゃ、おかあさんが まっすぐに あるいて みせて おくれ[16]。ぼくも その とおりに やるから[17]。」

「いいとも[18]、わけないわ[19]。」

　かあさんがには いっしょうけんめいに なって、まっすぐに あるいて みせようと[20] しました。けれど、どうしても[21] よこにしか あるけません[22]。

　かにの ぼうやも よこばいに あるいて、かあさんがにの あとに ついて[23] いきました。

---

15) あぶく: 거품
16) み(見)せて おくれ: 보여 주세요.
17) その とお(通)りに やるから: 그대로 할테니까 *やるから: 할테니까
18) いいとも: 좋고말고
19) わけないわ: 문제없어요
20) みせようと: 보여주려고　㉾ みせる: 보이다
21) どうしても: 아무리 해도
22) よこ(横)にしか ある(歩)けません: 모로 밖에 걸을 수 없습니다
23) つ(付)いて: 뒤따라(서)　㉾ つく: 뒤따르다 *'매달리다', '불이 붙다' 등 많은 뜻이 있다.

18. きんの おの[1]
(금도끼)

　きこり[2]は きょうも やまで きを きって[3] いました。か あん かあん[4]と おのの おと[5]が こだまします[6]。

　ところが、きこりは うっかりして[7] だいじな[8] おのを ふかい ぬまに おとして[9] しまいました。

　「こまったなあ。おのが なくては しごとが できないし、しごとを しないと くらして いけないし[10]。」

　きこりは とほうに くれて[11]、ぬまの ふち[12]に たって いました。すると、みずの なかから めがみさま[13]が すがたを あらわしました[14]。

---

1) きん(金)の おの: 금도끼
2) きこり(樵夫): 나뭇꾼, 벌목꾼, 초부　㊜ きこる: 나무를 베다, 땔 나무를 하다
3) き(木)を き(切)って: 나무를 베고　㊜ きる: 베다, 자르다
4) かあん かあん: 쾅 쾅
5) おと(音): 소리
6) こだま(木霊)します: 메아리칩니다　*こだま: 메아리, します: する의 연용형 し+ます
7) うっかりして: 무심코, 멍청히
8) だいじ(大事)な: 소중한
9) ふか(深)い ぬま(沼)に おと(落)して: 깊은 늪에 떨어뜨리고　㊜ ふかい: 깊다, おとす: 떨어뜨리다
10) くら(暮)して いけない し: 살아갈 수 없고 *~し는 종지형에 붙어서 사물을 열거함
11) とほう(途方)に く(暮)れて: 어찌할 바(방도)를 몰라서　*㊜ くれる: 할 바를 모르다
12) ふち(縁): 가, 테두리, 가장자리 * ふち(淵): 깊은 못, 강물의 깊은 곳, 소
13) めがみさま(女神様): 여신 *かみさま(神様): 신, 신령님
14) すがた(姿)を あらわ(現)しました: 모습을 나타내었습니다　㊜ あらわす: 드러내다, 나타내다

18. きんの おの

「おまえが なくした[15] おのは これでは ありませんか。」

それは きんの おのでした。

「とんでも ない[16]。わたしの おのは、きんでは ありません。」

めがみさまは すがたを けして[17]、こんどは ぎん[18]の おのを もって あらわれました。きこりは また くびを ふりました[19]。

さんどめに[20]、めがみさまは てつ[21]の おのを もって あらわれました。

「それです。わたしが なくした おのです。」

きこりは なんども おれいを いって[22]、じぶんの おのを うけとりました[23]。

めがみさまは にっこりしました[24]。

「おまえは しょうじきもの[25]ですね。ごほうび[26]に きんの

---

15) な(無)くした: 잃은　㉯ なくす: 잃다
16) とんでもない: 당치도 않다 *천만에요 (감사·칭찬 등을 표해올 때 씀)
17) け(消)して: 감추어서　㉯ けす: 감추다, 안 보이게 하다, (등불 따위)끄다
18) ぎん(銀): 은
19) (また) くび(首)を ふ(振)りました: (역시) 목(고개)을 저었습니다　㉯ ふる: 흔들다, 젓다
20) さんどめ(三度目)に: 세번째로
21) てつ(鉄): 철, 쇠
22) なんども おれい(お礼)を い(言)って: 진정으로(정말로) 감사의 말을 하고(감사를 드리고)
23) う(受)けと(取)りました: 받았습니다　㉯ うけとる: 받다, 받아들이다
24) にっこりしました: 방긋 웃었습니다
25) しょうじきもの(正直者): 정직한 사람
26) ごほうび(御褒美): 포상

おのも ぎんの おのも、にほんとも あげましょう27)。」

　まるで ゆめのようでした28)。

　しょうじきな きこりは りっぱな29) きんと ぎんの おのを もらって おかねもちに30) なりました。

　さて31)、となり32)の いえにも きこりが いました。この はなしを きくと うらやましくて たまりません33)。

　「じぶんも やって みよう。」と おもいました。

　あくる あさ34) はやく、よくばりな35) きこりは やまへ でかけました36)。

　「ははあ、この ぬまだな。」

　きこりは じぶんの おのを わざと37) ぬまに なげこみました38)。すると、めがみさまは きのうのように39) すがたを あらわしました。

　「めがみさま、だいじな おのを ぬまに おとしました。ど

---

27) にほん(二本)とも あげ(上)ましょう: 두 자루 함께 다 주겠다 *とも: 함께 다, 모두
28) まる(丸)で ゆめ(夢)のようでした: 마치 꿈같았다
29) りっぱ(立派)な: 훌륭한, 멋진
30) おかねも(お金持)ちに: 부자로
31) さて: 그런데
32) となり(隣): 이웃
33) うらやましくて たまりません: 부러워서 견딜 수 없습니다 ㉘ うらやましい: 부럽다, たまる: 견디다
34) あ(明)くる あさ(朝): 이튿날 아침
35) よくば(欲張)りな: 욕심많은
36) でか(出掛)けました: 나아갔습니다 ㉘ でかける: 외출하다, 나가다
37) わざと: 일부러, 고의로
38) な(投)げこ(込)みました: 던져넣었습니다 ㉘ なげこむ: 던져넣다
39) きのう(昨日)のよう(様)に: 어제처럼

うぞ おかえし ください40)。」

　きこりが たのむと41)、めがみさまは いったん42) すがたを けしてから43)、きんの おのを もって あらわれました。きこりは てを のばして44)、

「それです、それです。わたしが なくした おのです。」と さけびました45)。

　けれど、めがみさまは だまって46)、ぬまの なかに すがたを けしました。きこりが いくら47) よんでも にどと48) すがたを みせませんでした49)。

　よくばって50) うそを いった きこりは だいじな おのを なくして しまいました。

---

40) どうぞ おかえ(お返)し ください: 부디 되돌려 주세요.
41) たの(頼)むと: 부탁하자
42) いったん(一旦): 일단, 잠깐
43) け(消)してから: 감추었다가, 감추고 나서
44) の(伸)ばして: 길게 펴서　㊜ のばす: 펴다, 늘리다
45) さけ(叫)びました: 외쳤습니다　㊜ さけぶ: 외치다, 부르짖다
46) だま(黙)って: 묵묵히, 아무 말없이　㊜ だまる: 말을 하지않다
47) いくら: 아무리
48) にど(二度)と: 두 번 다시, (결코) 다시는 *부사형이다
49) み(見)せませんでした: 나타내지 않았습니다　㊜ みせる: 보이다, 나타내다
50) よくば(欲張)って: 너무 욕심을 부려서　㊜ よくばる: 너무(지나치게) 욕심을 부리다

19. からす₁₎と みずがめ₂₎
(까마귀와 물항아리)

「のどが かわいて しにそうだよ₃₎。どこかに みずが ないかなあ。」

からすは のどが からからでした₄₎。みずを さがして とびまわりました₅₎。みずは なかなか₆₎ みつかりませんでした₇₎。

あつい なつに、ひでりが つづいて₈₎ いけ₉₎も かわも、からからに かわいて₁₀₎ いるのです。

からすは あっち こっちと₁₁₎ とびまわって、やっとこさ₁₂₎ みずがめを みつけました₁₃₎。

「やれやれ₁₄₎、これで たすかったぞ₁₅₎。」

---

1) からす(烏): 까마귀
2) みずがめ(水瓶): 물항아리 *아래 위가 좁고 배가 부른 물병
3) のど(喉)が かわ(渇)いて し(死)にそうだよ: 목이 말라서 죽을것 같아요. ㉭ かわく: 목이 마르다, しぬ: 죽다
4) からからでした: 바싹바싹했습니다
5) さが(探)して と(飛)びまわ(回)りました: 찾으러 날아 돌아다녔습니다 ㉭ さがす: 찾다, とびまわる: 날아 돌아다니다
6) なかなか: 좀처럼
7) みつ(見付)かりませんでした: 눈에 띄지 않았습니다 ㉭ みつかる: 발견되다, 들키다
8) ひで(日照)りが つづ(続)いて: 가뭄이 계속되어 ㉭ つづく: 계속되(하)다
9) いけ(池): 못
10) からからに かわ(乾)いて: 바싹바싹 말라서 ㉭ かわく: 마르다, 건조하다
11) あっち こっちと: 이곳 저곳으로
12) やっとこさ: 겨우, 간신히(=やっとこ)
13) み(見)つけました: 발견했습니다 ㉭ みつける: 찾(아내)다, 발견하다
14) やれやれ: 아이고 (매우 감동했을 때 내는 소리)
15) たす(助)かったぞ: 살아났구나 ㉭ たすかる: 살아나다, 구제되다

19. からすと みずがめ

ところが、なんと いう ことでしょう。みずがめの みずは そこ¹⁶⁾の ほうに すこし あるだけです。いくら くちばし¹⁷⁾を いれても みずには とどきません¹⁸⁾。

「よわったなあ¹⁹⁾。」

からすは がっかりしましたが²⁰⁾、おちついて²¹⁾ よく かんがえました。

「そうだ、いい ことが あるぞ。」

からすは こいし²²⁾を ひろって²³⁾ かめの なかに おとしました。いくつも、いくつも²⁴⁾ おとしました。

そう したら、そこの みずが だんだん²⁵⁾ うえへ あがって きて、くちもと²⁶⁾に とどくように²⁷⁾ なりました。

りこうな²⁸⁾ からすですね。

---

16) そこ(底): 바닥
17) くちばし: 주둥이, 부리
18) とど(届)きません: 미치지 않습니다 ㉄ とどく: 닿다, (도)달하다
19) よわ(弱)ったなあ: 난처해졌구나 ㉄ よわる: 곤란해지다, 난처해지다
20) がっかりしましたが: 실망(낙담)했지만 *がっかり: 부사로 '실망・낙담하는 모양'
21) お(落)ちつ(着)いて: 침착하게 ㉄ おちつく: 자리잡다, 침착하다
22) こいし(小石): 작은 돌
23) ひろ(拾)って: 주워서 ㉄ ひろう: 줍다
24) いくつも いくつも: 몇 개이고 몇 개이고
25) だんだん: 점점
26) くちもと: 입구 근처
27) とど(届)くように: 닿도록, 닿게
28) りこう(利口)な: 영리한, 똑똑한

20. いなか[1]と まち[2]の ねずみ[3]
(시골쥐와 도회쥐)

　ある とき、まちの ねずみが いなかの ねずみの うちへ あそびに きました。

　まちの ねずみは おしゃれを して[4]、きどって[5] きました。

「やあ、よく きて くれたね。」

　いなかの ねずみは よろこんで[6] いろいろ もてなし[7]ました。

「なにも ないけど[8]、たべて くれたまえ[9]。」

　いなかの ねずみは たくさんの ごちそうを まちの ねずみに すすめました[10]。

　それは むぎ[11]の から[12]や、つちくさい[13] くさの ねっこ[14]などでした。

---

1) いなか(田舎): 시골, 지방
2) まち(町): 도회, 읍내
3) ねずみ: 쥐
4) おしゃれを して: 멋을 내서 *おしゃれ: 멋을 냄, 멋쟁이
5) きど(気取)って: 점잔을 빼서, 거드름을 피우며 ㉜ きどる: 점잔빼다, ~체하다
6) よろこ(喜)んで: 기쁘게 ㉜ よろこぶ: 기뻐하다, 즐거워하다
7) もてなし: 대접, 환대 ㉜ もてなす: 대접하다, 대우하다
8) なに(何)も な(無)いけど: 별로 없지만 *なにも는 '아무것도', '별로' 뜻이고, けど(~지만)는 けれども의 축약형이다.
9) くれたま(賜)え: ~해 주시게 *~たまえ는 '~하게'(온건하게 명령할 때 씀) ㉜ たまう: 주시다, 내리시다
10) すすめました: 권했습니다 ㉜ すすめる: 권하다
11) むぎ(麦): 보리(おおむぎ=대맥) *こむぎ(小麦): 밀
12) から(殻): 껍질, 껍데기
13) つち(土)くさ(臭)い: 흙 냄새나는
14) くさ(草)の ね(根)っこ(子): 풀뿌리

20. いなかと まちの ねずみ 87

まちの ねずみは かおを しかめて¹⁵⁾、ごちそうには ても ふれませんでした¹⁶⁾。

「きみは きのどくだ¹⁷⁾なあ。こんな あばらや¹⁸⁾で こんな まずい¹⁹⁾ ものを たべて いるなんて…。いちど、ぼくの うちへ きて くれたまえ。ほっぺたの おちるような²⁰⁾ すてきな²¹⁾ ごちそうを たらふく たべさせて やるぜ²²⁾。」

まちの ねずみは とくいそうに²³⁾ いって、かえって いきました。

それから まもなく²⁴⁾、こんどは いなかの ねずみが まちの ねずみの うちに あそびに きました。

「なるほど²⁵⁾ まちは りっぱで²⁶⁾ きれいだ²⁷⁾ね。まるで²⁸⁾、ごてん²⁹⁾のようだ。」

---

15) しかめて: 찌푸려서 ㉖ しかめる: 찌푸리다, 찡그리다
16) て(手)も ふ(触)れませんでした: 손도 대지 않았습니다 ㉖ ふれる: 대다, 건드리다, 닿다
17) き(気)のどく(毒)だ: 딱하다, 불쌍하다 *きのどくだなあ: 딱하구나
18) あばらや: 황폐한 집, 오두막 집
19) まずい: 맛이 없다
20) ほっぺたの お(落)ちるよう(様)な: 뺨(볼)이 떨어지도록
21) すてきな: 멋진, 근사한
22) たらふく(鱈腹) た(食)べさせて やるぜ: 배불리(실컷) 먹게 해주지 *～ぜ는 주로 남자가 친근한 사람끼리 가볍게 다짐하거나 주의를 환기시킬 때 씀
23) とくい(得意)そうに: 자신만만한 듯 *とくいそうに いって: 자신만만한 듯 말하며
24) ま(間)もなく: 곧, 머지않아
25) なるほど: 과연
26) りっぱ(立派)で: 훌륭해서
27) きれいだ: 깨끗하다, 아름답다
28) まるで: 마치, 꼭
29) ごてん(御殿): 대궐, 궁전, 저택

「ふふん30)、おどろいたかい31)。」

まちの ねずみは いなかの ねずみを しょくどう32)へ つれて33) いきました。そこには いろいろの ごちそうが いっぱい ならんで34) いました。

「さあ、たべて くれたまえ。」

「すごい35) ごちそうだね。」

いなかの ねずみは ごちそうに てを だしました36)。すると、がたんと37) おと38)が して、だれかが39) きました

にひきの ねずみは おどろいて すみっこ40)の あな41)へ にげこみました42)。

しばらくして43) たべようと すると、こんどは ねこ44)の こえ45)です。

---

30) ふふん: 흥
31) おどろ(驚)いたかい: 놀랬니? ㉑ おどろく: 놀라다, 경악하다
32) しょくどう(食堂): 식당
33) つ(連)れて: 데리고 ㉑ つれる: 데리고 오(가)다, 동행하다
34) なら(並)んで: 늘어서, 줄지어 놓여져 ㉑ ならぶ: 늘어서다, 한줄로 서다
35) すごい: 멋진, 굉장한
36) て(手)を だ(出)しました: 손을 내밀었습니다 ㉑ だす: 내다, 내밀다, 뻗치다, 내보내다
37) がたんと: 쾅, 쾅(단단한 것이 부딪쳐 소리를 내는 모양), 뚝 (갑자기 떨어지는 모양)
38) おと(音): (단순한) 소리, 소문, 소식
39) だれ(誰)かが: 누군가가
40) すみ(隅)っこ: 구석 *すみ: 귀퉁이, こ는 접미어
41) あな(穴): 구멍
42) に(逃)げこ(込)みました: 도망쳐 들어갔습니다 ㉑ にげこむ: 도망쳐 들어가다
43) しばらくして: 조금 지나서
44) ねこ: 고양이
45) こえ(声): 소리, 목소리 *ね(音)는 방울·벌레 등의 '소리'로 아름다움을 느낄 때 쓴다.

これでは おちついて⁴⁶⁾ たべる ことも、おおきな こえで はなす ことも できません。

いなかの ねずみは かえりじたく⁴⁷⁾を しました。

「いのちがけで⁴⁸⁾ おいしい⁴⁹⁾ ごちそうを たべるより、ぼくは やっぱり⁵⁰⁾、いなかの あばらやで まずい ものを あんしんして⁵¹⁾ たべる ことに するよ。はい、さようなら。」

---

46) お(落)ちつ(着)いて: 침착하게, 안정되게 ㉨ おちつく: 침착하다
47) かえ(帰)り じたく(支度): 돌아갈 준비 ㉨ かえる: 귀가하다
48) いのち(命)が(懸)けで: 목숨걸고
49) おいしい: 맛있다, 맛있는
50) やっぱり: 역시(＝やはり)
51) あんしん(安心)して: 안심하고

21. うし₁₎と かあさんがえる₂₎
(소와 엄마개구리)

　にひきの こがえる₃₎が いけの そば₄₎で あそんで₅₎ いました。

　そこへ、おおきな うしが みずを のみに きました。

　うしは うっかりして₆₎ いっぴきの こがえるを ふみつぶして₇₎ しまいました。

　のこった₈₎ いっぴきの こがえるは うちへ にげかえって₉₎、かあさんがえるに いいつけました₁₀₎。

　「おかあさん、たいへんだよ₁₁₎。にいさんがね、よつあしを した₁₂₎ とても でっかい₁₃₎ ものに ふみつぶされて しまったよ。」

---

1) うし(牛): 소
2) かあさんがえる: 엄마 개구리
3) こがえる: 새끼 개구리
4) そば(側): 옆, 곁
5) あそ(遊)んで: 놀고 ㉯ あそぶ: 놀다, (휴직 등) 쉬다
6) うっかりして: 무심코, 깜박해서, 멍청히 해서
7) ふ(踏)みつぶして: 밟아뭉개서 ㉯ ふみつぶす: 밟아뭉개다(부수다)
8) のこ(残)った: 남은 ㉯ のこる: 남다
9) に(逃)げかえ(帰)って: 도망쳐 돌아와서 ㉯ にげる: 도망치다, かえる: 돌아오(가)다
10) い(言)いつけました: 고(자질)하였습니다 ㉯ いいつける: 고(자질)하다, 명령하다
11) たいへん(大変)だよ: 큰일이예요
12) よ(四)つあし(足)をした: 네 발 달린, 네 발을 한
13) とても でっかい: 몹시 큰(でっかい＝でかい)

21. うしと かあさんがえる

かあさんがえるは まだ うしを みた ことが¹⁴⁾ ありませんでした。

「おおきいって、これくらいかい¹⁵⁾。」

かあさんがえるは おなかを ふくらませて¹⁶⁾ みせました。

「いや、もっと¹⁷⁾ おおきいよ。」

「じゃ、これくらいかい。」

「もっと もっと、おおきいね。」

かあさんがえるは おもいきり¹⁸⁾ いきを すいこんで¹⁹⁾、ふうせんだま²⁰⁾のように おなかを ふくらませました。

「どう、これくらいだろう²¹⁾。」と いった とき、ぱあんと²²⁾ おなかが はれつ²³⁾して しまいました。

---

14) み(見)た こと(事)が: 본 적이, 본 일이
15) おおきいって、これくらいかい: 크다고, 이 정도니? *~って: (인용을 나타낼 때) ~냐고, ~라고 (했어) *~かい: ~냐, ~니 (친밀감을 갖고 묻거나 확인하는 기분을 나타내는 말)
16) ふく(膨)らませて: 부풀리어서, 불룩하게 해서 ㉭ ふくらませる: 불룩하게 하다, 부풀리다
17) もっと: 더욱
18) おも(思)いきり: 잔뜩, 마음껏
19) いき(息)を す(吸)いこんで: 숨을 들이쉬어 ㉭ すいこむ: 들이쉬다, 흡수하다
20) ふうせん(風船)だま(玉): 고무풍선
21) これくらいだろう: 이 정도이겠지 *だろう: ~이겠지, ~일테지
22) ぱあんと: 펑하고
23) はれつ(破裂): 파열, 폭발, 터짐

22. ろばの わるぢえ[1]
(당나귀의 잔꾀)

　むら[2]の しょうにん[3]が まちで どっさり[4] しお[5]を かいこみました[6]。しおは ふくろに つめて[7] あります。それを ろばの せなかに つけました[8]。

「さあ、かえろう[9]。」

　しょうにんは たづな[10]を とりましたが、ろばは しおぶくろが おもいので[11]、のろのろ[12] あるいて いきました。

　まちと むらの あいだ[13]には かわ[14]が あります。その かわを わたる とき、ろばは よろけて[15] かわの なかへ ひっくりかえりました[16]。

---

1) わる(悪)ぢえ(知恵): 잔꾀, 간사한 지혜
2) むら(村): 시골, 마을
3) しょうにん(商人): 상인, 장사꾼
4) どっさり: 듬뿍, 잔뜩
5) しお(塩): 소금
6) か(買)いこ(込)みました: 사들였습니다　㉾ かいこむ: 사들이다
7) ふくろ(袋)に つ(詰)めて: 자루에 채워넣어져　㉾ つめる: 채우다
8) せなか(背中)に つ(着)けました: 등에 실었습니다　㉾ つける: 짐을 싣다, (자리 등에) 앉히다, (옷 따위를) 입다, 걸치다
9) かえ(帰)ろう: 돌아가자
10) たづな(手綱): 고삐　*たづなを とる: 고삐를 잡다
11) おも(重)いので: 무겁기 때문에　㉾ おもい: 무겁다, 무거운
12) のろのろ: 느릿느릿
13) あいだ(間): 사이, 간, 동안
14) かわ(川): 강, 하천
15) よろけて: 비틀거려서　㉾ よろける: 비틀거리다
16) ひっくりかえりました: 뒤집혔습니다　㉾ ひっくりかえる: 뒤집히다, 넘어지다

22. ろばの わるぢえ   95

22. ろばの わるぢえ

「さあ、たいへん17)。」

しおぶくろの しおは みずに とけて18)、みんな ながれて しまいました。

「ああ、しおが もったいない19)。なんて ばかな ろばだろう20)。」

しょうにんは こごと21)を いいました。

けれど、ろばは うれしくて たまりませんでした22)。にもつ23)が きゅうに24) かるく25) なったからです。

「これは いい ことを おぼえたぞ26)。この つぎも こんな ふうに27) して にもつを かるくして やろう。」

ろばは すっかり28) あじを しめました29)が、しょうにんは なにも きが つきません30)。

つぎの ひも、しょうにんは ろばを つれて まちへ いき

---

17) さあ、たいへん(大変): 아아, 큰일(이다)
18) と(溶)けて: 녹아서 ㉭ とける: 녹다
19) もったいない: 아깝다
20) なん(何)て ばか(馬鹿)な ろばだろう: 이 얼마나 바보스런 당나귀인지
21) こごと(小言): 잔소리, 꾸중
22) たま(堪)りませんでした: 견딜 수 없었습니다 ㉭ たまる: 견디다, 참다
23) にもつ(荷物): 화물, 짐
24) きゅう(急)に: 갑작스레, 돌연
25) かる(軽)く: 가볍게 ㉭ かるい: 가볍다
26) いい ことを おぼえたぞ: 좋은 것을 배웠구나 ㉭ おぼえる: 배우다, 느끼다, 기억하다
27) ふうに: 방식(방법)으로
28) すっかり: 완전히, 아주, 죄다
29) あじ(味)を し(占)めました: 맛을 들였습니다 ㉭ しめる: 점유하다, 배우다, 얻다
30) き(気)が つ(付)きません: 알아차리지 못했습니다 ㉭ つく: (정신을) 차리다, 붙다, 따르다

ました。

こんどは しおでは ありません。

わた31)を かって32)、ろばの せなかへ やまのように つみあげました33)。

「さあ、かえろう。きょうの にもつは かさばって34) いるけど、そんなに おもくは ないだろう。」

しょうにんは ろばを いたわって35)、たづなを ひきました36)。

ろばは おもそうな ふり37)を して、のろのろ あるいていきました。やがて38)、かわの ふち39)へ きました。

「きのうは たしか40) この へんだったな41)。うまく42) やって みせるぞ。」

ろばは わざと43) ころんで44) かわの なかへ ひっくりかえ

---

31) わた(綿): 솜, 목화 *わたの やま: 솜무더기
32) か(買)って: 사서 ㉺ かう: 사다
33) つ(積)み あ(上)げました: 쌓아 올렸습니다 ㉺ つみあげる: 쌓아 올리다
34) かさば(嵩張)って: 부피가 커 ㉺ かさばる: 부피가 커지다
35) いたわって: 위로하고 ㉺ いたわる: (노고를) 위로하다, 돌보다
36) たづな(手綱)を ひ(引)きました: 고삐를 당겼습니다
37) おも(重)そうな ふり: 무거운 것 같은 모양
38) やがて: 얼마 안 있어, 이윽고, 그럭저럭
39) ふち(縁): 가, 가장자리, 테두리
40) たし(確)か: 확실히, 분명히, 틀림없이 *형용동사 경우에는 '확실함, 틀림없음'
41) へん(辺)だったな: 근처(주변) 같았지 *だったな: 같았어, 보였었지
42) うまく: 잘
43) わざと: 일부러
44) ころ(転)んで: 넘어져서 ㉺ ころぶ: 넘어지다

りました。

「うまく いったぞ₄₅)。」

ろばは おきあがろうと₄₆) しましたが、きゅうには たて ませんでした。なぜなら₄₇)、わたの やまが たっぷり₄₈)と み ずを すいこんで₄₉)、おそろしく₅₀) おもく なったからです。

「あてが はずれ₅₁)て しまったわい。」

ろばは うんうん うなりながら₅₂)、みずの たれる₅₃) おも い にもつを むらまで はこんで₅₄) いきました。

ろばは やっぱり₅₅) おばかさんですね。

---

45) うまく い(行)ったぞ: 잘 되었지 ㉭ いく: 가다, (어떤 상태가) 되다 *うまく いく: 잘 되어가다
46) お(起)きあ(上)がろうと: 일어나려고 ㉭ おきあがる: 일어나다, 일어서다
47) なぜなら: 왜냐하면
48) たっぷり: 듬뿍, 완전히
49) す(吸)いこ(込)んで: 빨아들여서 ㉭ すいこむ: 빨아들이다, 흡수하다
50) おそろしく: 무섭게, 굉장히
51) あて(当)が はずれる: 기대가 어긋나다 ㉭ はずれる: 빗나가다, 어그러지다, 벗어나다 *あて: 댐, 댄 것, 목표, 기대, 전망, 방법, 길
52) うんうん うなりながら: 끙끙 신음소리를 내면서
53) た(垂)れる: (물방울 따위가) 떨어지는 ㉭ たれる: 떨어지다, 드리워지다
54) はこ(運)んで: 운반하여 ㉭ はこぶ: 운반하다
55) やっぱり: 역시

23. ライオンを たすけた⁽¹⁾ ねずみ
(사자를 구조한 쥐)

　ライオンが いい きもちで⁽²⁾ ひるね⁽³⁾を して いました。そこへ ちょろ ちょろ⁽⁴⁾と、ねずみが でて きて ライオンの まえあし⁽⁵⁾を ふみました⁽⁶⁾。

　ライオンは めを さまして⁽⁷⁾ ねずみの しっぽ⁽⁸⁾を おさえつけました⁽⁹⁾。

　「こらっ⁽¹⁰⁾、わし⁽¹¹⁾の ひるねの じゃま⁽¹²⁾を したのは おまえだな。ひとくち⁽¹³⁾に たべて やるぞ。」

　「どうか⁽¹⁴⁾ おゆるし ください⁽¹⁵⁾。おたすけ ください。いつか⁽¹⁶⁾ きっと⁽¹⁷⁾ この おれいを いたしますから⁽¹⁸⁾。」

---

1) たす(助)けた: 구조한　⑭ たすける: 구조하다
2) いい き(気)も(持)ちで: 좋은 기분으로
3) ひるね(昼寝): 낮잠
4) ちょろ ちょろ: 쪼르르 (작은 것이 재빠르게 돌아다니는 모양)
5) まえあし(前足): 앞발
6) ふ(踏)みました: 밟았습니다　⑭ ふむ: 밟다
7) め(目)を さま(覚)して: 잠을 깨서 ⑭ さます: 깨(우)다
8) しっぽ: 꼬리
9) お(押)さえつけました: 꽉 눌렀습니다　⑭ おさえつける: 꽉 누르다, 억누르다
10) こらっ: 이놈아, 어럽쇼, 이거 참 *'こりゃ' 'これは'의 힘준 말
11) わし(儂): 나(남자노인이나 씨름꾼 등이 씀) *わたし, わたくし, あたし(여성·속어)
12) じゃま(邪魔): 방해
13) ひとくち(一口): 한입
14) どう(如何)か: 아무쪼록, 제발, 부디 (남에게 공손히 부탁하는 마음을 나타내는 말)
15) おゆる(許)し ください: 용서해 주십시오　⑭ ゆるす: 용서하다, 허락하다, 허가하다
16) いつか: 언젠가

「あっはっは[19]、おまえのような ちび[20]に なにが できるものか。」

ライオンは わらって ねずみを ゆるして やりました[21]。

それから まもなく[22]、ライオンが わな[23]の あみに かかって[24] しまいました。

いくら[25] もがいても[26] にげる ことが[27] できません。ライオンは くるしそうに[28] いきを はずませて いました[29]。

すると、この まえの ねずみが でて きて いいました。

「いま、たすけて あげますよ[30]。」

ねずみは じょうぶ[31]な は[32]で つぎつぎ[33]と あみを かみきりました[34]。

---

17) きっと: 꼭, 반드시
18) おれい(礼) いたしますから: 사례를 할테니까요 ㉿ いたす: 하다(する의 겸사말), 드리다 *お(ご)~いたす(정중어)
19) あっはっは: 아하하
20) ちび: 키가 작음, 꼬마
21) ゆる(許)して やりました: 용서해주었습니다 ㉿ ゆるす: 용서하다, やる: (~해)주다
22) まもなく: 이윽고, 머지않아, 곧
23) わな(罠): 올가미, 덫
24) あみ(網)に かか(掛)って: 그물에 걸려
25) いくら: 아무리
26) もが(踠)いても: 발버둥쳐도 ㉿ もがく: 발버둥치다
27) に(逃)げる こと(事)が: 도망칠 수가 ㉿にげる: 도망치다, 달아나다
28) くる(苦)しそうに: 괴로운듯이
29) はず(弾)ませて いました: (숨을) 헐떡거리고 있었습니다 ㉿ はずませる: (숨을)헐떡거리다
30) あげ(上)ますよ: 드릴께요 ㉿ あげる: 올리다, 드리다
31) じょうぶ(丈夫): 건강함, 튼튼함 *じょうぶな: 튼튼한
32) は(歯): 이(빨)
33) つぎつぎ(次々): 차례차례 *つぎつぎと: 잇달아
34) か(噛)みき(切)りました: 물어 끊었습니다 ㉿ かみきる: 물어 끊다

23. ライオンを たすけた ねずみ

23. ライオンを たすけた ねずみ

　こう して、ちいさな ねずみが やくそくどおり[35] おおきな ライオンを たすけたのです。ちびでも ばかにしては[36] いけませんね[37]。

---

35) やくそく(約束)どおり: 약속대로　*どおり: ~대로
36) ばか(馬鹿)にしては: 업신여겨서는　㉻ ばかにする: 깔보다, 업신여기다
37) いけません: 안됩니다　㉻ いけない: 안된다, 나쁘다

24. さる⁽¹⁾の おうさま
(원숭이 왕)

　ある とき、どうぶつたちが あつまって⁽²⁾ おどりの かい⁽³⁾を ひらきました⁽⁴⁾。そして、
　「いちばん じょうずに⁽⁵⁾ おどった ものを おうさまに しよう。」と、いう ことに なりました⁽⁶⁾。
　うさぎ⁽⁷⁾は ダンス⁽⁸⁾が とくいでした⁽⁹⁾。みみ⁽¹⁰⁾を ふりふり⁽¹¹⁾、ひょうしを とって⁽¹²⁾ ぴょん ぴょん⁽¹³⁾ おどりました。
　「うまいなあ⁽¹⁴⁾。かわいいなあ⁽¹⁵⁾。」
　みんなは ぱちぱち⁽¹⁶⁾と てを たたきました⁽¹⁷⁾。

---

1) さる(猿): 원숭이
2) あつ(集)まって: 모여서　㉿ あつまる: 모이다, 집중하다
3) おど(踊)りの かい(会): 무도회
4) ひら(開)きました: 열었습니다　㉿ ひらく: 열다(타동사), 열리다(자동사)
5) じょうず(上手)に: 능숙하게
6) い(言)う こと(事)に なりました: 하자는 것이 되었습니다　*ことに なる: ~하게 되다
7) うさぎ: 토끼
8) ダンス: 댄스, 춤
9) とくい(得意)でした: 특기(솜씨)였습니다
10) みみ(耳): 귀
11) ふりふり: 팔랑팔랑
12) ひょうし(拍子)を と(取)って: 박자를 맞추어　㉿ とる: 맞추다, 잡다, 취하다
13) ぴょんぴょん: 깡총깡총
14) うまいなあ: 잘 하는구나
15) かわいいなあ: 귀엽구나
16) ぱちぱち: 딱딱, 탁탁
17) て(手)を たた(叩)きました: 손뼉을 쳤습니다　㉿ たたく: 치다, 때리다

うさぎの つぎ¹⁸⁾は、かめでした。

かめは くび¹⁹⁾を だしたり ひっこめたり²⁰⁾ して、のろのろと²¹⁾ おどりました。だれも ほめません²²⁾。ても たたきませんでした²³⁾。

たぬき²⁴⁾の おどりは おなか²⁵⁾を ぽんぽん²⁶⁾ たたくので、たいそう²⁷⁾ にぎやかでした²⁸⁾。

りす²⁹⁾は とんだり³⁰⁾ はねたり³¹⁾ はしったり³²⁾ して、くるくる³³⁾ おどりました。みんなは めを まわしました³⁴⁾。

おしまいに³⁵⁾、ひょうきんもの³⁶⁾の さるが おどりました。

---

18) つぎ(次): 다음
19) くび(首): 목, 머리
20) だ(出)したり、ひ(引)っこめたり: 내기도 하고 넣기도 하고　㉩ だす: 내다, ひっこめる: 넣다
21) のろのろと: 느릿느릿하게
22) ほ(誉)めません: 칭찬하지 않습니다　㉩ ほめる: 칭찬하다
23) て(手)も たた(叩)きませんでした: 손뼉도 치지 않았습니다. ㉩ たたく: 치다, 두드리다
24) たぬき: 너구리
25) おなか: 배
26) ぽんぽん: 탕탕, 빵빵, 펑펑 (연달아 세게 치는 소리)
27) たいそう: 매우, 몹시
28) にぎやかでした: 떠들썩했습니다
29) りす: 다람쥐
30) と(跳)んだり: 뛰기도 하고　㉩ とぶ: 뛰다, 뛰어넘다 *날다(とぶ)는 한자 '飛'자를 씀
31) は(跳)ねたり: 뛰어 오르기도 하고　㉩ はねる: 뛰다, 뛰어오르다
32) はし(走)ったり: 달리기도 하고　㉩ はしる: 달리다, 달아나다
33) くるくる: 뱅글뱅글, 빙글빙글, 빙빙
34) め(目)を まわ(回)しました: 크게 놀랐습니다, 몹시 바빠서 쩔쩔맸습니다
35) おしまいに: 마지막으로
36) ひょうきんもの: 익살꾼

24. さるの おうさま

さるは おもしろい[37] おどりを おどって、みんなを げらげら[38] わらわせました[39]。
　「うまいぞ。おさるさんが いちばんだ。」
　「おさるさんを おうさまに しましょうよ。」
　「それが いい。さるおうさま、ばんざい[40]。」
　「うふふっ[41]、ぼく[42]が おうさまか、えっへん[43]。」
　さるは すっかり[44] とくいに なって[45]、おうさまの いすに こしを おろし[46]ました。
　すると[47] そこへ、きつね[48]が やって きました。
　「さるおうさま、これから あたらしい[49] ごてん[50]に ごあんない[51] いたしましょう[52]。」
　きつねは さるを つれだしました[53]。でも、ごてんでは

---

37) おもしろ(面白)い: 재미있다, 재미있는, 우스운, 이상한
38) げらげら: 껄껄 (큰 입을 벌리고 웃는 모양)
39) わら(笑)わせました: 웃겼습니다, 웃게 했습니다 ㉭ わらわせる: 웃기다
40) ばんざい(万歳): 만세
41) うふふっ: 흐흐흐
42) ぼく: 나, 저 (주로 남자가 씀)
43) えっへん: 에헴
44) すっかり: 완전히
45) とくい(得意)に なって: 득의양양해져서 ㉭ なる: ~이(가) 되다
46) いす(椅子)に こし(腰)を お(下)ろす: 의자에 앉다 *こしを あ(上)げる는 '서다'
47) すると: 그러자
48) きつね: 여우
49) あたら(新)しい: 새롭다, 새로운
50) ごてん(御殿): 대궐
51) ごあんない(御案内): 안내
52) いたしましょう: ~해 드리겠습니다

ありません。がんじょうな54) おり55)でした。おりの なかに は ごちそうが おいて ありました。くいしんぼう56)の さる は ごちそうに とびつきました57)。

　とたんに58)、おりの と59)が しまって60)、さるは とじこめ られました61)。さるは まっかに62) なって おこりました63)。

「おい、あけて くれ。ぼくは おうさまだぞ。」

けれど、きつねは わらって いいました。

「きみは おうさまの くせに64) それくらいの ことが わか らなかったのかい65)。きみのような おばかさんは その な かで ゆっくり66) かんがえるんだね67)。」

---

53) つ(連)れ だ(出)しました: 데리고 나갔습니다, 꾀어 내었습니다　㉮ つれだす: 데리고 나가다, 꾀어 내다
54) がんじょうな: 튼튼함, 튼튼한
55) おり(檻): 우리, 감방
56) くいしんぼう: 먹보
57) と(飛)びつ(付)きました: 덤벼들었습니다　㉮ とびつく: 덤벼들다
58) とたんに: 순간에, 갑자기
59) と(戸): 문
60) しま(閉)って: (꼭) 닫혀져　㉮ しまる: (꼭) 닫히다
61) と(閉)じこ(込)められました: 갇히게 되었습니다　㉮ とじこめる: 가두다, 감금하다
62) まっかに: 새빨갛게
63) おこ(怒)りました: 화냈습니다　㉮ おこる: 성내다, 화내다, 꾸짖다
64) くせに: ~주제에
65) わか(分)らなかったのかい: 분간(판단)못했단거냐
66) ゆっくり: 천천히, 충분히
67) かんが(考)えるんだね: 생각하는 거야　㉮ かんがえる: 생각하다

25. がけ₁₎の したの おおかみ₂₎
(벼랑 아래의 이리)

 たかい がけの うえで、にひきの こひつじ₃₎が あそんで いました。

 すると、おなかを すかした₄₎ おおかみが したを とおり かかって₅₎、こひつじを みつけました₆₎。

 おおかみは あたり₇₎を みまわしましたが₈₎、たかい けわしい₉₎ がけです。

 どこからも のぼる ことが できません。そこで、やさしい₁₀₎ ねこなでごえを だしました₁₁₎。

 「かわいい₁₂₎ ぼうやたち、そんな ところに いては₁₃₎ あぶないよ₁₄₎。したへ おりて おいでよ。したにはね、やわらか

---

1) がけ(崖): 벼랑, 낭떠러지, 절벽
2) おおかみ: 이리, 늑대(우리나라에서 부르는 명칭)
3) こひつじ(小羊): 어린양, 새끼양
4) おなかを す(空)かした: 배를 주린, 배가 고픈 ㉿ すかす: 배가 고프다, 배를 주리다
5) とお(通)りかか(掛)って: 지나가다가 ㉿ とおりかかる: 마침(우연히) 지나가다
6) み(見)つけました: 발견했습니다 ㉿ みつける: 발견하다, 찾(아내)다
7) あた(辺)り: 근처, 주변
8) みまわ(見回)しましたが: 둘러보았지만 ㉿ みまわす: 둘러보다
9) けわ(険)しい: 험한, 험상궂은, 험악한, 험하다, 험상궂다, 험악하다
10) やさしい: 상냥한, 온순한, 아름다운
11) ねこ(猫)なでごえを だ(出)しました: (본성을 숨긴) 간사한 목소리를 냈습니다
12) かわいい: 귀여운
13) そんな ところ(所)に い(居)ては: 그런 곳에 있는 것은 ㉿ いる: 있다
14) あぶ(危)ないよ: 위험해요

25. がけの したの おおかみ

い15) おいしい16) くさが どっさり17) はえて18) いるんだよ。」

　けれど、こひつじたちは おおかみの おそろしい19) ことを20) よく しって いました21)。

「おおかみの おじさん、ごしんせつに22) ありがとう。でも、ぼくたちは おりて いかないよ。おりて いっても おいしい くさを たべない うちに23)、おじさんが ぼくたちを たべて しまうだろうからね。」

「なんて、にくらしい こどもだろう24)。」

　おおかみは くやしそうに25) いって しまいました。

---

15) やわ(柔)らかい: 부드러운, 연한
16) おいしい: 맛있는
17) どっさり: 듬뿍, 잔뜩
18) は(生)えて: 나(서), 피어서, 박혀서　㊗ はえる: 나다, 피다, 박히다
19) おそ(恐)ろしい: 무서운
20) こと(事)を: 사정(사실)을　*대상이 물체・물건이 아니고, 파악한 것이 사고・생각 따위 추상적인 사실을 뜻함
21) よく し(知)って いました: 잘 알고 있었습니다　㊗ しる: 알다
22) ごしんせつ(御親切)に: 친절하게도, 친절해서
23) ～うちに: ～전에, ～동안에, 사이에
24) なんて、にくらしい こどもだろう: 어쩜, 얄미운(밉살스러운) 애들인지
25) くやしそうに: 분한듯이　㊗ くやしい: 분하다

26. きたかぜ¹⁾と おひさま²⁾
(북풍과 햇님)

　あるとき、きたかぜと たいよう³⁾が ちからくらべ⁴⁾を する ことに なりました。

　おひさまは ずっと⁵⁾ したを みおろしました⁶⁾。すると、ひとりの たびびと⁷⁾が マント⁸⁾を きて、あるいて いました。

　「そうだ。あの たびびとの マントを はやく ぬがせた⁹⁾ ほうが かちと¹⁰⁾ しよう。」

　「そんな ことなら わけは ない¹¹⁾。わたしが はじめに やろう¹²⁾。」

　きたかぜは まず¹³⁾、つめたい¹⁴⁾ かぜを ふきつけました¹⁵⁾。

---

1) きたかぜ(北風): 북풍
2) おひ(日)さま: 햇님
3) たいよう(太陽): 태양
4) ちからくら(力比)べ: 힘겨루기
5) ずっと: 쭉, 쑥, 아주
6) みお(見下)ろしました: 내려다 보았습니다, 굽어 보았습니다　㉄ みおろす: 내려다보다
7) たびびと(旅人): 여행자, 나그네
8) マント: 망토, 외투
9) ぬ(脱)がせた: 벗긴　㉄ ぬがす(=ぬがせる): 남이 입고 있는 옷을 벗기다
10) かち(勝)と: 이긴 것으로　㉄ かつ: 이기다
11) わけ(訳)は ない: 문제없다, 간단하다, 대수롭지 않다　*わけ: 의미, 이유, 수고
12) はじ(始)めに や(遣)ろう: 첫 번째로 하겠다　*동사+어미オ+う(청유형)
13) まず: 우선, 먼저
14) つめ(冷)たい: 차가운
15) ふ(吹)きつけました: 내뿜었습니다, 세차게 불었습니다　㉄ ふきつける: 내뿜다, 세차게 불다

すると、たびびとは くびを ちぢめて[16]、マントの えりを たてました[17]。

つぎに きたかぜは ひどい[18] つむじかぜ[19]を ふきつけて やりました[20]。すると、マントの すそ[21]が めくれて[22] ぱたぱた[23]しましたが、たびびとは マントを はなしません[24]。

「これでもか、これでもか。」

きたかぜは もっと ひどい つむじかぜを ふきつけて やりました。

けれど[25]、きたかぜが いくら[26] ふきまくっても[27] たびびとは マントを おさえて[28] はなしませんでした。

「きたかぜくん、とうとう[29] だめだったね[30]。こんどは わたしの ばんだよ[31]。」

---

16) くび(首)を ちぢ(縮)めて: 목(머리)을 움츠리고 ㉺ ちぢめる: 움츠리다, 줄이다
17) えり(襟)を た(立)てました: 옷깃을 세웠습니다 ㉺ たてる: 세우다
18) ひどい: 심한, 무서운
19) つむじかぜ(旋風): 회오리 바람, 선풍
20) や(遣)りました: 보냈습니다 ㉺ やる: 보내다, 하다, 해주다, 먹다, 마시다
21) すそ: 옷자락
22) めく(捲)れて: 젖혀서 ㉺ めくる: 젖히다, 벗기다
23) ぱたぱた: 파닥파닥, 팔락팔락, 톡톡, 똑똑
24) はな(放)しません: 놓지 않습니다 ㉺ はなす: 놓다, 풀어놓다, 놓아주다
25) けれど: 그렇지만
26) いくら: 아무리
27) ふ(吹)きまくっても: 마구 세차게 불어대도, 휘몰아쳐도 ㉺ ふきまくる: 휘몰아치다
28) お(押)さえて: 붙잡고 ㉺ おさえる: (붙)잡다, (억)누르다, 억제하다, 억압하다
29) とうとう: 결국
30) だめ(駄目)だったね: 소용이 없었군 *'ため: 소용없음, 효과없음, (바둑의)공배, たつ: 쓸모가 있다'와의 복합어
31) ばん(番)だよ: 순서다, 차례다

26. きたかぜと おひさま

おひさまは わらって、はじめに やわらかい[32] あたたかい[33] ひかり[34]を そろそろと おくりました[35]。

でも、たびびとは もとの ままでした[36]。マントの えりを しっかり[37]と おさえて あるいて いました。

それを みて きたかぜが わらいました。

「きみが やっても だめだね。」

でも、おひさまは あわてませんでした[38]。やさしい ひかりを しずかに おくりつづけました[39]。

たびびとは やがて、マントの えりを ひろげました[40]。

「ほらね[41]。みてて ごらん[42]。」

おひさまは にっこりして[43]、ひかりを だんだん つよくして いきました[44]。すると、たびびとは マントの まえを おおきく ひろげました。

そこで、おひさまは ありったけの ちからを だして[45]、か

---

32) やわ(柔)らかい: 부드러운, 부드럽다, 포근하다
33) あたた(暖)かい: 따뜻한, 따뜻하다
34) ひかり(光): 빛
35) そろそろと おく(送)りました: 슬슬 보냈습니다 ㉮ おくる: 보내다
36) もと(元)の ままでした: 원래대로였습니다, 그대로였습니다
37) しっかり: 꽉, 단단히
38) あわ(慌)てませんでした: 당황하지 않았습니다 ㉮ あわてる: 당황하다, 허둥대다
39) しず(静)かに おく(送)りつづ(続)けました: 조용히 보내기 계속하였습니다
40) ひろ(広)げました: 벌렸습니다 ㉮ ひろげる: 펴다, 벌리다, 넓히다
41) ほらね: 이봐
42) み(見)てて ごらん: 이봐, 봐주렴
43) にっこりして: 방긋 웃으며
44) しで い(行)きました: ~해 갔습니다

あっと㊻ てりつけました㊼。

　たびびとは たちまち㊽ マントを ぬいで、ひたい㊾の あせ㊿を ふきました51)。それから、くちぶえ52)を ふいて、あしどり53)も かるく54) あるきつづけて55) いきました。

「どうだね、わたしが かったようだね56)。」

「うん、まけたよ57)。きみの あたたかい ちからには とても かなわんよ58)。」

　きたかぜは そらの むこうへ59) とんで いきました。

---

45) あり(有)ったけ(丈)の ちから(力)を だ(出)して: 있는대로 전부의 힘을 내서 *ありったけ: 있는 대로 전부
46) かあっと: 쨍하고
47) て(照)りつ(付)けました: 내리쬐었습니다　㉿ てりつける: 내리쬐다
48) たちまち: 갑자기, 홀연
49) ひたい(額): 이마
50) あせ(汗): 땀
51) ふ(拭)きました: 닦았습니다　㉿ ふく: 닦다, 훔치다
52) くちぶえ(口笛): 휘파람
53) あしど(足取)り: 발걸음
54) かるく: 가볍게
55) ある(歩)きつづ(続)けて: 계속 걸어가서, 걷기를 계속해서　㉿ あるきつづける: 걷기를 계속하다
56) どうだね、わたしが か(勝)ったようだね: 어때요, 내가 이겼지요
57) ま(負)けたよ: 졌어요　㉿ まける: 지다, 패하다
58) ちか(力)らには とても かなわんよ: 기운에는 도저히 당할 수 없어요　㉿ かなわない: 당할 수 없다, 이길 수 없다, 대적할 수 없다 *ちがら: 힘, 기운, 능력, 의지, 기력, 작용
59) む(向)こうへ: 저쪽에(으로), 저편에(으로)

27. りこうな₁₎ こひつじ₂₎
(영리한 새끼양)

　まいご₃₎の こひつじが おおかみ₄₎に つかまって₅₎ しまいました。

　こひつじは ふるえて₆₎ いましたが、りこうものでした。

「おおかみの おじさん、おねがいです。ぼくを たべる まえに ふえを ふい₇₎て くれませんか。」

「なんで、ふえなんか₈₎ ふくのだ。」

「ぼくは しぬ まえに ふえに あわせて₉₎ だいすきな おどり₁₀₎を おどりたいのです。」

「まさか₁₁₎、おどりながら にげだす₁₂₎ つもりじゃ あるまいな₁₃₎。」

---

1) りこう(利口)な: 영리한
2) こひつじ(小羊): 새끼양
3) まいご(迷子): 길을 잃은 아이, 미아
4) おおかみ: 이리, 늑대
5) つか(捕)まって: 붙잡혀(서)　㉺ つかまる: (붙)잡히다
6) ふる(震)えて: 떨고　㉺ ふるえる: 흔들리다, (추위・공포・병 따위로) 떨리다
7) ふえ(笛)を ふ(吹)く: 피리를 불다　㉺ ふく: (바람이) 불다, 입김으로 불다
8) ～なんか: ～따위
9) あ(合)わせて: 맞춰서　㉺ あわせる: 맞추다, 맞게 하다
10) だいす(大好)きな おど(踊)り: 매우 좋아한 춤
11) まさか: 설마
12) に(逃)げだす: 도망가다 *にげる: 도망치다, 달아나다
13) つもりじゃ あるまいな: 작정은 아니겠지

27. りこうな こひつじ 117

27. りこうな こひつじ

「こう なっては、にげられませんよ。」

「よしよし、それなら ひとつ ふいて やろう。」

おおかみは ふえを ふきはじめました。その ちょうしに あわせて14) こひつじは おどりだしました。かわいらしい15) おどりでした。

ひつじの ばんにん16)たちは ふえの ね17)を ききつけて やって きました。さっきから まいごの こひつじを さがして いたのです18)。

「やあ、おおかみだ。やっつけろ19)。」

ばんにんたちは おおかみを いけどって20)、こひつじを たすけました21)。

おおかみは くやしがりました22)。

「ばかを みた。こひつじに だまされて23) ばんにんを よびよせた24)のだ。」

---

14) ちょうし(調子)に あわ(合)せて: 가락(장단)에 맞추어 ㉿ あわせる: 맞추다, 합치다
15) かわい(可愛)らしい: 귀엽다, 사랑스럽다, 귀여운, 사랑스러운 ㉿ かわいらしい: 귀엽다, 귀여운
16) ばんにん(番人): 파수꾼, 지키는 사람
17) ね(音): 소리 *피리・울음・방울 등 아름다운 소리에 쓰여진다.
18) さが(探)して いたのです: 찾고 있었던 것입니다 ㉿ さがす: 찾다
19) やっつけろ: 해치우자 ㉿ やっつける: 해치우다, 혼내 주다
20) い(生)けどって: 생포하고, 사로잡고 ㉿ いけどる: 사로잡다, 생포하다
21) たす(助)けました: 구조했습니다 ㉿ たすける: 구조하다, 살리다
22) くやしがりました: 분해했습니다 ㉿ くやしかる: 분해하다
23) だまされて: 속아서
24) よ(呼)びよ(寄)せた: 불러들인 ㉿ よびよせる: 불러들이다, 불러서 가까이 오게 하다

28. おんしらず⑴の しか⑵
(배은망덕한 사슴)

　りょうし⑶に おわれて⑷ しかは にげました⑸。にげまわって ぶどう⑹の はの しげみ⑺に かくれました⑻。

　「やれやれ⑼、ぶどうさんの おかげで たすかったよ⑽。」

　けれど⑾、しかは ぶどうの み⑿も は⒀も すきでした。

　いのちびろい⒁を した ことも わすれて⒂、もりもり⒃ がさがさ⒄ たべはじめました。

　その おとを ききつけて⒅ りょうしが まいもどって⒆ きました。

---

1) おんし(恩知)らず: 배은망덕함
2) しか(鹿): 사슴
3) りょうし(猟師): 사냥꾼
4) お(追)われて: 쫓겨서　㋧ おう: 쫓다, 따르다
5) に(逃)げました: 도망쳤습니다　㋧ にげる: 도망치다, 달아나다
6) ぶどう: 포도
7) は(葉)の しげ(茂)み: 잎이 우거진 곳 *しげみ: 우거짐
8) かく(隠)れました: 숨었습니다　㋧ かくれる: 숨다
9) やれやれ: 어이구, 아이고, 어휴
10) おかげ(御蔭)で たすかったよ: 덕택(덕분)에 살았습니다요　㋧ たすかる: 살아나다, 구제되다
11) けれど: 그렇지만
12) み(実): 열매
13) は(葉): 잎
14) いのち(命)びろ(拾)い: 목숨을 건짐, 구사일생으로 살아남　㋧ ひろう: 간신히 건지다, 줍다
15) わす(忘)れて: 잊어버리고　㋧ わすれる: 잊다
16) もりもり: 와작와작
17) がさがさ: 바삭바삭
18) き(聞)きつけて: 우연히 듣고 알아서　㋧ ききつける: 우연히 들어서 알다
19) ま(舞)いもど(房)って: 되돌아와서　㋧ まいもどる: (원래의 곳으로) 되돌아오다

28. おんしらずの しか

「やあ、こんな ところに かくれて いたのか。」

りょうしは ねらいを つけました[20]。しかは もう にげる ことが できません。ぽろぽろ[21] なみだを ながして[22] いいました。

「じぶんが わるかった。たすけて もらった ぶどうさんに おんがえしも しないで、たべたり したから さっそく[23] ばち[24]が あたったのだ[25]。」

---

20) ねら(狙)いを つけました: 겨냥했습니다　*ねらい: '겨눔・겨냥', (겨누는) 표적, 목표, 노리는 것, 'ねらいを つける'는 '겨냥하다'이다
21) ぽろぽろ: 뚝뚝
22) なみだ(涙)を なが(流)して: 눈물을 흘리고　㉠ ながす: 흘리다, 씻어내다
23) さっそく: 즉시
24) ばち(罰): 벌
25) あ(当)たったのだ: 당한 것이다, 받은 것이다　㉠ あたる: 명중하다, 당하다, 죄다, 성공하다

29. そら₁₎を とんだ₂₎ かめ₃₎
(하늘을 날은 거북)

　かめは きょうも そらを みあげて₄₎、ひとりごと₅₎を いいました。

　「とりさんは いいなあ、そらが とべるんだもの₆₎。ぼくも とんで みたいなあ。ひろい そらを じゆうに₇₎ とべたら、どんなに₈₎ ゆかい₉₎だろう。」

　かめは すみなれた₁₀₎ ぬま₁₁₎も、みずに もぐる₁₂₎のも、じめん₁₃₎を はいまわる₁₄₎のも あきて₁₅₎ しまいました。つくづく₁₆₎ いやに なりました₁₇₎。

---

1) そら(空): 하늘
2) と(飛)んだ: 날은, 난　⑳ とぶ: 날다
3) かめ(亀): 거북
4) みあ(見上)げて: 쳐다 보며, 올려다보고　⑳ みあげる: 올려다보다
5) ひとりごと: 혼잣말, 독백
6) と(飛)べるんだもの: 날 수 있으니　⑳ とべる: 날 수 있다 *とぶ(날다)의 가능형
7) じゆう(自由)に: 자유롭게
8) どんなに: 얼마나
9) ゆかい(愉快): 유쾌
10) す(住)みなれた: 오래 살아 정든　⑳ すみなれる: 오래 살아 정들다
11) ぬま(沼): 늪
12) もぐ(潜)る: 잠수하는, 잠수할, 잠수하다 *もぐるのも: 잠수하는 것도
13) じめん(地面): 지면, 토지
14) はいまわ(回)る: 기어다니는, 기어돌아다니다　⑳ 기어다니다
15) あ(飽)きて: 질려, 싫증나　⑳ あきる: 싫증나다, 물리다
16) つくづく: 정말, 아주, 절실히
17) いや(嫌)に なりました: 싫어졌습니다 *いや: 싫음

29. そらを とんだ かめ

「なんとか して¹⁸⁾ とりさんの ように そらを とんで みたいものだ。」

かめは むちゅうに¹⁹⁾ なって、その ことばかり かんがえて いました。すると²⁰⁾、ある ひ かめと なかよし²¹⁾の かも²²⁾が にわ²³⁾、きしに あがって きました²⁴⁾。かめは さっそく²⁵⁾ たのんで²⁶⁾ みました。

「かもさん、おねがいです。ぼくを そらの うえに つれてって²⁷⁾ くれませんか。ぼくは この とちも、ぬまも あきあきして²⁸⁾ しまったのです。いちどで いいから²⁹⁾ そらを とんで みたいのです。」

にわの かもは おどろいて いいました。

「かめさん、それは むり³⁰⁾でしょう。かめさんには うまれつき³¹⁾ はね³²⁾が ないんだから³³⁾、とべないよ。」

---

18) なんとか して: 어떻게 해서든지
19) むちゅう(夢中)に: 열중하게, 골똘하게 *むちゅうに なって: 열중해져서
20) すると: 그러던, 그러자
21) なかよ(仲良)し: 사이가 좋음, 사이좋은 친구
22) かも: 오리
23) にわ(二羽): 두 마리
24) きし(岸)に あ(上)がって き(来)ました: 물가에 올라왔습니다 ㉑ あかる: 오르다, くる: 오다
25) さっそく: 즉시
26) た(頼)んで: 부탁해, 당부해 ㉑ たのむ: 부탁하다, 청하다
27) つ(連)れてって: 데려가
28) あきあきして: 아주 싫증나서 ㉑ あきあきする: 아주 싫증이 나다, 신물이 나다
29) いちど(一度)で いいから: 한번으로 좋으니까
30) むり(無理): 무리, 억지
31) う(生)まれつき: 태어날 때부터, 타고난
32) はね(羽): 날개

「わかって います。でも、あきらめる⁽³⁴⁾ ことが できません。なんとか して、そらの うえに つれてって ください。おねがいします。」

「それなら いい ことが あるよ。」

かもは ほそながい⁽³⁵⁾ ぼう⁽³⁶⁾を くわえて⁽³⁷⁾ きました。

「かめさんは ぼうの まんなか⁽³⁸⁾を しっかりと⁽³⁹⁾ くわえて いなさい。ぼくたちは りょうはし⁽⁴⁰⁾を くわえて とぶからね。」

「なるほど、それは いい。」

かめは おおよろこびで⁽⁴¹⁾ ぼうの まんなかを くわえました。にわの かもは りょうはしを くわえました。

「かめさん、いいですか。とびあがったら くちを あけては だめだよ⁽⁴²⁾。」

にわの かもは いきおい よく⁽⁴³⁾ まいあがりました⁽⁴⁴⁾。ぬまも はたけ⁽⁴⁵⁾も、やまも のはら⁽⁴⁶⁾も、みるみる うちに⁽⁴⁷⁾ ち

---

33) ないんだから: 없었기 때문에
34) あきら(諦)める: 단념하다, 체념하다
35) ほそなが(細長)い: 가늘고 길다란, 가늘고 길다랗다
36) ぼう(棒): 막대기
37) くわえて: (입에) 물고
38) まんなか(真ん中): 한 가운데(＝まなか)
39) しっかりと: 꽉, 단단히
40) りょうはし(両端): 양쪽 끝
41) おお(大)よろこ(喜)びで: 크게 만족해서, 크게 기뻐서
42) あ(開)けては だめだよ: 열어서는 안돼요 ㉑ あける: (문·덮개·칸막이 따위를) 열다
43) いきお(勢)い よく: 기세 좋게
44) ま(舞)いあが(上)りました: 날아 올랐습니다 ㉑ まいあがる: 날아 올라가다, 공중 높이 떠오르다

いさく なりました。まるで[48]、はこにわ[49]のように みえました。

　でも、かめは したを みる ことが できません。あおい そらばかり みて いました。かもたちは たかい そらの うえを ぐるぐる とびまわりました[50]。

　かめは むちゅうで[51] ぼうを くわえて いましたが、なんだが[52] ゆめ[53]のようでした。ながい あいだの ねがいが やっと かなえられたのです[54]。うれしくて たまりません[55]。おもわず[56]、くちを あけて「ばんざい」と さけびました[57]。

　とたんに[58] かめは そらから まっさかさまに[59] おちて いきました。でも、おちた ところは すみなれた ぬまの なかでした[60]。

---

45) はたけ(畑): 밭
46) のはら(野原): 들판
47) みるみる うちに: 순식간에, 보고 있는 동안에 *'みるみる': 단독으로도 같은 뜻이다
48) まるで: 마치
49) はこにわ(箱庭): 상자 안에 만든 모형 정원
50) ぐるぐる とびまわ(飛回)りました: 빙글빙글 날아다녔습니다 ㉘ とびまわる: 날아다니다, 돌아다니다
51) むちゅう(夢中)で: 열중해서, 꿈결속에 *형용동사로 쓰이면 '열중해서'이다
52) なんだか: 뭔가
53) ゆめ(夢): 꿈
54) やっと かな(叶)えられたのです: 겨우 이루어진 것입니다 ㉘ かなえる: 이루어지다
55) うれ(嬉)しくて たまりません: 즐겁고 기뻐서 견딜 수 없습니다 ㉘ たまる: 참다, 견디다
56) おも(思)わず: 생각없이, 무심코 ㉘ おもう: 생각하다
57) さけ(叫)びました: 외쳤습니다 ㉘ さけぶ: 외치다, 부르짖다
58) とたんに: 순간에, 찰나에
59) まっさかさまに: 완전히 거꾸로
60) なか(中)でした: 속(안)이었습니다

30. つよい[1] ぼう[2]
(강한 막대기)

　おとうさんが さんにんの こどもに いっぽんずつ[3] ぼうを わたして[4] いいました。
「おまえたち、その ぼうを おって ごらん[5]。」
「こんなの わけ ないよ[6]。」
　さんにんの こどもは すぐに[7] ぽきん ぽきんと[8] ぼうを おって しまいました。
「じゃ、つぎは これだ。」
　おとうさんは さんぼんの ぼうを たば[9]に して、うえの こどもに わたしました。
「それを おって ごらん。」
　うえの こは ううっと[10] ちからを こめましたが[11]、ぼう

---

1) つよ(強)い: 강한
2) ぼう(棒): 막대기, 몽둥이
3) いっぽん(一本)ずつ: 한 자루씩
4) わた(渡)して: 건네주고　㉺ わたす: (물건·배 따위) 건네주다, 넘겨주다
5) お(折)って ごらん: 꺾어 보렴　㉺ おる: 꺾다
6) わけ ないよ: 간단해요　*わけ: 수고·성가심, わけはない: 간단하다(관용어)
7) すぐに: 곧
8) ぽきん ぽきんと: 딱딱 (부러지는 소리)
9) たば(束): 뭉치, 다발, 단
10) ううっと: 윽 (힘을 쓰는 소리)
11) ちから(力)を こ(込)めましたが: 힘을 썼지만　㉺ こめる: (정성·힘 등을) 들이다

128 30. つよい ぼう

の たばは おれません。つぎの こが やっても¹²⁾、すえの こ¹³⁾が やっても、おる ことは できませんでした。

「それで わかったろう¹⁴⁾。いっぽんでは よわい¹⁵⁾ ぼうも、さんぼん あつめると つよく なるのだ。おまえたちも さんにんが ちからを あわせて やれば、できない ことは ないのだ。」

こどもたちは にっこりと¹⁶⁾ うなずきました¹⁷⁾。

---

12) や(遣)っても: 해도, 하여도 웬 やる: 하다, 보내다
13) すえ(末)の こ(子): 막내 자식(아들) *うえ(上)の こ(子): 맏 자식, つぎ(次)の こ(子): 둘째 자식
14) わ(分)かったろう: 알았을 테지
15) よわ(弱)い: 약한
16) にっこりと: 방긋하며
17) うなず(頷)きました: 끄떡였습니다, 수긍했습니다 웬 うなずく: 수긍하다, 끄덕이다

31. きつねと つるの ごちそう
(여우와 학의 음식대접)

　ある ひ、きつねから つるの ところへ³⁾ てがみ⁴⁾が きました。『ばんごはんを ごちそうするから⁵⁾ うちへ きて ください。』
　「まあ、めずらしい⁶⁾。きつねさんが なにを ごちそうするのかしら⁷⁾。」
　つるは よろこんで きつねの いえに いきました。
　「やあ、つるさん、ようこそ⁸⁾。どうか、えんりょなく⁹⁾ やって ください¹⁰⁾。」
　きつねが だした ごちそうは¹¹⁾ おおきな ひらたい さらに¹²⁾ いれた スープ¹³⁾だけでした。

---

1) つる(鶴): 학
2) ごちそう(御馳走): 손님을 향응하거나 대접함, 음식대접, 먹을거리, 음식물
3) ところ(所)へ: 처소에, 집에, 주소에
4) てがみ(手紙): 편지
5) ばんごはん(晩御飯)を ごちそうするから: 저녁식사를 대접할테니
6) めずら(珍)しい: 드물다, 이상하다, 신기하다, 귀하다
7) かしら: ~일까?, ~ㄴ지? (의심이나 수상쩍음을 나타내는 말)
8) ようこそ: 참 잘 와주셨소 (상대의 방문을 환영할 때 쓰는 말)
9) どうか えんりょ(遠慮)なく: 부디(아무쪼록) 사양하지 말고
10) や(遣)って ください: 잡수어 주세요, 잡수세요 ㉮ やる: 먹다, 마시다, 하다
11) だ(出)した ごちそうは: 내놓은 음식은 ㉮ だす: 내다, 내놓다
12) ひら(平)たい さら(皿)に: 평평한 접시에
13) い(入)れた スープ: 담은 수프 ㉮ いれる: 넣다, 담다, 들이다

31. きつねと つるの ごちそう   131

「スープ だいすき、いただくわ14)。」

　つるは スープを のもうと しましたが、なにしろ15) ながい くちばし16)です。いくら ほねを おっても17)、ただ18) においを かぐ だけでした19)。おさらの スープでは ひとしずく20)も のむ ことが できません。

　ところが、きつねは うまそうに21) スープを のみほして22)、にやり にやりと23) して います。つるの ようすを おもしろがって24) いるのでした。

「ひどいわ25)、いじわる26)ね。」

　つるは うらめしそうに27) かえって いきました。

　それから まもなく28)、こんどは つるから きつねへ てがみが とどきました29)。

『ばんごはんを ごちそうしますから、ぜひ30) おいで くだ

---

14) いただくわ: 잘 먹겠어요　㉹ いただく: 받다, 받들다 *たべる(먹다), のむ(마시다)의 공손한 말씨
15) なにしろ: 어쨌든, 여하튼
16) くちばし(嘴): 부리, 주둥이
17) いくら ほね(骨)を お(折)っても: 아무리 애써도　㉹ おる: 접다, 굽히다 *ほねを おる: 애쓰다
18) ただ: 단지, 다만
19) にお(匂)いを か(嗅)ぐ だけでした: 냄새를 맡을 뿐이었습니다　㉹ かぐ: 냄새맡다, 탐지하다
20) ひとしずく(一滴): 한방울
21) うまそうに: 맛있는 듯　㉹ うまい: 맛있다
22) の(飲)みほ(干)して: 다 마셔 버리고　㉹ のみほす: 다 마셔 버리다
23) にやり にやりと: 히죽히죽거리고
24) ようす(様子)を おもしろ(面白)がって: 모습(모양)을 재미있어 하고
25) ひどいわ: 지독하구나, 심하구나
26) いじわる: 심술쟁이 (일부러 다른 사람을 곤란하게 하는 사람)
27) うら(恨)めしそうに: 원망스러운 듯이, 유감스러운 듯이
28) ま(間)もなく: 이윽고, 얼마 안있어, 곧
29) とど(届)きました: 닿았습니다, 도착했습니다　㉹ とどく: 닿다, 도달하다

さい。』

　きつねは　くいしんぼう[31]でした。

「どんな　ごちそうかな。」

　この　まえの　ことも　わすれて、むね[32]を　おどらせながら、つるの　いえに　でがけました。

「きつねさん、ようこそ。えんりょなく　たべて　くださいね。」

　つるが　だした　ごちそうは　なんでしょう。ほそながい[33]　くちの　みずがめ[34]に　いれて　ありました。

「いただきまあす。」

　きつねは　みずがめに　くちを　いれましたが、いくら　やっても　ごちそうに　した[35]が　とどきません。ただ、うまそうな　においが　するだけです。

　つるの　ほうは　ながい　くちばしを　らくらくと[36]　かめの　そこ[37]に　いれて、なにか　うまそうに　たべて　いました。

　きつねは　おなかを　すかしながら[38]、めの　まえの　ごちそうを　ひとくちも　たべられませんでした。

---

30) ぜひ: 꼭, 아무쪼록, 제발
31) く(食)いしんぼう(坊): 먹보
32) むね(胸): 가슴 *むねを おどらかせながら: 가슴을 뛰게 하면서, 가슴을 설레이면서
33) ほそなが(細)い: 가늘고 긴
34) みずがめ(水瓶): 물항아리
35) した(舌): 혀
36) らくらくと: 편안히
37) かめ(瓶)の そこ(底): 항아리의 바닥
38) す(空)かしながら: 굶주리며 ㉘ すかす: 비워두다, 공복으로 하다

32. おくびょう[1] ライオン
(겁이 많은 사자)

　ライオンが いました。いつも たてがみ[2]を ゆすぶって[3]、しっぽ[4]を やり[5]のように ぴんと[6] たてて、いばって[7] あるいて いました。

　「もりの なかで いちばん えらい[8]のは ぼくだぞ。うおう、うおう[9]。」

　ある ばん、しずかな もりの うえに ながれぼし[10]が すいすいと[11] あおく はしって[12] いました。

　やまも ぬまも、まっくらやみ[13]です。ライオンは のっしのっしと[14]、いばって さんぽに でました。ぬまの そばまで くると、へんな[15] こえが きこえて きました。

---

1) おくびょう: 겁이 많음
2) たてがみ: 갈기 (말・사자 따위의 목덜미에 난 긴 털)
3) ゆ(揺)すぶって: 흔들며　㈜ ゆすぶる: (뒤)흔들다, 동요하다 *'ゆさふる'와도 같다
4) しっぽ: 꼬리
5) やり(槍): 창
6) ぴんと: 바짝, 꼿꼿이 (팽팽한 모양)
7) いば(威張)って: 으스대면서, 뽐내며　㈜ いばる: 뽐내다, 으스대다
8) えら(偉)い: 훌륭한, 위대한
9) うおう、うおう: 어흥, 어흥; 우왕, 우왕
10) なが(流)れぼし(星): 유성, 별똥별
11) すいすいと: 휙휙, 휘익, 쓰윽
12) はし(走)って: 달리고, 뻗치고　㈜ はしる: 달리다, 뻗다, 도망치다
13) まっくら(真っ黒)やみ(暗): 새까만 어둠, 칠흑 같은 어둠
14) のっし のっしと: 육중하게 (체중이 무거운 것이 천천히 걷는 모양)
15) へん(変)な: 이상한

32. おくびょう ライオン   135

「げろげろ げっげ16)、げろ げっげ。」

ライオンは きみわるく17) なりました。いままでに いちども きいた ことの ない あやしい18) こえです。

こえは ぬまの うえからです。

「げろげろ げっげ、げろ げっげ。」

ライオンは こわく なりました。ぶるぶる19) ふるえて20) いると、かぜが ふきだしました。きのは21)が ざわざわ22) ざわ。

ライオンは しっぽを ちぢめました23)。

すると、また、「げろげろ げっげ、げろげろ げっげ。」

「ひゃあ24)、おばけ25)だあ。」と、ライオンは とびあがると、あわてて26) にげだしました27)。

ないて いたのは28) にひきの かぜひき がえる29)の こえでした。

---

16) げろげろ げっげ: 개굴개굴 겟게 (개구리 울음소리)
17) きみわるく: 어쩐지 기분 나쁘게, 어쩐지 무서운 느낌이 나게
18) あや(怪)しい: 수상한, 괴상한
19) ぶるぶる: 벌벌, 부들부들 (추위・두려움으로 떠는 모양)
20) ふる(震)えて: 떨리고, 흔들리고 ㉤ ふるえる: 흔들리다, 떨리다
21) き(木)のは(葉): 나뭇잎(=このは, 아동어)
22) ざわざわ: 와삭와삭
23) ちぢ(縮)めました: 움츠렸습니다 ㉤ ちぢめる: 움츠리다
24) ひゃあ: 햐아, 야아, 어이쿠
25) おば(化)け: 도깨비, 요괴
26) あわ(慌)てて: 당황해서, 놀라서 ㉤ あわてる: 당황하다, 허둥대다
27) に(逃)げだしました: 도망치기 시작했습니다 ㉤ にげる: 도망치다, 달아나다
28) な(鳴)いて い(居)たのは: 울고 있는 것은 ㉤ なく: (새・짐승・벌레 따위가) 울다, いる: 있다
29) かぜひ(風邪引)きがえる(蛙): 감기걸린 개구리 *かえる: 개구리

33. おしゃれな からす
(멋쟁이 까마귀)

　ある とき、かみさまが、「とりの なかで いちばん うつくしい ものを えらんで、とりの おうさまに する。」と、とりたちに いいました。

　さあ、とりたちは おおさわぎです。たかも にわとりも、あひるも おしどりも、ちいさな すずめまで、じぶんこそ おうさまに えらばれたいと おもいました。

　「それには まず、きれいに ならなければ…。」どの とりも そう おもって、いずみへ とんで いきました。

　そして、ぱちゃ ぱちゃ いずみの みずを あびて、つ

---

1) おしゃれ: 멋쟁이, 멋을 냄
2) からす(烏): 까마귀
3) かみさま(神様): 하느님
4) とり(鳥)の なか(中)で: 새 가운데에서
5) えら(選)んで: 뽑아서, 선택해서　㉙ えらぶ: 뽑다, 택하다, 가리다
6) おうさま(王様): 왕, 임금님
7) おおさわ(大騒)ぎ: 큰 소동, 큰 혼잡
8) たか: 매
9) にわとり: 닭
10) あひる: 집오리
11) おしどり: 원앙새
12) すずめ: 참새
13) まず: 우선, 먼저
14) いずみ(泉): 샘
15) ぱちゃ ぱちゃ: 철벅철벅, 찰벅거리며 (수면을 두드려 물을 튀기는 소리)
16) あ(浴)びて: 뒤집어 쓰고　㉙ あびる: 뒤집어 쓰다, 흠뻑 쓰다

ばさ17)や からだ18)を あらいました。はね19)を くちばし20)で そろえました21)。

　まっくろな22) からすも いずみへ でかけて まけずに23) あらいました。でも、やっぱり24) まっくろです。

　からすは じぶんの くろい はねを ながめて25)、

「これでは どう かんがえても、わたしは おうさまに なれっこない つまらないなあ26)。」と がっかりしました27)。

　その うちに、ほか28)の とりたちは それぞれ みがきあげて29) かえって いきました。いずみの ほとり30)には その とりたちの おとした31)、あかや あおや きいろの きれいな はねが、はなびらのように おちて32) いました。

---

17) つばさ: 날개 *(새 또는 비행기의) 날개
18) からだ(体): 몸
19) はね(羽): 새털, 깃 *'날개'로도 씀
20) くちばし: 부리, 주둥이
21) そろ(揃)えました: 가지런히 정돈했습니다　웹 そろえる: 가지런히 하다, 갖추다
22) ま(真)っくろ(黒)な: 새까만 *まっくろ: 새카맘 ↔ まっしろ(白)＝새하얌
23) ま(負)けずに: 지지않고
24) やっぱり: 역시 (やはり의 힘준 말)
25) なが(眺)めて: 바라보고, 응시하고　웹 ながめる: 바라보다, 멀리보다, 응시하다
26) なれっこない つまらないなあ: 될 수 없는 하찮은 존재구나　웹 なる: ~이 되다 *つまらない는 '하찮다, 시시하다'(연어)
27) がっかりしました: 실망했습니다 *がっかり는 부사로 '실망낙담하는 모양'을 뜻한다.
28) ほか(外): 다른 것, 외(外)
29) それぞれ みが(磨)きあ(上)げて: 각자(각기) 닦아 윤을 내서　웹 みがきあげる: 충분히 갈고 닦다
30) ほとり: 근처, 부근
31) おと(落)した: 떨어뜨린, 떨어진 웹 おとす: 떨어뜨리다
32) はなびら(花片)のように お(落)ちて: 꽃잎처럼 떨어져 웹 おちる: 떨어지다

33. おしゃれな からす　139

「そうだ、いい ことを かんがえたぞ。あの はねで わたしが いちばん うつくしく なれる。そして わたしが おうさまに なれる。」

からすは はねを ひろって[33] からだじゅう[34]に つけました。

さて、とりたち ぜんぶが かみさまの まえに ならびました[35]。かみさまは ごらんに なって[36] いましたが、いちわ[37]の とりに、「おまえが、いちばん うつくしい。」と おっしゃいました[38]。

ほかの とりたちは その とりを ふりかえって[39]、びっくりしました[40]。

「その はねは わたしのだ。」

「それは わたしの はねだ。」と おこりました。

とびついて[41] じぶんの はねを とりあげました[42]。

すると、その とりは まっくろな からすに なって しまいました。

---

33) ひろ(拾)って: 주워서 ㉰ ひろう: 줍다
34) からだじゅう(体中): 몸 전체
35) なら(並)びました: 늘어섰습니다 ㉰ ならぶ: 늘어서다, 정렬하다
36) ごらん(御覧)に なる: 보시다 *ごらんに なって: 보시고
37) いちわ(一羽): 한 마리
38) おっしゃいました: 말씀하셨습니다 ㉰ おっしゃる(いうの 높임말): 말씀하시다
39) ふ(振)りかえって: 뒤돌아 보고 ㉰ ふりかえる: (뒤를) 돌아다보다, 회고하다
40) びっくりしました: 깜짝 놀랐습니다
41) と(飛)びついて: 달려들어서, 덤벼들어서 ㉰ とびつく: 덤벼들다, 달려들다
42) と(取)りあげました: 집어들었습니다 ㉰ とりあげる: 집어들다, 몰수하다

34. りこうな にわとり[1]
   (영리한 닭)

　なかよし[2]の いぬと にわとりが そろって[3] たび[4]に でがけました[5]。

　「にわとりさん、ひが くれて きたから[6]、こんや[7]は この きに とまろうよ[8]。ぼくは ほらあな[9]に ねるから、きみは たかい きの えだ[10]で ねると いいよ。」

　しばらくすると[11]、いっぴきの きつねが きの したを とおりかかりました[12]。

　「おや、おいしそうな[13] にわとりが いる。」

　きつねは したなめずり[14]しながら にわとりに こえを かけました[15]。

---

1) りこう(利口)な にわとり: 영리한 닭
2) なかよ(仲良)し: 사이 좋은 (친구)
3) そろ(揃)って: 모여서　㉝ そろう: 모이다, (인원수가) 차다, 갖추어지다
4) たび(旅): 여행
5) でか(出掛)けました: 외출하였습니다　㉝ でかける: 외출하다
6) ひ(日)が く(暮)れて きたから: 해가 저물어 왔으니까　㉝ くれる: 저물다, 해가 지다
7) こんや(今夜): 오늘밤(=こんばん)
8) とま(泊)ろうよ: 머무르자, 숙박하자　㉝ とまる: 머무르다, 묵다
9) ほらあな(洞穴): 동굴, 굴(ほら)
10) えだ(枝): 가지
11) しばらくすると: 조금 있으려니까
12) とお(通)りかかりました: (우연히 그곳을) 지나갔습니다
13) おいしそうな: 먹음직스러운
14) した(舌)なめずり: 입맛을 다심, 쩝쩝거림
15) こえ(声)を か(掛)けました: 말을 걸었습니다　㉝ かける: 걸다　*こえを かける: 말을 걸다

142　34. りこうな にわとり

「にわとりさん、きから おりて、わたしと あそびませんか。」

りこうな にわとりは きつねの わるだくみ[16]が すぐに わかりました。

「それでは、きつねさん、したで ねて いる ともだちに わたしが きから おりても いいか どうか、きいて みて[17] くれませんか。」

「いいですとも[18]。」

きつねは ほらあなを のぞきこみました[19]。と、とつぜん[20]、

「わん、わん、わん、わん。」

きつねは いぬに ほえられて[21] おおあわて[22]、すたこら[23] あとも みずに[24] にげて いきました[25]。

---

16) わるだく(悪巧)み: 나쁜 계략, 간계, 흉계
17) き(聞・訊)いて みて: 물어봐 ㉾ きく: 묻다, 듣다 *이때 'みる'는 한자(見る ×)를 쓰지 않는다.
18) いいですとも: 좋고말고 *경우에 따라 '알았어요' 뜻이기도 하다
19) のぞきこ(込)みました: 들여다 보았습니다 ㉾ のぞきこむ: (얼굴을 내밀어) 들여다 보다
20) とつぜん(突然): 돌연, 갑자기
21) ほ(吠)えられて: 짖어서, 으르렁거려서 ㉾ ほえる: 짖다, 으르렁거리다
22) おおあわて: 매우 당황해서
23) すたこら: 허둥지둥, 후닥닥
24) あと(後)も み(見)ずに: 뒤도 돌아보지않고
25) に(逃)げて いきました: 도망갔습니다 ㉾ にげる: 도망치다, 달아나다

35. ふえふき⑴ りょうし⑵
(피리부는 어부)

　りょうしが いました。ふえを ふくのが とても じょうず⑶です。りょうしが ふえを ふくと、どの ひとも からだを ゆすぶって⑷、たのしそうに おどりはじめるのでした⑸。
　ある ひ、りょうしは うみの いわ⑹で ふえを ふきはじめました⑺。

　とっぴき とっぴき、とっぴきぴい。
　とっぴき とっぴき、とっぴきぴい。

　じょうずな ふえの ひびき⑻が そらへ ふんわりと⑼ ひろがって⑽、うみの うえへ おどるように つたわって⑾ いきました。

---

1) ふえふ(笛吹)き: 피리부는 (사람)　*ふえ(笛): 피리
2) りょうし(猟師): 고기잡이, 어부
3) じょうず(上手): 능숙함, 솜씨가 좋음
4) からだ(体)を ゆすぶって: 몸을 흔들어서　⑨ ゆすぶる: (뒤)흔들다, 동요하다
5) おど(踊)りはじめるのでした: 춤추기 시작하는 것이었습니다　⑨ おどる: 춤추다
6) いわ(岩): 바위
7) ふ(吹)きはじめました: 불기시작했습니다　⑨ ふ(吹)く: 불다
8) ひび(響)き: 진동, 여운, 울림
9) ふんわりと: 두둥실
10) ひろ(広)がって: 퍼져서, 넓어져　⑨ ひろがる: 넓어지다, 퍼지다, 번지다
11) つた(伝)わって: 전해져, 알려져, 전달되어　⑨ つたわる: 전해지다, 알려지다, 소문나다

35. ふえふき りょうし 145

35. ふえふき りょうし

「こう して ふけば、さかな12)たちが うみから おどりだ
して、あしもと13)へ とびあがって くるに ちがい ない14)。
その さかなを つかまえよう15)。」

りょうしは なおも16) ちからを いれて17) うみへ むかって
ふえを ふきならしました18)。

とっぴき とっぴき、とっぴきぴい。
とっぴき とっぴき、とっぴきぴい。

うみの そこには さかなが たくさん いました。さかな
たちは こんぶの かげ19)で おにごっこ20)を したり、しずか
な いわの すみ21)で ひるね22)を したり して いました。
りょうしの ふえなど きいて いる さかなは いっぴきも
いません。それでも、りょうしは いわの うえで、いっしん
に23) ふえを ふきつづけました。さかなが とびださないの

---

12) さかな(魚): 물고기, 생선
13) あしもと(足下): 발밑
14) と(飛)びあ(上)がって く(来)るに ちがい ない: 뛰어올라올 것임에 틀림 없다
15) つか(捕)まえよう: 잡아야지: つかむ: (붙)잡다, 쥐다, 손에 넣다
16) なおも: 더욱 더
17) ちから(力)を い(入)れて: 힘을 넣어, 힘을 들여 ㉘ いる: 들어가(오)다
18) ふ(吹)きな(鳴)らしました: 불어서 울렸습니다 ㉘ ふきならす: 불어서 울리다
19) こんぶの かげ(陰): 다시마 그늘 *かげ: 그늘, 배후, 어두운 그림자
20) おに(鬼)ごっこ: 술래잡기
21) すみ(隅): 모퉁이, 귀퉁이
22) ひるね(昼寝): 낮잠
23) いっしん(一心)に: 열심히, 전념해서

で24)、すこし ちょうし25)を かえて ふきました。

ぴいぴい ぽっぽ、ぴいぽっぽ。
ぴいぴい ぽっぽ、ぴいぽっぽ。

やはり26)、さかなは とびだして きません。
おひるも すぎて ゆうがた27)に なりました。かもめ28)も ねぐら29)に かえりはじめました。
りょうしは すこし あわてました30)。
うみへ むかって どなりました31)。
「あさから こんなに ふえを ふいて いるのに、さかなたちめ32) どうして とびだして こないのだ。ふえは もう きかせて やらないぞ。」

　　　　　＊　　＊　　＊

「これから あみを なげこんで33)、おまえたちを みんな とって やる。」

---

24) と(飛)びだ(出)さないので: 뛰어나오지않기 때문에
25) ちょうし(調子): 가락, 곡조
26) やはり: 역시
27) ゆうがた(夕方): 저녁 때, 해질 녘
28) かもめ: 갈매기
29) ねぐら: 보금자리
30) あわ(慌)てました: 당황했습니다　❀ あわてる: 당황하다, 허둥대다
31) どなりました: 고함쳤습니다, 호통쳤습니다　❀ どなる: 고함치다, 야단치다, 호통치다
32) 〜め: 〜놈 (한층 낮추어 보는 뜻을 나타냄)
33) あみ(網)を な(投)げこんで: 그물을 던져 넣어　❀ なげこむ: 처넣다, 던져 넣다

35. ふえふき りょうし

りょうしは ふえを しまって[34]、あみを もちだしました[35]。

いわの うえに りょうあし[36]を ふんばると[37]、あみを ひろげて[38] うみに なげこみました。

「うむ、おもたいぞ[39]。たくさん かかったようだ。」

ひきあげて[40] みると、あみの なかに たくさんの さかなが おどったり[41] はねたり[42] して、おしあって[43] います。

りょうしは あみの そばへ かけよりました[44]。

さかなを のぞいて いいました。

「なぜ[45]、ふえを ふいた ときに おどらないで、ふかない ときに、そんなに おどりはねるのだ[46]。」

りょうしは さかなを かついで[47] かえって いきました。

---

34) ふえ(笛)を しまって: 피리를 접어두고
35) も(持)ちだしました: 가지고 나왔습니다 ㉙ もちだす: 가지고 나오다, 끌어내다
36) りょうあし(両足): 양 다리, 양 발
37) ふ(踏)んばると: 힘껏 버티어 ㉙ ふんばる: (양다리를 벌리고) 힘껏 버티다
38) ひろ(広)げて: 펼쳐서 ㉙ ひろげる: 펴다, 펼치다, 벌리다
39) おも(重)たいぞ: 묵직하다
40) ひ(引)きあげて: 끌어 올려 ㉙ ひきあげる: 끌어 올리다
41) おど(踊)ったり: 춤추기도 하고 ㉙ おどる: 춤추다
42) は(跳)ねたり: 뛰기도 하고 ㉙ はねる: 뛰다, 뛰어오르다
43) お(押)しあって: 서로 밀치고 ㉙ おしあう: 서로 밀다
44) か(駆)けよりました: 달려왔습니다 ㉙ かけよる: 달려들다, 달려가(오)다
45) なぜ: 왜, 어째서
46) おど(踊)りは(跳)ねるのだ: 뛰며 춤추는 거냐 *이 때 「のだ」는 상대방이 따라 주지않은 것을 설명해주는 기분을 나타낸다.
47) かつ(担)いで: 짊어지고, 메고 ㉙ かつぐ: 짊어지다, 메다

36. からす⁾の こえじまん²⁾
(까마귀의 목소리자랑)

　いちわ³⁾の からすが おいしそうな⁴⁾ にくを くわえて⁵⁾、きの うえで ひとやすみして⁶⁾ いました。

　ちょうど⁷⁾ その とき、きの したを とおりかかった⁸⁾ きつねが からすに こえを かけました⁹⁾。

　「こんにちは、からすさん。いま もりでは¹⁰⁾ あなたの ことが¹¹⁾、たいへん ひょうばんに なってますよ¹²⁾。すがた¹³⁾が よくて、こえが きれいで からすさんは ほんとうに とりの じょおうさま¹⁴⁾のようだってね。ところが、ざんねんな¹⁵⁾ ことに、わたしは まだ あなたの こえを きいた ことが いち

---

1) からす(烏): 까마귀
2) こえじまん(声自慢): 목소리 자랑, 목소리 뽐냄
3) いちわ(一羽): 한 마리
4) おいしそうな: 맛있을 듯한 <원> おいしい: 맛있다, 맛있는
5) にく(肉)を くわ(銜)えて: 고기를 물고 <원> くわえる: (입에) 물다, (사람을) 데리고 오다
6) ひとやす(一休)みして: 잠깐 쉬고
7) ちょうど: 때 마침
8) とお(通)りかかった: (우연히) 지나가던 <원> とおりかかる: 마침(우연히) 지나가다
9) こえを かけました: 말을 걸었습니다 <원> かける: 걸다, 달다
10) もり(森)では: 숲에는
11) あなた(貴方)の こと(事)が: 당신의 이야기가
12) ひょうばん(評判)に なってますよ: 화제에 올라 있습니다요
13) すがた(姿): 모습, 자태
14) じょおうさま(女王様): 여왕님
15) ざんねん(残念)な: 유감스러운, 아까운

150   36. からすの こえじまん

ども ないのです。どうぞ、わたしに あなたの こえを ひとこえ¹⁶⁾ きかせて くださいな。」

きつねに ほめられて¹⁷⁾、からすは すっかり¹⁸⁾ いい きもち¹⁹⁾に なりました。

そこで、からすは かあっと ひとこえ、おおきな くちを あけて なきました。

ところが その とたん²⁰⁾、たいせつな²¹⁾ にくは まっすぐに²²⁾ したで まって いた²³⁾ きつねの くちの なかへ おちて いきました。

「ごちそうさま。」

きつねは ぺろりと²⁴⁾ したを だすと、すたこら²⁵⁾ にげて²⁶⁾ いって しまいました。

---

16) ひとこえ(一声): 한 마디의 소리
17) ほめられて: 칭찬을 들어서　원 ほめる: 칭찬하다, 찬양하다
18) すっかり: 완전히
19) きも(気持)ち: 기분
20) とたん: 순간, 찰나
21) たいせつ(大切)な: 귀중한, 소중한
22) まっすぐに: 곧바로, 똑바로
23) ま(待)って い(居)た: 기다리고 있는
24) ぺろりと: (혀를) 낼름, 늘름
25) すたこら: 부랴부랴, 허둥지둥
26) に(逃)げて: 도망쳐　원 にげる: 도망치다, 달아나다

37. かえるの おうさま
(개구리의 왕)

　みずうみ¹⁾に かえるが おおぜい すんで²⁾ いました。

　かえるたちは たのしく くらして³⁾ いましたが、おうさまが おさめて くれれば⁴⁾、もっと⁵⁾ しあわせに なれるだろうと⁶⁾ おもいました。

　そこで かみさまに、「おねがいです。わたくしたちに おうさまを ください。」と たのみました⁷⁾。

　「いまの ままで⁸⁾ いるほうが おまえたちは しあわせなのだよ。」かみさまは おっしゃいました⁹⁾。

　けれど、かえるたちは ぜひ¹⁰⁾ おうさまを くださいと いって ききません。

　そこで かみさまは、「さあ、では¹¹⁾、これが おまえたちの

---

1) みずうみ(湖): 호수
2) おお(大)ぜい す(住)んで: 여럿(많은 사람)이 살고　⑳ すむ: 살다
3) くら(暮)して: 지내고, 거처하고　⑳ くらす: 지내다, 살다
4) おさ(治)めて くれれば: 다스려 주면　⑳ おさめる: 다스리다, くれる: (해)주다
5) もっと: 더욱, 한층
6) しあわ(幸)せに なれるだろうと: 행복하게 될 것이라고
7) たの(頼)みました: 부탁(청)하였습니다　⑳ たのむ: 부탁하다, 청하다
8) いま(今)の ままで: 지금과 같이, 지금 그대로
9) おっしゃいました: 말씀하셨습니다　⑳ おっしゃる: 말씀하시다
10) ぜひ: 꼭, 아무쪼록, 제발
11) では: 그러면, 그렇다면, 그럼　*접속사로 쓰였다.

おうさまだ。」と、まるたを いっぽん12) みずの なかへ なげ いれました13)。

かえるたちは まるたの うえで やすんだり14)、それから とびおりたり15)、まいにち おもしろく16) あそぶ ことが できました。

けれど その うち、「これじゃあ ちっとも おうさまらしく ない17)。つまらないや18)。」と かんがえました。

そこで かみさまに、「わたしたちを おさめる ことの できる、もっと えらい19) おうさまと とりかえて20) ください。」と たのみました。

かみさまは はらを おたてに なりました21)。

「では、おまえたちの のぞみどおりの22) おうさまを やろう。」

それは こうのとり23)でした。 かえるたちは こうのとり

---

12) まるた(丸太)を いっぽん(一本): 통나무를 한 개
13) な(投)げいれました: (아무렇게나) 던져 넣었습니다 ㉑ なげいれる: 던져 넣다, 처넣다
14) やす(休)んだり: 쉬기도 하고 ㉑ やすむ: 쉬다
15) と(飛)びお(降)りたり: 뛰어내리기도 하며 ㉑ とびおりる: 뛰어내리다
16) おもしろ(面白)く: 재미있게, 즐겁게 ㉑ おもしろい: 재미있다, 즐겁다, 즐거운
17) ちっとも おうさま(王様)らしくない: (뒤에 부정어가 따라서) 조금도 왕같지 않다 *らしく: ~같지, ~답지
18) つまらないや: 하찮은 것이야, 보잘 것 없어
19) もっと えらい: 좀더 훌륭한(멋진)
20) と(取)りかえて: 바꿔(서), ㉑ とりかえる: 바꾸다, 교환하다
21) はら(腹)を た(立)てに なりました: 성을(화를) 내셨습니다 *はら: 성, 노여움, 감정, 도량
22) のぞ(望)みどおりの: 바라는 대로, 바라는 바와 같은
23) こうのとり: 황새

が あるいて くるのを みて かんしんしました[24]。

「どうだい、あの りっぱな あるきかた[25]、あれこそ おうさまだ。」

かえるたちは よろこんで こうのとりを むかえに[26] いきました。

ところが、この あたらしい[27] おうさまは せんとう[28]の かえるが ちかづくと[29]、その ながい くちばし[30]で いきなり つまみあげました[31]。

そして、ひとくちに[32] のみこんで しまいました[33]。つぎの かえるも、つぎの かえるも のみこみました。

「こりゃあ[34]、どう した ことだ。」

かえるたちは おどろいて[35] さけびながら[36] にげだしました[37]。

---

24) かんしん(感心)しました: 감탄했습니다
25) りっぱ(立派)な ある(歩)きかた(形): 멋진(훌륭한) 걸음모양(모습)
26) むか(迎)えに: 맞으러, 마중하러 ㉙ むかえる: 맞이하다, 마중하다
27) あたら(新)しい: 새로운
28) せんとう(先頭): 선두
29) ちか(近)づくと: 다가가자, 접근하자 ㉙ ちかづく: 다가가다, 접근하다
30) くちばし: 부리, 주둥이
31) いきなり つま(摘)みあげました: 갑자기 집어올렸습니다 ㉙ つまみあげる: 집어올리다, 집어들다
32) ひとくち(一口)に: 한 입에
33) の(飮)みこんで しまいました: 삼켜 버렸습니다 ㉙ のみこむ: 삼키다, 참다, 납득하다
34) こりゃあ: (야) 이거
35) おどろ(驚)いて: 놀라서, 경악하여 ㉙ おどろく: 놀라다, 경악하다
36) さけ(叫)びながら: 외치면서 ㉙ さけぶ: 외치다, 부르짖다
37) に(逃)げだしました: 도망치기 시작했습니다

37. かえるの おうさま 155

けれど[38]、こうのとりは ながい あしです。らくらくと[39] おいかけて いって[40] つぎつぎ[41] たべて しまいました。

まもなく[42]、みずうみには かえるが いっぴきも いなく なりました[43]。

---

38) けれど: 그렇지만
39) らくらくと: 손 쉽게
40) お(追)いかけて いって: 뒤쫓아 가서 ㉙ おいかける: 뒤쫓다
41) つぎつぎ(次次): 차례차례, 계속함
42) ま(間)もなく: 얼마 안있어, 이윽고, 곧
43) い(居)なく なりました: 살(고 있)지 않게 되었습니다 ㉙ いる: 살고 있다, ない: 없다, なる: ~이 되다, ます: ~입(합)니다

38. くじゃく⁽¹⁾の じまん⁽²⁾
(공작새의 뽐냄)

　おしゃれな⁽³⁾　くじゃくが　いました。はね⁽⁴⁾を　ぴかぴか⁽⁵⁾　ひろげて⁽⁶⁾、じまんを　しながら　あるいて　いました。
　「つる⁽⁷⁾さん、ぼくの　はね、とても　きれいだろう⁽⁸⁾。」
　「はい、きれいです。」
　「きみは　しろい　きもので　かわいそうだね⁽⁹⁾。」
　「いいえ、この　はねで　てん⁽¹⁰⁾　たかく　すきな　ところへ　とんで　いけます。」
　「でも、ぼくの　はね、りっぱだろう。」
　「はねが　きれいでも　りっぱな　くじゃくさんとは　おもえません。」
　「おい　なぜだ⁽¹¹⁾。その　わけを　いえ⁽¹²⁾。」

---

1) くじゃく(孔雀): 공작(새)
2) じまん(自慢): 자랑, 뽐냄, 젠체함
3) おしゃれな: 멋진, 멋부리는
4) はね(羽): 날개
5) ぴかぴか 반짝 반짝, 번쩍 번쩍
6) ひろ(広)げて: 펼쳐서 ㉭ 펴다, 펼치다, 벌리다, 넓히다
7) つる(鶴): 학
8) きれいだろう: 예쁘지요, 예쁘겠지요
9) かわいそうだね: 불쌍하군요, 가엾군요
10) てん(天): 하늘 *てんせい(天声): 하늘의 소리
11) おい、なぜだ: 이봐, 어째서지?
12) わけ(訳)を い(言)え: 이유를 말해(명령형) ㉭ いう: 말하다 *わけ: 이유, 의미, 도리

38. くじゃくの じまん

「くじゃくさんは とりの くせに¹³⁾ とべないでしょう。にわとりのように じめん¹⁴⁾の うえばかり、のそのそ¹⁵⁾ あるいて いるので かわいそうです。」

くじゃくは おこりました¹⁶⁾。つるに とびかかりました¹⁷⁾。つるは ふわりっと¹⁸⁾ そらへ とびあがりました¹⁹⁾。

「りっぱな くじゃくに なりたいなら、きものを じまんしては いけません。」

つるは そらたかく とんで いきました。

---

13) くせに: ~(인) 주제에
14) じめん(地面): 지면, 토지
15) のそのそ: 느릿느릿
16) おこ(怒)りました: 화냈습니다 ㉙ おこる: 화내다
17) と(飛)びかかりました: 달려 들었습니다 ㉙ とびかかる: 대들다, 덤벼들다
18) ふわりっと: 둥실둥실, 너풀너풀
19) と(飛)びあ(上)がりました: (높이) 날아오르다

39. あわて うさぎ[1]
(덜렁이 토끼)

　ぽかぽか[2] あたたかな ひざしを あびて[3]、いっぴきの うさぎが きもちよさそうに[4] おひるね[5]を して いました。

　「どっしいん」と[6]、その とき とつぜん[7] おおきな やしの み[8]が ひるねを して いる、うさぎの すぐ そば[9]に おちて きました[10]。

　「ぎゃっ[11]、じしん[12]だっ。」

　うさぎは びっくり[13]、おおあわてで[14] とびおきました[15]。

　「たいへんだ[16]。じしんだ、じしんだ、おおじしんだ。」

　うさぎは おおごえで さけびながら[17] むちゅうで[18] はし

---

1) あわ(慌)て うさぎ: 덜렁이 토끼, 촐랑이 토끼 *あわてもの: 덜렁이, 촐랑이
2) ぽかぽか: 따끈 따끈 (따뜻하게 느끼는 상태를 나타내는 말)
3) ひざ(日差)しを あ(浴)びて: 볕(햇살)을 쬐며 ㉮ あびる: (햇볕을) 쬐다, (물을) 뒤집어 쓰다
4) きもち(気持)よさそうに: 기분좋은 듯이
5) ひるね(昼寝): 낮잠 *おひるねは 미화어
6) どっしいんと: 쿵(무거운 것이 떨어지는 소리)하고 *どしん의 힘준말로 どすんと와 같다.
7) とつぜん(突然): 갑자기, 돌연
8) やしの み(実): 야자 열매
9) すぐ そば(側): 바로 옆
10) お(落)ちて き(来)ました: , 떨어져 왔습니다, 떨어졌습니다
11) ぎゃっ: 저런, 어머나
12) じしん(地震): 지진 *じしんだっ: '지진이다'의 힘준말(지진이닷)
13) びっくり: 깜짝 놀라고
14) おおあわ(大慌)てで: 몹시 당황해서 ㉮ あわてる: (놀라서) 당황하다, 허둥대다
15) と(飛)びお(起)きました: 벌떡 일어났습니다 ㉮ とびおきる: (자리에서) 벌떡 일어나다
16) たいへん(大変)だ: 큰 일이다, 대사건이다

りだしました[19]。

「なんだって[20]、じしんだって。」

「それは たいへんだ、すぐ にげなくちゃ[21]。」

かおいろ[22]を かえて はしって いく うさぎを みて、なかま[23]の うさぎたちも びっくりぎょうてん[24]。

「じしんだよっ、おおじしんだよっ。」と、くちぐちに さけびながら はしりだしました。

「やかましいなあ[25]、いったい[26] どうしたと いうんだね。」

ひるねの じゃまを された[27] ライオンは ふきげんそうに[28]、にげて いく うさぎに ききました。

「たいへんですよ、ライオンさん。じしんですよ、おおじしんです。」

「じしんだって…。そんな ばかな ことが ある ものか。ちっとも ゆれて[29] いないじゃ ないか。」

---

17) さけびながら: 외치면서 ㉞ さけぶ: 외치다, 부르짖다
18) むちゅう(夢中)で: 정신없이
19) はし(走)りだ(出)しました: 달리기 시작했습니다 ㉞ はしる: 달리다 *이때「だす」는 '~하기 시작하다'임
20) なんだって: 뭐라고 *~って: ~(이)라고, ~냐고 (인용을 가리키는 'と'에 해당)
21) にげなくちゃ: 도망가지 않으면 (안된다)
22) かおいろ(顔色): 안색, 얼굴 빛
23) なかま(仲間): 동료, 한패
24) びっくりぎょうてん: 기절초풍
25) やかましいなあ: 시끄럽구나, 요란하구나
26) いったい(一体): 도대체
27) じゃま(邪魔)を された: 방해(장애)를 당한 ㉞ される: ~되다, ~당하다
28) ふきげんそうに: 불쾌한 듯이
29) ゆ(揺)れて: 흔들리고 ㉞ ゆれる: 흔들리다, 요동하다

162　39. あわて うさぎ

「えっ、あっ、ほんとうだ…。へんだなあ30)。」

うさぎたちは きょとんと31) して、きょろ きょろ32) あたりを みまわしました33)。

「だって さっき、ぼくが ひるねを して いたら…34)。」

「わっはっはっはっ、ああ おかしい35)。」

うさぎから はなしを きいた ライオンは おなかを かかえて わらいだしました36)。

「うさぎさんは あわてものだねえ。じしんだなんて37) とんでも ないよ38)。ほら39)、みて ごらん。この やしの みが おちただけじゃ ないか。」

ライオンに わらわれて40)、うさぎたちは はずかしそうに41) みみを たれて42)、こそこそ やしの きの うしろに かくれて43) しまいました。

---

30) へん(変)だなあ: 이상하다
31) きょとんと: 멍청히, 멍하니
32) きょろ きょろ: 두리번 두리번
33) みまわ(見回)しました: 둘러보았습니다 ㉾ みまわす: 둘러보다
34) ～して いたら…: ～하고 있는데 말야…
35) おかしい: 우습다
36) かか(抱)えて わら(笑)いだ(出)しました: 움켜잡고 웃어댔습니다 ㉾ かかえる: (껴)안다, 움켜잡다, わらいだす: 웃어대다
37) なんて: 따위는
38) とんでも ないよ: 당치도 않아
39) ほら: 자 (주위를 환기시킬 때 내는 소리)
40) わら(笑)われて: 비웃음당해서 ㉾ わらう: 웃다 *わられる는 수동형
41) はずかしそうに: 부끄러운 듯이
42) た(垂)れて: 늘어 뜨리고 ㉾ たれる: 늘어지다, 늘어뜨리다, 드리우다
43) かく(隠)れて: 숨어서 ㉾ かくれる: 숨다

40. ひばり₁₎の ひっこし₂₎
(종다리의 이사)

　むぎばたけ₃₎に ひばりの す₄₎が ありました。

　こひばりたちが すの なかで あそんで いると、おひゃくしょう₅₎が はたけに きました。

　「これは よく みのった₆₎。きんじょ₇₎の ひとたちに かりいれ₈₎の てつだい₉₎を たのまなくては ならない₁₀₎。」

　これを きいて こひばりたちは びっくりしました₁₁₎。

　かあさんひばりが かえって くると、

　「おかあさん、たいへん、おひゃくしょうが むぎかり₁₂₎を きんじょの ひとたちに たのむと いって いました。はやく₁₃₎ ひっこさないと、ぼくたち みつかって₁₄₎ しまいま

---

1) ひばり(雲雀): 종다리, 종달새, 운작
2) ひ(引)っこ(越)し: 이사, 이전
3) むぎばたけ(麦畑): 보리밭
4) す(巣): 둥지, 둥우리
5) ひゃくしょう(百姓): 백성, 농민, 시골 사람　*おひゃくしょう(백성)은 미사접두어
6) みの(実)った: 여물었다, 열매를 맺었다　㋬ みのる: 열매를 맺다, 여물다
7) きんじょ(近所): 근처
8) か(刈)りい(入)れ: 추수
9) てつだ(手伝)い: 도와 줌, 심부름, 거들어 줌
10) たの(頼)まなくては ならない: 부탁하지 않으면 안된다
11) びっくりしました: 깜짝 놀랐습니다
12) むぎか(麦刈)り: 보리베기
13) はや(早)く: 빨리　㋬ はやい: 빠르다, 빠른
14) み(見)つかって: 들켜, 발각되어　㋬ みつかる: 발견되다, 찾게 되다

40. ひばりの ひっこし

す。」と、しんぱいそうに15) いいました。

　かあさんひばりは わらいながら、

　「まだ ひっこしを しなくても だいじょうぶ16)。しんぱいする ことは ありません。」と いいました。

　「どう してなの、おかあさん。」

　「ひとに たのもう なんて17) いって いる あいだは かりは しません。じぶんで18) かりいれようと いったら19)、そのときこそ にげだす20)のです。」

　かあさんひばりは こひばりたちに やさしく21) おしえました22)。

---

15) しんぱい(心配)そうに: 걱정스럽게
16) だいじょうぶ(大丈夫): 괜찮아, 걱정없어
17) なんて: ～라는, ～따위, 있다니 *なんて는 '어쩌, 왜(＝どうして)' 뜻도 있다.
18) じぶん(自分)で: 스스로
19) い(言)ったら: 말하면 ㉿ いう: 말하다
20) に(逃)げだす: 도망가다, 도망치기 시작하다
21) やさしく: 상냥하게 ㉿ やさしい: 상냥하다, 상냥한
22) おし(教)えました: 가르쳤습니다 ㉿ おしえる: 가르치다, 알리다

41. さる⁽¹⁾の あみうち⁽²⁾
(원숭이의 투망질)

　りょうし⁽³⁾が いました。ふね⁽⁴⁾に のって かわへ さかな⁽⁵⁾を とりに いきました。
　いい おてんきです。
　かわは あおい そら⁽⁶⁾を うつして⁽⁷⁾ さらさらと⁽⁸⁾ うつくしく ながれて いました。
　「いつも、ここには さかなが たくさん いるから、きょうも ここへ あみを なげて⁽⁹⁾ みよう。」
　りょうしは あみを おおきく ひろげて⁽¹⁰⁾ ざぶんと⁽¹¹⁾、かわの なかへ なげこみました⁽¹²⁾。
　「よいしょ⁽¹³⁾、えいさ、よいしょ。」と、あみを ひきあげま

---

1) さる(猿): 원숭이
2) あみう(網打)ち: 그물질, 투망질 (그물로 고기를 잡는 일)
3) りょうし(漁師): 어부(ぎょふ), 고기잡이 *りょうし(猟師): '사냥꾼'과 발음이 같다
4) ふね(船): 배
5) さかな(魚): 물고기, 생선
6) そら(空): 하늘
7) うつ(映)して: 비추어　㉰ うつす: 비치게 하다, 투영하다
8) さらさらと: 술술, 졸졸 *사물이 거침없이 나아(흘러)가는 모양
9) な(投)げて: 던져　㉰ なげる: 던지다, 투신하다
10) ひろ(広)げて: 펼쳐서　㉰ ひろげる: 펴다, 펼치다, 벌리다(늘여놓다), 넓히다
11) ざぶんと: 풍덩, 첨벙 (물 속에 뛰어들거나 물건을 물 속에 던졌을 때 나는 소리)
12) な(投)げこみました: 던져 넣었습니다　㉰ なげこむ: 처넣다, 던져 넣다
13) よいしょ: 영차 (힘을 넣어서 물건을 들어 올리는 소리)

した14)。

　みると、あみの　なかに　おおきな　さかなや、ちいさな　さかなが　ぴちぴちと15)、いっぱい　はねて16)　います。

　りょうしは　よろこびました。にこにこしながら17)、いくども18)　あみを　なげて、さかなを　たくさん　とりました。

　その　うちに　おなかが　すいて　きました。

「もう、おひるごろだろう。おかへ　あがって19)　おべんとうを　たべよう。」

　りょうしは　ふねの　なかに　あみを　おいて20)、おべんとうを　もって21)、ふねから　あがって22)　いきました。

　かわぎし23)の　きの　うえに　もりから　でて　きた　さるが　いました。

　さるは　さっきから24)　りょうしの　さかなとり25)を　じっと26)　みて　いました。

---

14) ひ(引)きあげました: 끌어올렸습니다　㉪ ひきあげる: 끌어올리다
15) ぴちぴちと: 펄떡펄떡
16) は(跳)ねて: 뛰어오르고　㉪ はねる: 뛰다, 뛰어오르다
17) にこにこしながら: 싱글벙글거리면서
18) いくども: 몇 번이나
19) おか(丘)へ あ(上)がって: 언덕(구릉)으로 올라가서　㉪ あがる: 올라가다
20) あみ(網)を お(置)いて: 그물을 두고(놓고)　㉪ おく: 두다, 놓다
21) おべんとう(お弁当)を も(持)って: 도시락을 들고서　㉪ もつ: 쥐다, 들다, 지니다
22) ふね(船)から あ(上)がって: 배에서 상륙해 (뭍에 올라)
23) かわぎし(川岸): 강가, 냇가, 강변
24) さっき(先)から: 아까부터, 조금 전부터
25) さかな(魚)と(取)り: 고기잡이
26) じっと: 가만히, 쭉

41. さるの あみうち

「おもしろそうだな27)。ぼくも いちど さかなとりを して みたいなあ。」

さるは りょうしが いなく なったので、きの うえから するすると28) すべりおりて29) きました。

ふねの なかへ はいりました。

「よし、この あみで さかなを とって やろう。おもしろいぞ。」

あみを つかんで たちあがりました30)。

けれども、はじめて あみを もったので31)、どう したら いいのか32) わかりません。

あみが てや あしに からまって33) うごけなく なりました34)。

「こりゃ35) たいへんだ。あみさん はなれろ36)。」

ようやく37) あみが はなれました。

---

27) おもしろ(面白)そうだな: 재미있겠구나 ㉿ おもしろい: 재미있다, 재미있는
28) するすると: 스르르, 주르르
29) すべ(滑)りおり(下)て: 미끄러져 내려 ㉿ すべる: 미끄러지다, おりる: 내리다
30) つか(摑)んで たちあが(立上)りました: 잡고(서) 일어섰습니다 ㉿ つかむ: (붙)잡다, 쥐다
31) も(持)ったので: 들었기 때문에 ㉿ もつ: 지니다, 들다
32) どうしたら いいのか: 어떻게 하면 좋을까, 어떻게 해야 좋을지
33) から(絡)まって: 휘감겨서 ㉿ からまる: 얽히다, 휘감기다
34) うご(動)けなく なりました: 움직일 수 없게 되었습니다 ㉿ うごける: 움직일 수 있다 *'うごぐ'는 '움직이다'임
35) こりゃ: 이크
36) はな(離)れろ: 떨어져라 ㉿ はなれる: 떨어지다, 떠나다 *명령어는 어미를 お단으로 한다.
37) ようやく: 겨우, 간신히

「これで だいじょうぶだ38)。こんどは この あみを かわの なかへ なげこめば、さかなが いっぱい とれるんだ。どれ、やって みよう。」

さるは あみを かついで39)、ちからいっぱい40) あたまの うえで ふりまわしました41)。すると、からだ42)が こま43)のように ぐるぐると44) まわって とまりません45)。さるは ふねの なかに ひっくりかえりました46)。

「わあ、いたい、いたい。こんどは きを つけて やるぞ。」

さるは もう いちど あたまの うえで、あみを ふりまわしました。そして、かわへ なげこみました。

すると、あみに ひっぱられて47) さるは あみと いっしょに かわの なかへ とびこんで48) しまいました。

---

38) だいじょうぶ(大丈夫)だ: 괜찮다, 안심이다
39) かつ(担)いで: 짊어지고, 메고 ㉀ かつぐ: 메다, 짊어지다
40) ちから(力)いっぱい: 힘껏
41) ふ(振)りまわ(回)しました: 휘둘렀습니다 ㉀ ふりまわす
42) からだ(体): 몸
43) こま: 팽이
44) ぐるぐると: 빙글빙글, 빙빙 *くるくる(뱅글뱅글)보다 동작이 큰 모양
45) と(止)まりません: 멈추지 않습니다 ㉀ とまる
46) ひっくりかえ(返)りました: 뒤집혔습니다 ㉀ ひっくりかえる: 뒤집히다, 넘어지다
47) ひ(引)っぱ(張)られて: 잡아(끌어) 당겨져서 ㉀ ひっぱる: (잡아)끌다, 끌어당기다
48) と(飛)びこ(込)んで: 뛰어 들어가 ㉀ とびこむ: 뛰어들(어가)다

42. ろばと きりぎりす
(당나귀와 여치)

「きりぎりすさんの こえは きれいだなあ1)…。」

ろばは くさむらで ないて いる2) きりぎりすの こえを きいて、すっかり3) うらやましく なりました4)。

「きりぎりすさん、あなたの こえは ほんとうに すばらしい5)ですね。いったい6) なにを たべれば、そんなに いい こえに なれるのですか7)。おしえて ください8)。」

ろばは なんとか9) して じぶんも きりぎりすのような こえに なりたいと おもいました。

「はい。わたしたちは まいにち くさの つゆを すって10) いるだけです。」

「なあんだ11)、そんな かんたんな ことなのか12)…。」

---

1) きれいだなあ: 예쁘구나, 아름답구나, 훌륭하구나, 멋지구나
2) くさむらで ないて いる: 풀 숲에서 울고 있는 ㉙ なく: 울다 *く(草)むら: 풀숲(=くさやぶ)
3) すっかり: 완전히, 죄다, 홀딱, 아주
4) うらやましく なりました: 부럽게 되었습니다, 부러워졌습니다　㉙ うらやましい: 부럽다, 부러운
5) すばらしい: 훌륭하다, 근사하다, 멋지다, 훌륭한, 근사한, 멋진
6) いったい(一体): 도대체
7) な(成)れるのですか: 될 수 있습니까 ㉙ なる: '되다'의 가능형 *'좋은 목소리를 가질 수 있습니까'의 뜻
8) おし(教)えて ください: 가르쳐 주세요
9) なんとか: 어떻게든
10) つゆ(露)を す(吸)って: 이슬을 마시고　㉙ すう: 들이마시다, 빨아들이다 *조금씩 먹는 것에는 「すう」를 사용하고, 많은 양을 마실 때는 「のむ」를 쓴다. 일반적으로 담배를 피울 때는 「すう」를 쓰지만, 두갑·세갑 정도의 많은 양을 피울 때는 「のむ」를 쓴다.
11) なあんだ: 뭐라고
12) かんたん(簡単)な ことなのか: 간단한 것이란 말인가

42. ろばと きりぎりす

ろばは さっそく[13] その ひから[14] まいにち まいにち、おなかの すくのも[15] がまんして[16]、くさの つゆだけを すって くらしました[17]。

ところが、ろばは だんだん[18] やせほそって[19] とうとう[20] しんで しまいました。

---

13) さっそく: 즉시
14) その ひ(日)から: 그날부터
15) す(空)くのも: (배)고픈 것도 ㉙ すく: 속이 비다, 허기지다
16) がまん(我慢)して: 참고(서), 견디고(서)
17) す(吸)ってくら(暮)しました: 마시며 지냈습니다(살아갔습니다)
18) だんだん: 점점
19) やせほそって: 홀쭉해져서 ㉙ やせほそる: 야(여)위어 몸이 홀쭉해지다
20) とうとう: 드디어, 마침내, 결국

43. いどに おりた きつね
(우물에 내려온 여우)

　ある　ばん[2]、きつねが　さんぽに　でました。もり[3]も、やまも　いい　つきよ[4]です。

　たにがわ[5]の　みずは　おつきさま[6]に　てらされて[7]、ぎんの　おびのように[8]　ひかって[9]　いました。

　「おつきさまの　くに[10]へ　いちど　いって　みたいな。」

　きつねは　そう　おもいながら　やまを　おりて　いくと、いどが　ありました。

　いどの　みずに　おつきさまが　うつって[11]　います。

　きつねは　いどの　ふち[12]に　つったって[13]、いどの　そこに[14]　うつった　おつきさまを　ながめて[15]　いました。

---

1) いど(井戸): 우물
2) ばん(晩): 밤, 저녁 때
3) もり(森): 숲
4) つきよ(月夜): 달밤
5) たにがわ(谷川): 골짜기 내 *たにがわの　みず: 골짜기 냇물
6) おつきさま(お月様): 달님
7) て(照)らされて: 비춰져서　㊟ てらす: 빛을 비추다, 비추어 보다
8) ぎん(銀)の　おび(帯)のように: 은띠처럼
9) ひか(光)って: 빛나고　㊟ ひかる: 빛나다, 번쩍이다, 비치다
10) くに(国): 나라
11) うつ(映)って: 비춰져　㊟ うつる: 비치다, 반영하다
12) ふち(縁): 가, 테두리
13) つ(突)ったって: 우뚝 서서　㊟ つったつ: 우뚝 서다, (화살이) 꽂히다
14) いど(井戸)の　そこ(底)に: 우물 속에 *そこ는 '밑바닥', '속마음' 뜻도 있다.
15) なが(眺)めて: 바라보고, 응시하고　㊟ ながめる: 바라보다, 응시하다, 조망하다

「まんまるくて16) きれいな おつきさまだな。てに とって みよう。」

　きつねは つるべ17)に のって、ざぶんと18) いどの そこへ おりました。

　みずは ゆれて19)、うつって いた まるい おつきさまは こなごなに20) くずれました21)。

　きつねは がっかりしました22)。

「なんだ、こんな ことなら おやまに のぼった おつきさまを みて いた ほうが よかった。」

　きつねは いどの そとへ でようと23) しました。けれども、つなを のぼる ことが できません24)。

「こまったなあ25)、だれか きて くれえ。おうい、おうい26)。」

と、いどの そこで なきごえ27)を だして、よんで いました。

　そこへ おおかみ28)が きました。いつも やまの ものを

---

16) まんまる(真丸)くて: 아주 동그랗고 ㉘ まんまるい: 아주 둥글다, 동그랗다
17) つるべ: 두레박
18) ざぶんと: 풍덩, 첨벙
19) ゆ(揺)れて: 흔들려서 ㉘ ゆれる: 흔들리다, 요동하다
20) こなごなに: 산산이 부서져
21) くず(崩)れました: 흐트러졌습니다 ㉘ 흐트러지다, 붕괴하다
22) がっかりしました: 실망했습니다
23) いど(井戸)の そと(外)へ で(出)ようと: 우물 밖으로 나오려고 ㉘ でる: 나오(가)다
24) つな(綱)を のぼ(上)る ことが できません: 밧줄을 오르는 것이 되지 않습니다.
25) こま(困)ったなあ: 곤란하구나, 난처하구나
26) おうい、おうい: 이봐요 이봐요 *여기서 'おい、おい'를 길게 발음한 것
27) なきごえ(鳴き声): (새・벌레・짐승의) 울음소리, 우는 소리
28) おおかみ: 이리, 늑대

43. いどに おりた きつね   177

いじめて㉙ いる わるい おおかみです。きつねは おおかみを こらしめて㉚ やろうと おもいました。

「おおかみくん、いどの みずは おいしいぞ。のみに こないか。」

「よし きた㉛。」

おおかみは いどの そとに でて いた つるべに、とびのりました㉜。つるべは いきおい よく㉝ いどの そこへ おりました。

その ひょうしに㉞ はんたいがわ㉟の つるべに つかまって㊱ いた きつねは、するすると㊲ あがって いどの そとへ とびだしました㊳。

「おおかみくん、さようなら。」

きつねは そう いって㊴、つきよの やまへ かえって いきました。

---

29) やま(山)の もの(者)を いじめて: 산의 짐승을 괴롭히고 *もの: 것, 사람, 자
30) こらしめて: 따끔하게 맛을 보여 ㉨ こらしめる: 응징하다, 혼내주다
31) よし き(来)た: 좋아, 간다 *'よし'는 승낙이나 결의를 나타내는 말
32) と(飛)び の(乗)りました: 뛰어 탔습니다 ㉨ とびのる: (움직이거나 달리는 것에) 뛰어올라 타다
33) いきお(勢)い よく: 기세좋게
34) ひょうし(拍子)に: 기회에, 순간에
35) はんたいがわ(反対側): 반대편
36) つか(摑)まって いた: 잡고 있던 ㉨ つかまる: 꽉 잡다, 붙잡다
37) するすると: 스르르, 주르르
38) と(飛)びだ(出)しました: 뛰어(쳐)나왔(갔)습니다 ㉨ とびだす: 뛰어나가(오)다, 뛰쳐나오다
39) い(言)って: 말하고

44. おつきさまの きもの[1]
(달님의 옷)

　おつきさまが さんぽを しながら したを みると[2]、おんなのこ[3]が あそんで いました。

　おつきさまは その こたちを みて、

　「わたしも、あの こたちのように きものが きて みたい。きものが ほしい[4]。」と おもいました。

　そこで、ふたりに よびかけました[5]。

　「こんばんは。あなたたちの きものは とても きれいですね[6]。わたしにも ぬって[7] くださいな。」

　おんなのこたちは おつきさまを みあげて にこにこしました[8]。

　「ええ、こしらえて[9] あげましょう。」と、ひとりの こが いいました。

---

1) おつきさま(お月様)の きもの(着物): 달님의 옷
2) した(下)を み(見)ると: 아래를 보니　㉰ みる: 보다
3) おんな(女)のこ(子): 계집아이, 여자아이
4) 〜が ほ(欲)しい: 〜을 갖고 싶다
5) よ(呼)びかけました: 불렀습니다　㉰ よびかける: 부르다, 소리를 지르다, 호소하다
6) きれいですね: 예쁘구나, 멋지구나
7) ぬ(縫)って: 바느질해, 꿰매어　㉰ ぬう: 꿰매다, 바느질하다
8) にこにこしました: 생긋생긋했(웃었)습니다
9) こしら(拵)えて: 만들어(서), 장만해서, 치장해서　㉰ こしらえる: 만들다, 장만하다, 치장하다

180　44. おつきさまの きもの

「あら¹⁰⁾、でも¹¹⁾ だめだわ¹²⁾、できないわ。」と、もう¹³⁾ ひとりの こが いいました。

「おや、どう して¹⁴⁾。」

おつきさまは たずねました¹⁵⁾。

「だって¹⁶⁾、おつきさまは ほそい¹⁷⁾ みかづき¹⁸⁾さまに なったり、まんまるに¹⁹⁾ なったり、いつも おおきさ²⁰⁾が かわって いるんですもの²¹⁾。」と、その こは こたえました²²⁾。

---

10) あら: 어머(나)
11) でも: 그래도
12) だめ(駄目)だわ: 소용없구나, 안되겠구나
13) もう: 이 위에 또, 벌써, 이미 *"다른 하나"의 뜻도 있다
14) おや、どうして: 아니, 왜?
15) たず(尋)ねました: 물었습니다 ㉑ たずねる: 묻다, 찾다
16) だって: (접속사) 왜냐하면 *자신의 행동을 비난하는 상대방의 말에 대해서 자신의 입장을 정당화할 때 씀
17) ほそ(細)い: 가늘다, 가느다란
18) みかづき(三日月): 초승달
19) まんまる(真丸)に: 아주 둥글게
20) おお(大)きさ: 크기 (길이・넓이・도량 등의 대소 모양)
21) かわ(変)って いるんですもの: 변(화)해져 있는 걸요
22) こた(答)えました: 대답했습니다 ㉑ こたえる: 대답하다

45. おばけ[1]の りんご[2]
(도깨비 사과)

　おじさんが さんぽに いきました。どこを みても いい おてんきです。あたたかい かぜ[3]が そよそよ[4]。

　あっちにも[5]、こっちにも[6] はなが いっぱい さいて いて[7]、ことり[8]の こえも きこえます[9]。

　「はるの のはら[10]は きもち[11]が いいな。にぎやかな[12] まちと ちがって、くうき[13]が とても おいしいぞ[14]。」

　おじさんは しんこきゅう[15]を しながら、のんびりと して[16] のはらの みちを あるいて いきました。

---

1) おば(化)け: 도깨비, 요괴
2) りんご: 사과
3) かぜ(風): 바람
4) そよそよ: 산들산들, 살랑살랑
5) あっちにも: 저쪽에도
6) こっちにも: 이쪽에도
7) さ(咲)いて いて: 피어 있고　㉘ さく: (꽃이)피다
8) ことり(小鳥): 작은 새
9) きこ(聞)えます: 들립니다　㉘ きこえる: 들리다, 이해하다
10) のはら(野原): 들판
11) きもち(気持): 기분
12) にぎやかな: 번화한, 흥청거리는
13) くうき(空気): 공기
14) おいしいぞ: 맛있구나(상쾌하구나)　㉘ おいしい: 맛있다, 맛있는
15) しんこきゅう(深呼吸): 심호흡
16) のんびりと して: 한가로이, 유유히, 태평스럽게

すると、みちの　まんなか17)に、りんごが　ひとつ　おちて　いました。とても　おいしそうな　りんごです。

　「はてな18)、だれも　とおらない　みちに　りんごが　おちて　いる。それに19)、この　へんには20)　りんごの　きは　ないし、これは　へんだぞ21)。だれかが　わたしを　だまそうと22)　して、いたずらに23)　おいたのかな24)。」

　おじさんは　ふしぎ25)に　おもって、りんごを　ふみつけて26)　みました。

　すると、りんごが　がたがたと27)　ゆれました28)。ふうせんだま29)のように　おおきく　ぷくんと　ふくれました30)。

　おじさんは　おどろきました31)。あわてて　とびさがりました32)。

---

17) まんなか(真中): 한 중간, 한 복판
18) はてな: 글쎄(이상한데…)
19) それに: 게다가, 그위에
20) へん(辺)には: 주위에는
21) へん(変)だぞ: 이상한데
22) だま(騙)そうと: 속이려고　㉑ だます: 속이다, 호리다, 달래다
23) いたずら(悪戯)に: 장난으로
24) お(置)いたのかな: 놓아 둔 것이겠지　㉑ おく: 두다, 놓다
25) ふしぎ(不思議): 이상함, 불가사의 *ふしぎに: 이상하게
26) ふ(踏)みつ(付)けて: 짓밟아, 밟아 눌러　㉑ ふみつける: 짓밟다, 밟고 누르다
27) がたがたと: 덜덜, 덜컹덜컹
28) ゆ(揺)れました: 흔들렸습니다 (심하게 떨리어 움직이는 모양)　㉑ ゆれる: 흔들리다
29) ふうせんだま(風船玉): 고무풍선
30) ぷくんと ふく(膨)れました: 부풀었습니다, 불룩해졌습니다　㉑ ふくれる: 부풀다, 불룩해지다
31) おどろ(驚)きました: 몹시 놀랐습니다　㉑ おどろく: 놀라다, 경악하다
32) あわ(慌)てて と(飛)びさ(下)がりました: 당황해서 뛰어 내렸습니다　㉑ あわてる: (놀라서) 당황하다, さがる: 내리다, 떨어지다

45. おばけの りんご

「こいつは(33)　おばけりんごだぞ。りんごなんかに　まけて　たまる　ものか(34)。」

　おじさんは　おおいそぎで(35)　ぼう(36)を　さがしました。

　はやし(37)の　なかに　ぼうが　おちて　いました。ぼうを　しっかり(38)　にぎって(39)　はしって　きました。りんごを　にらみつけて(40)　どなりました(41)。

「この　おばけりんごめ。ひっこめ(42)、えい、えい。」

　ぼうを　ふりあげて(43)、ちからいっぱい(44)　りんごを　たたきつづけました(45)。

　りんごは　たたかれる　たびに(46)、からだを　ゆすぶって(47)　おおきく　なりました。

　むくむく(48)、むくり(49)。むくむく、むくり。

---

33) こいつは: 이놈은, 이녀석은, 이것은
34) ま(負)けて たま(堪)る ものか: 지고 견딜 것인가?
35) おおいそ(大急)ぎで: 몹시 서둘러서
36) ぼう(棒)を さが(探)しました: 막대기(몽둥이)를 찾았습니다
37) はやし(林): 수풀
38) しっかり: 꽉
39) にぎ(握)って: 쥐고, 잡고　㈜ にぎる: 쥐다, 잡다
40) にらみつけて: 매섭게 쏘아 보고　㈜ にらみつける: 매섭게 노려보다
41) どな(怒鳴)りました: 고함쳤습니다　㈜ どなる: 고함치다
42) ひ(引)っこ(込)め: 물러나라　㈜ ひっこむ: 물러나다 *ひっこんで いろ: 물러나 있어라
43) ふ(振)りあ(上)げて: 치켜들어, 번쩍 올려　㈜ ふりあげる: 치켜들다
44) ちから(力)いっぱい: 힘껏
45) たた(叩)きつづ(継)けました: 계속 두들겼습니다　㈜ たたきつづける: 계속 치다(두드리다)
46) たた(叩)かれる たび(度)に: 두들겨 맞을 때(적)마다 *たび: 때, 적, ～たびに: ～적마다
47) ゆ(揺)すぶって: 흔들어　㈜ ゆすぶる: (뒤)흔들리다
48) むくむく: 뭉게뭉게, 쑥, 부스스 (겹쳐서 솟아 오르는 모양)

おじさんは こしを ぬかす⁵⁰⁾ほど びっくりました⁵¹⁾。もう むちゅう⁵²⁾です。

　「おまえなんかに まける ものか⁵³⁾。えい、えい、えい。」

　めを つりあげて⁵⁴⁾ めちゃくちゃに⁵⁵⁾ たたきつづける おじさんの さけびごえ⁵⁶⁾が、しずかな みちに たかく ひびきました⁵⁷⁾。

　とうとう⁵⁸⁾ りんごは みちいっぱいに おおきく ひろがって⁵⁹⁾、おじさんを みおろしました⁶⁰⁾。

　おじさんは あきれました⁶¹⁾。つかれきりました⁶²⁾。りんごの まえに ぺたりっと⁶³⁾ しりもちを つきました⁶⁴⁾。

　その とき、かみさまが けむりのように⁶⁵⁾ しずかに あら

---

49) むくり: 뭉실 (살찐모양)
50) こし(腰)を ぬ(抜)かす: 기겁을 하다, 깜짝 놀라다, 허리 관절을 빼다
51) びっくりしました: 깜짝 놀랐습니다
52) むちゅう(夢中): 열중함, 몰두함
53) おまえなんかに まけ(負)る ものか: 너 따위에 질 건가
54) め(目)を つりあげて: 눈을 치켜 올려서 ㉿ つりあげる: 매달아 올리다, 치켜올리다
55) めちゃくちゃに: 엉망진창으로 *めちゃめちゃ: 뒤죽박죽, 뒤범벅
56) さけ(叫)びごえ: 고함소리, 크게 외치는 소리
57) ひび(響)きました: 울려 퍼졌습니다 ㉿ ひびく: 울려 퍼지다, 메아리치다
58) とうとう: 드디어, 마침내
59) ひろ(広)がって: 커져서　㉿ ひろがる: 넓어지다, 커지다
60) みお(見下)ろしました: 내려다 보았습니다　㉿ みおろす: 내려다 보다
61) あき(呆)れました: 기가 막혔습니다, 질렸습니다　㉿ あきれる: 놀라다, 질리다, 기가 막히다
62) つか(疲)れきりました: 아주 지쳐 버렸습니다　㉿ つかれきる: 완전히 지쳐 버리다
63) ぺたりっと: 털썩
64) しりもち(尻餅)を つきました: 엉덩방아를 찧었습니다
65) けむり(煙)のように: 연기처럼

われました(66)。そして、やさしく(67) おっしゃいました(68)。

「もしもし、それは おこりんぼう(69)の りんごだよ。ふんだり たたいたり(70) すると、なお(71) おこるよ。しらんかお(72)を して とおりすぎる(73) ことだよ。」

「はい。もう あいて(74)に しません。」

「それが いい。つっかかって(75) いくと、ますます おこって、しまいには(76) どうにも ならなく なるからね(77)。」

かみさまは わらって きえました(78)。

おじさんは りんごの よこ(79)を そっと(80) とおりました(81)。

すると、りんごは ちいさく ちぢみはじめました(82)。

---

66) あらわ(現)れました: 나타났습니다 ㉟ あらわれる: 나타나다
67) やさしく: 상냥하게, 부드럽게, 우아하게
68) おっしゃいました: 말씀하셨습니다 ㉟ おっしゃる: 말씀하시다
69) おこ(怒)りんぼう(坊): 화를 잘 내는 사람 ㉟ おこる: 화를 내다, 노하다
70) ふ(踏)んだり たた(叩)いたり: 밟거나 때리거나 ㉟ ふむ: 밟다, たたく: 두드리다, 치다, 때리다
71) なお: 더 한층, 더욱
72) し(知)らんかお(顔): 모르는체 하는 얼굴(=しらぬかお)
73) とお(通)りす(過)ぎる: 지나가다, 통과하다
74) あいて(相手): 상대
75) つ(突)っかかって: 달려들어, 덤벼들어 ㉟ つっかかる: 덤벼들다, 달려들다
76) しまい(仕舞)には: 최후에는, 끝내는
77) どうにも ならなく なるからね: 아무리 해도 어쩔 수 없게 될테니까 *ならなくは ならない(어쩔 수 없다)의 부사형
78) き(消)えました: 사라졌습니다 ㉟ きえる: 사라지다
79) よこ(横): 옆
80) そっと: 살짝, 가만히, 몰래
81) とお(通)りました: 통과하였습니다, 지나갔습니다
82) ちぢ(縮)みはじめました: 줄어들기 시작했습니다 ㉟ ちぢみはじめる: 줄어들기 시작하다

46. ほらふきせんしゅ[1]
(허풍선이 선수)

　ある　まちに、うそばかり　ついて[2]　いるので　だれからも[3]　あいてに　されない[4]、ほらふきせんしゅと　いう　あだな[5]の　うんどうせんしゅ[6]が　おりました[7]。

　ある　とき、ほらふきせんしゅは　うんどうの　しあい[8]の　ために　とおい　まちへ　でかけました[9]。

　しばらくして[10]　かえって　くると、さっそく[11]　まちの　ひとたちに　じまんばなし[12]を　はじめました。

　「オリンピックの　せんしゅなんか[13]、たいした[14]　ことは　ないね。だれひとり　わたしに　かてる[15]　ものは　いなかった

---

1) ほらふきせんしゅ(選手): 허풍선이(빵쟁이) 선수
2) うそ(嘘)ばかり ついて: 거짓말만 계속하고
3) だれ(誰)からも: 누구로부터도
4) あいて(相手)に されない: 상대해주지 않는
5) ～と いう あだな(諢名): ～이라 하는 별명 *'～と いう'에서 'と'가 받는 내용을 다음 체언에 연결한다.
6) うんどうせんしゅ(運動選手): 운동선수
7) おりました: 있었습니다　원 おる: 있다
8) しあい(試合): 시합
9) でか(出掛)けました: 외출했습니다　원 でかける: 외출하다, 나가다
10) しばらくして: 오래간만에
11) さっそく: 즉시
12) じまん(自慢)ばなし(話): 자랑하는 이야기
13) ～なんか: ～따위
14) たい(大)した: 굉장한, 대단한, 특별한
15) か(勝)てる: 이기다, 이길

46. ほらふき せんしゅ   189

もの。わたしは はしれば かぜのように¹⁶⁾ はやく、はばとび¹⁷⁾では せなか¹⁸⁾に つばさ¹⁹⁾の あるように かるがると²⁰⁾ とんで みせたよ²¹⁾。うそだと おもうなら、あの まちの ひとに きいて ごらん。」

　その とき、はなしを きいて いた まちの ひとが いいました。

「なにも そんな とおい まちの ひとに きかなくても、いま すぐ²²⁾ ここで やって みせて くれれば、ほんとうか うそか わかるよ。」

　ほらふきせんしゅは ひとこと²³⁾も へんじが できずに²⁴⁾、こそこそと²⁵⁾ にげだして²⁶⁾ しまいました。

---

16) かぜ(風)のように: 바람처럼
17) はばと(幅跳)び: 넓이뛰기
18) せなか(背中): 등
19) つばさ(翼): 날개
20) かるがると: 가볍게, 거뜬하게, 쉽게
21) と(跳)んで み(見)せたよ: 뛰어넘어 보였지요
22) すぐ: 곧
23) ひとこと(一言): 일언, 한 마디
24) へんじ(返事)が でき(出来)ずに: 대답을 하지 못하고 *～ずに: ～않고
25) こそこそと: 살금살금 (몰래하는 모양)
26) に(逃)げだして: 도망쳐　㉘ にげだす: 도망치다, 달아나다

47. わし⁽¹⁾と からす⁽²⁾
(독수리와 까마귀)

　からすが いました。きの えだ⁽³⁾に とまって⁽⁴⁾、ひなたぼっこ⁽⁵⁾を して いました。

　えだの したには あおい まきば⁽⁶⁾が とおくまで ひろがって⁽⁷⁾ いて、たくさんの ひつじ⁽⁸⁾たちが おにごっこ⁽⁹⁾を して あそんで いました。

　からすは ひつじたちを みおろしながら⁽¹⁰⁾ ひとりごと⁽¹¹⁾を いいました。

　「いい おてんきだなあ。まきばも ひつじも おひさまに てらされて⁽¹²⁾、え⁽¹³⁾に かいたように きれいだな。」

　からすは うっとりと⁽¹⁴⁾ して けしき⁽¹⁵⁾を みて いると、い

---

1) わし(鷲): 독수리　*おおわし: 흰죽지참수리, 왕독수리
2) からす(烏): 까마귀
3) えだ(枝): 가지
4) とま(留)って: (새 따위가) 앉아서, 쉬면서　㉾ とまる: 앉다, 쉬다, 머물다
5) ひなた(日向)ぼっこ: 양지에서 볕쬐기
6) まきば(牧場): 목장
7) ひろ(広)がって: 펼쳐져　㉾ ひろがる: 퍼지다, 펼쳐지다, 전개되다
8) ひつじ(羊): 양
9) おにごっこ: 술래잡기
10) みお(見下)ろしながら: 내려다보면서　㉾ みおろす: 내려다보다
11) ひと(独)りごと(言): 혼자말, 독백
12) て(照)らされて: 비추어져서　㉾ てる: 비치다, (날이)개다
13) え(絵): 그림
14) うっとりと: 멍하니, 황홀해서
15) けしき(景色): 경치, 풍경

きなり¹⁶⁾ ざざ ざざっと はげしい¹⁷⁾ かぜの おとが みみの そば¹⁸⁾を とおりました。

「うわあ、なんだろう¹⁹⁾。」

からすが くび²⁰⁾を ちぢめて²¹⁾ いると、いちわ²²⁾の おおきな わしが そらから まいおりて²³⁾ きたのでした。

おおわしは みる まに²⁴⁾、まきばの こひつじを いっぴき つかみあげて²⁵⁾、そらへ とびあがって いきました。

こひつじは ないて さけびました²⁶⁾。

「おかあさん、たすけてえ。」

その こえが だんだん²⁷⁾ そらの うえへ ちいさく なりました。

からすは みて いて、かんしんしました²⁸⁾。

「あんなに²⁹⁾ おおきな ひつじを さらって³⁰⁾ いけば、いつ

---

16) いきなり: 갑자기, 돌연
17) はげ(激)しい: 세찬, 격심한
18) そば(側): 옆, 곁
19) なん(何)だろう: 뭘까, 무엇일까, 무엇이랴
20) くび(首): 머리
21) ちぢ(縮)めて: 움츠려서　㊨ ちぢめる: 움츠리다, 줄이다
22) いちわ(一羽): 한마리
23) ま(舞)いおりて: 훨훨 내려(서)　㊨ まいおりる: 훨훨내려 앉다
24) み(見)る ま(間)に: 잠깐 보는 사이에, 순식간에
25) つか(摑)みあ(上)げて: 잡아 올려서　㊨ つかみあげる: 잡아올리다
26) な(泣)いて さけ(叫)びました: 울며 외쳤습니다　㊨ なく: 울다, さけぶ: 외치다, 부르짖다
27) だんだん: 점점
28) かんしん(感心)しました: 감탄했습니다
29) あんなに: 저렇게, 저토록
30) さらって: 채어서, 날치기해서　㊨ さらう: 채다, 휩쓸다

47. わしと からす 193

までも³¹⁾ たべものに こまらないだろうなあ。ああ、うらやましいなあ³²⁾。」

からすは じぶんも こひつじを さらいたく なって きました。

「おおわしも とりなら じぶんも とりだ。よし、さらって にげよう。」

からすは きの えだから、いきおい よく³³⁾ とびあがりました。

「どの ひつじを さらおうかな³⁴⁾。」

まきばの うえを とびながら、ふとった³⁵⁾ ひつじを みつけました³⁶⁾。

「おいしそうだ、あれに きめよう³⁷⁾。」

からすは ひつじの せなかに とびおりました³⁸⁾。ちから いっぱい³⁹⁾ つかんで⁴⁰⁾ ひっぱりました⁴¹⁾。けれども、ひつじは おもくて うごきません⁴²⁾。

---

31) いつまでも: 언제까지나
32) うらやましいなあ: 부럽구나
33) いきお(勢)い よく: 기세좋게
34) さら(攫)おうかな: 채어볼거나 ㉥ さらう: 채다 *~おうは 청유를 나타낸다.
35) ふと(太)った: 살찐, 통통한 ㉥ ふとる: 살찌다, 늘어나다
36) みつ(見付)けました: 발견했습니다 ㉥ みつける: 발견하다
37) き(決)めよう: 결정하겠다 ㉥ きめる: 결정하다, 정하다, 작정하다
38) せなか(背中)に と(飛)びお(降)りました: 등에 뛰어내렸습니다 ㉥ とびおりる: 뛰어내리다
39) ちから(力)いっぱい: 힘껏
40) つか(攫)んで: 잡아서 ㉥ つかむ: 잡다, 쥐다
41) ひ(引)っぱりました: 당겼습니다 ㉥ ひっぱる: (잡아)끌다, 끌어당기다, 견인하다

からすは あわてました⁴³⁾。もう いちど ひつじの ふさふさと した け⁴⁴⁾の なかへ、ふかく⁴⁵⁾ あしを いれました。

「えいさ、えいさ。」と、ひっぱりました。

やはり だめです⁴⁶⁾。ひつじは おもくて もちあがりません⁴⁷⁾。あわてて いると、ひつじかい⁴⁸⁾の おじさんたちが はしって きました。

「この からすめ、なにを するのだ。」

おじさんたちの どなりごえ⁴⁹⁾に、からすは にげようと⁵⁰⁾ あせりました⁵¹⁾。けれども⁵²⁾、あしが ひつじの けの なかに ひっかかって⁵³⁾ ぬく⁵⁴⁾ ことが できません。

からすは つかまって⁵⁵⁾ つれて⁵⁶⁾ いかれました⁵⁷⁾。

---

42) うご(動)きません: 옮겨지지 않습니다 ㉪ うごく: 움직이다, 옮아가다, 작동하다, 돌다
43) あわ(慌)てました: 당황했습니다 ㉪ あわてる: 당황하다, 놀라다, 허둥대다
44) ふさふさと した け(毛): 덥수룩한 털, 더부룩한 털
45) ふか(深)く: 깊게 ㉪ ふかい: 깊다, 깊은
46) やはり だめ(駄目)です: 역시 소용없습니다
47) も(持)ちあ(上)がりません: 들어올려지지(들리지) 않습니다. ㉪ もちあげる: 들어올리다, 쳐들다, 치켜세우다
48) ひつじかい(羊飼): 양치기, 목동
49) どな(怒鳴)りごえ(声): 호통소리, 고함소리
50) に(逃)げようと: 도망치려고 ㉪ にげる: 도망치다, 달아나다
51) あせ(焦)りました: 서둘렀습니다, 초조하게 굴었습니다 ㉪ あせる: 안달하다, 초초하게 굴다
52) けれども: 그렇지만
53) ひ(引)っかかって: 걸려서 ㉪ ひっかかる: 걸리다, 속다, 말려들다
54) ぬ(抜)く: 뽑다, 빼내다
55) つか(捕)まって: 붙잡혀서 ㉪ つかまる: (붙)잡히다
56) つ(連)れて: 끌려가, 데려가 ㉪ つれる: 데리고 오(가)다, 따르다
57) い(行)かれました: 가게 되었습니다, 감을 당했습니다(수동문)

48. うま[1]と ろば[2]
(말과 당나귀)

　うまと ろばが おもい にもつ[3]を たくさん せなか[4]に しょって[5]、ごしゅじん[6]と たびに でました[7]。ところが[8]、ろばは あつさ[9]と つかれ[10]で すっかり[11] よわって[12] しまいました。

　「うまさん、おねがいです。わたしの にもつを すこしだけ[13] しょって くださいな。」

　でも、うまは ろばの たのみ[14]を きこうとは[15] しませんでした。かわいそうに[16] ろばは やがて[17] ちから つきて[18]

---

1) うま(馬): 말
2) ろば: 당나귀
3) にもつ(荷物): 화물, 짐
4) せなか(背中): 등
5) しょ(背負)って: 짊어지고　㉑ しょう(=せおう): 짊어지다
6) ごしゅじん(主人): 주인
7) たび(旅)に で(出)ました: 여행하러 출발했습니다　㉑ でる: 나가(오)다, 출발하다
8) ところが: 그런데
9) あつ(暑)さ: 더위
10) つか(疲)れ: 피로　*つかれで: 피로로
11) すっかり: 완전히
12) よわ(弱)って: 약해져　㉑ よわる: 약하다, 약한
13) すこしだけ: 조금만
14) たの(頼)み: 청, 부탁　㉑ たのむ: 부탁하다, 의뢰하다, 청하다
15) き(聞)こうとは: 들으려고는
16) かわいそうに: 불쌍하게, 가엾게
17) やがて: 얼마 안 있어, 머지않아, 이윽고
18) ちから(力) つ(尽)きて: 힘이 다해져

48. うまと ろば

たおれました[19]。

ごしゅじんは ろばの にもつを ぜんぶ[20] うまの せなかに つみかえました[21]。

「ああ、こんな ことに なるのなら、あの とき ろばの たのみを きいて、すこしでも にもつを しょって やるんだった。」

うまは こうかいしましたが[22] もう まに あいません[23]。これから さき おもい にもつを ぜんぶ ひとりで はこばなければ ならなく なって しまいました。

---

19) たお(倒)れました: 쓰러졌습니다　㊟ たおれる: 쓰러지다, 넘어지다, 도산하다
20) ぜんぶ(全部): 전부
21) つ(積)みか(替)えました: 옮겨 쌓았(실었)습니다　㊟ つみかえる: 옮겨 쌓(신)다
22) こうかい(後悔)しましたが: 후회하였지만
23) ま(間)に あ(合)いません: 시간에 늦었습니다, 소용이 없습니다

49. えに かいた[1] ライオン
(그림의 사자)

　たいそう[2] ゆうかんな[3] わかもの[4]が いました。かり[5]が だいすきで[6] うま[7]に のり、やり[8]を もって まいにち けものを おって[9]、の[10]や やまを かけまわって[11] いました。
　ところが、わかものの おとうさんは おくびょうな[12] としより[13]でした。むすこ[14]が かりに でる たびに[15]、「うまから おちて けがを しは[16] しないかしら[17]、けものに かまれは[18] しないかしら。」と はらはら[19] するのでした。

---

1) え(絵)に か(描)いた: 그림으로 그려진, 그림의
2) たいそう(大層): 매우, 몹시, 굉장히
3) ゆうかん(勇敢)な: 용감한
4) わかもの(若者): 젊은이, 청년
5) か(狩)り: 사냥
6) だい(大)す(好)きで: 몹시 좋아해서
7) うま(馬): 말
8) やり(槍): 창
9) けもの(獣)を お(追)って: 짐승을 쫓아서　㉭ おう: 좇다, 뒤따르다, 쫓다, 추구하다
10) の(野): 들, 들판(のはら)
11) か(駆)けまわって: 뛰어다니고　㉭ かけまわる: (이리저리) 뛰어다니다, (바삐) 돌아다니다
12) おくびょうな: 겁이 많은
13) としよ(年寄)り: 늙은이, 노인
14) むすこ(息子): 아들
15) かりに で(出)る たび(度)に: 사냥하러 갈 때 마다
16) けが(怪我)を しは: 상처(부상)를 입지는 *けがを する: 상처를 입다
17) ～かしら: ～일(을)까, ～(을)지 몰라 *～ないかしら: ～않을까, 않을지 몰라
18) か(噛)まれは: 물리지는　㉭ かむ: (깨)물다 *수동형으로 쓰였다.
19) はらはら: 아슬아슬, 조마조마 (위태로와서 몸이 다는 모양)

49. えに かいた ライオン

　ある とき、らんぼうな[20] ライオンが でて のはら[21]を とおる ひとが いくにんも[22] おそわれました[23]。
　そこで、かりの うまい[24] ゆうかんな ひとたちで、この ライオンを たいじする[25] ことに なりました。
　「わたしこそ[26] この やりで ひとつきに して[27] やるぞ。」
　わかものは その ひを たのしみに[28] いさみたって[29] いました。おとうさんは その はなしを きいた よる、むすこが ライオンと たたかって[30]、かみころされる[31] ゆめ[32]を みました。
　「たいへんだ[33]。あんな おそろしい[34] ことが ほんとうに おこったら どう しよう。」
　しんぱいした[35] おとうさんは おおぜい[36]の ひとを つかっ

---

20) らんぼう(乱暴)な: 난폭한, 무례한
21) のはら(野原): 들판
22) いくにん(幾人)も: 몇 명이나
23) おそ(襲)われました: 습격당했습니다　㉠ おそわれる: 습격당하다, 덮치다
24) うまい: 잘하는, 뛰어난
25) たいじ(退治)する: 퇴치하다 *たいじる로도 씀
26) わたしこそ: 나야말로
27) ひとつき(一突)に して: 한번에 찔러
28) たの(楽)しみに: 즐거움으로　㉠ たのしむ: 즐기다, 좋아하다, 낙으로 삼다
29) いさ(勇)みたって: 기운이 나(서), 분발해(서)　㉠ いさみたつ: 기운이 나다, 분발하다
30) たたか(戦)って: 싸워서　㉠ たたかう: 싸우다, 투쟁하다
31) かみころされる: 물어(뜯겨) 죽는　㉠ かみころ(噛殺)す: 물어(뜯어) 죽이다
32) ゆめ(夢): 꿈 *ゆめを みる: 꿈을 꾸다
33) たいへん(大変): 큰일이다
34) おそ(恐)ろしい: 무서운
35) しんぱい(心配)した: 염려한, 걱정한
36) おおぜい: 많은 사람, 여럿이

49. えに かいた ライオン   201

て₍₃₇₎、おおいそぎで₍₃₈₎ そらまで とどくほど₍₃₉₎ たかく いしを つみ₍₄₀₎、その うえに いえを たてました。

　そして、「かわいい むすこよ、どうか₍₄₁₎ わたしの いう ことを きいて おくれ。」

　そう いって、むりやり₍₄₂₎ その いえに むすこを いれて しまいました。そして、おおぜい ばんにん₍₄₃₎を つけて みはらせました₍₄₄₎。

　その いえは とても₍₄₅₎ りっぱ₍₄₆₎で きれいでした。かべ₍₄₇₎には いろいろな どうぶつ₍₄₈₎の えが かいて ありました。この えを みれば むすこも かりに いった つもりに₍₄₉₎ なって、なぐさめられるだろうと₍₅₀₎ おもったからです。

　けれど、むすこは かえって₍₅₁₎ かりの ことを おもって、つらくて₍₅₂₎ なりません。ライオンの えが にくらしく₍₅₃₎ な

---

37) つか(使)って: 부려서 ㉺ つかう: 부리다, 사용하다
38) おお(大)いそ(急)ぎで: 몹시 서둘러
39) とど(届)くほど: 닿을 정도로
40) いし(石)を つ(積)み: 돌을 쌓고　㉺ つむ: 쌓다
41) どうか: 아무쪼록, 제발
42) むりやり: 억지로 (억지로 강행하는 모양)
43) ばんにん(番人): 파수꾼
44) みは(見張)らせました: 지키게 했습니다　㉺ みはる: 망보다, 지키다, 눈을 크게 뜨다
45) とても: 몹시, 매우
46) りっぱ(立派): 멋짐, 훌륭함
47) かべ(壁): 벽
48) どうぶつ(動物): 동물
49) 〜つもりに: 〜(한) 셈으로
50) なぐさ(慰)められるだろうと: 위로가 될 거라고　㉺ なぐさめる: 위로하다, 달래다
51) か(却)えって: 도리어, 오히려, 반대로

りました。

「やい、この わるものめ。」と、えの ライオンを にらみつけました54)。

「おれが こんな ところへ おしこめられて55) いるのは おまえの せいだ56)。おまえなんか57)が いるから、おとうさんが つまらない58) ゆめを みて、ほんとうに するのだ。よし おまえの めを つぶして59) やろう。」

むすこは ての ゆび60)で いきおい よく61) かべの ライオンの めを つきさしました62)。とたんに63) むすこは、

「あ、いたたっ64)。」と、さけんで65) うずくまりました66)。

かべが やぶれて67) おおきな とげ68)が むすこの つめ69)の

---

52) つら(辛)くて: 괴로워서, 고통스러워서 원 つらい: 괴롭다, 고통스럽다
53) にく(憎)らしく: 얄밉게, 밉살스럽게 원 にくらしい: 밉살스럽다, 얄밉다, 얄미운
54) にらみつけました: 매섭게 쏘아 보았습니다 원 にらみつける: 노려보다, 매섭게 쏘아 보다
55) お(押)しこめられて: 억지로 처넣어져 원 おしこむ: 억지로 밀어 넣다, 처넣다
56) せいだ: 탓이다
57) ～なんかが: ～따위, 등 (＝など)
58) つまらない: 하찮은, 시시한, 하찮다, 시시하다
59) つぶ(潰)して: 부수어 원 つぶす: 부수다, 으깨다, 찌그러뜨리다
60) ゆび(指): 손가락
61) いきお(勢)い よく: 기세 좋게
62) つ(突)きさ(刺)しました: 푹 짤렀습니다 원 つきさす: (날카로운 것으로) 푹 찌르다
63) とたんに: 순간에, 찰나에, 갑자기
64) いたたっ: 아얏
65) さけ(叫)んで: 외치고, 부르짖고 원 さけぶ: 외치다, 부르짖다
66) うずくま(蹲)りました: 웅크리고 앉았습니다 원 うずくまる: 웅크리다, 쭈그리고 앉다
67) やぶ(破)れて: 깨어져 원 やぶれる: 찢어지다, 깨지다
68) とげ(刺): 가시
69) つめ(爪): 손톱

あいだに つきささった⁷⁰⁾のです。

　ものおと⁷¹⁾や さけびこえを ききつけて⁷²⁾ ひとびとが⁷³⁾ どう したのかと⁷⁴⁾ かけつけました⁷⁵⁾。

　とげは ぬきとりました⁷⁶⁾。けれど、ばいきん⁷⁷⁾が からだじゅうに⁷⁸⁾ まわって、むすこは たかい ねつ⁷⁹⁾を だしました。

　さっそく⁸⁰⁾ いしゃ⁸¹⁾が よばれて⁸²⁾ きて てあて⁸³⁾を しました。でも、すこしも ねつは さがりません⁸⁴⁾。かわいそうに⁸⁵⁾ むすこは とうとう⁸⁶⁾ しんで しまいました。

　「なんと いう ことだ。ライオンに ころされないように と⁸⁷⁾ この いえを つくったのに、その かべの えに ころさ

---

70) つ(突)きささった: 꽂힌　㉘ つきささる: 꽂히다, 찔리다
71) ものおと(物音): 소리
72) さけ(叫)びごえを き(聞)きつけて: 절규(크게 외치는 소리)를 우연히 듣고 알아서　㉘ ききつける: 우연히 들어서 알다
73) ひとびと(人々)が: 사람들이
74) したのかと: ~한 것인가고
75) か(駆)けつけました: 급히 달려왔습니다　㉘ かけつける: 급히 달려오(가)다
76) ぬ(抜)きとりました: 빼냈습니다　㉘ ぬきとる: 빼내다, 뽑아내다
77) ばいきん: 세균, 미균
78) からだ(体)じゅう(中)に: 몸 전체에
79) ねつ(熱): 열
80) さっそく: 즉시, 빨리
81) いしゃ(医者): 의사
82) よ(呼)ばれて: 초청되어져　㉘ よばれる: 초청되다, 초대받다
83) てあ(手当)て: 치료, 조처
84) さ(下)がりません: 내리지 않습니다　㉘ さがる: 내리다, 내려가다
85) かわいそうに: 불쌍하게도, 가엾게도
86) とうとう: 결국, 마침내
87) ころ(殺)されないようにと: 죽임을 당하지 않도록　㉘ ころす: 죽이다

れて しまうとは…。」

　おとうさんは そう いって なげきました[88]。

「いのちを たすけようと して、かえって つまらない しにかた[89]を させて しまいました。こんな ことに なるのだったら、ライオンたいじ[90]に いかせて[91] いさましく[92] たたかわせて[93] やれば よかったと おもいます。」

　おかあさんも なきながら いいました。

---

88) なげ(嘆)きました: 한탄했습니다　㉭ なげく: 한탄하다
89) し(死)にかた(方): 죽는 법
90) たいじ(退治): 퇴치
91) い(行)かせて: 가게 해서　㉭ いく: 가다　*いかせる: いくの 사역형
92) いさ(勇)ましく: 용감하게, 용맹스럽게　㉭ いさましい: 용감하다, 용맹스럽다
93) たたか(戦)わせて: 싸우게 해　㉭ たたかう: 싸우다　*たたかわせる: たたかうの 사역형

50. にひきの やぎ[1]
(두 마리의 염소)

「どいてよ[2]。ぼくが さきに わたりはじめたんだから[3]。」

「ちがうよ。わたりはじめたのは ぼくが さきだったよ[4]。」

ふかい たにがわ[5]の いっぽんばし[6]で、にひきの やぎが であいました[7]。にひきは おたがいに[8] あいて[9]を どかせようと[10] して けんか[11]を はじめました。

「どけったら どけよ。」

ぐんぐん[12]、あたまで おしあう[13] たびに[14] はしは ぐらぐら[15] ゆれます[16]。

---

1) やぎ: 염소
2) ど(退)いてよ: 물러나요, 비켜(どけ) ㉙ どく: 물러나다, 비키다 *〜てよ: (여성어, 명령・요구)〜여요, 〜서요
3) わた(渡)りはじめたんだから: 건너기 시작했던 것이니까
4) さき(先)だったよ: 먼저였던 걸 *だったよ: 이더구나, 이던데, 〜더라
5) ふ(深)かい たにがわ(谷川): 깊은 계류 (골짜기를 흐르는 강)
6) いっぽんばし(一本橋): 외나무다리
7) であ(出会)いました: 마주쳤습니다 ㉙ であう: 마주치다, 만나다
8) おたが(互)いに: 서로
9) あいて(相手): 상대
10) ど(退)かせようと: 물리치려고, 퇴치하려고 ㉙ どかす: 물리치다, 치우다
11) けんか: 싸움
12) ぐんぐん: 쭉쭉
13) お(押)しあ(合)う: 서로 밀다
14) 〜たび(度)に: 〜때마다, 〜적에
15) ぐらぐら: 흔들흔들 (크게 흔들려 움직이는 모양)
16) ゆ(揺)れます: 흔들립니다 ㉙ ゆれる: 흔들리다

50. にひきの やぎ

ちょっとでも¹⁷⁾ あしを すべらせたら¹⁸⁾、したは ふかい たにそこ¹⁹⁾です。おちたら²⁰⁾ いのち²¹⁾は ありません。

「こんな ところで けんかを して おっこちたら²²⁾ たいへんだ。ねえ²³⁾、きみ、ぼくが しゃがむから²⁴⁾、ぼくを のりこえて²⁵⁾ さきに わたると いいよ。」

いっぴきの やぎが いいました。こう して、にひきの やぎは どちらも²⁶⁾ あともどり²⁷⁾しないで、ぶじに²⁸⁾ はしを わたりました。

---

17) ちょっとでも: 조금이라도
18) すべ(滑)らせたら: 미끄러지게 하면 ㉨ すべらす: 미끄러지게 하다(타동사) *자동사로는 'すべる: 미끄러지다'이다.
19) たにそこ(谷底): 골짜기의 밑바닥
20) おち(落)たら: 떨어지면
21) いのち(命): 생명, 목숨
22) お(落)っこちたら: 떨어지면 ㉨ おっこちる: 떨어지다, 불합격이 되다
23) ねえ: 자 (상대에게 권하거나 부탁할 때)
24) しゃがむから: 웅크릴테니까 ㉨ しゃがむ: 웅크리다, 쪼그리다
25) の(乗)りに(越)えて: 타고 넘어서 ㉨ のりこえる: 타고 넘다, 전진하다
26) どちらも: 어느 쪽도
27) あと(後)もど(戻)り: 되돌아옴(감)
28) ぶじ(無事)に: 무사히

51. わしの おんがえし
(독수리의 보은)

　ある¹⁾ ひとが のはら²⁾を あるいて いると、ばたばた³⁾と いう おとが⁴⁾ きこえて⁵⁾ きました。

　そば⁶⁾へ いって みると、いちわの おおきな わしが わなあみ⁷⁾に かかって、でようと⁸⁾ もがいて⁹⁾ いるのでした。

　「なんだ、わしが わなに かかったのか。」

　ゆきすぎようと¹⁰⁾ すると、わしは かなしそうな¹¹⁾ こえで ないて¹²⁾、

　「どうか¹³⁾ たすけて ください。」と いうように おとこの ひとを みつめました¹⁴⁾。

---

1) あ(或)る: 어떤, 어느
2) のはら(野原): 들판
3) ばたばた: 푸드득 푸드득
4) ～という おと(音)が: ～(이라) 하는 소리가 *'いう'는 '말하다'와 '소리가 나다'의 뜻이 있다.
5) きこ(聞)えて: 들려(서)　㊜ きこえる: 들리다, 이름나다
6) そば(側): 옆, 곁
7) わなあみ(罠網): 올가미 그물
8) で(出)ようと: 나오려고　㊜ でる: 나오다, 나가다, 나서다
9) もが(踠)いて: 발버둥치고　㊜ もがく: 발버둥치다, 안달하다
10) ゆ(行)きすぎようと: 지나치려고　㊜ ゆきすぎる: 지나치다, 더 가다
11) かな(悲)しそうな: 슬픈듯한
12) な(泣)いて: 울며　㊜ なく: 울다, 고생하다 *なくなく: 울면서, 할 수 없이
13) どうか: 아무쪼록, 제발
14) みつ(見詰)めました: 응시했습니다　㊜ みつめる: 응시하다, 주시하다

51. わしの おんがえし

「かわいそうだな15)。ことに よったら16)、この わしは す17)に こども18)を おいて、きて いるのかも しれない19)。はは わしが つかまったら20) ひなたち21)は うえじにする22) ことだろう。そうだ、たすけて やろう。」

おとこの ひとは わなを はずして23) わしを そと24)へ だして やりました。

わしは うれしそうに25) まいあがると26)、

「ありがとう ございます。」と いうように、おとこの ひとの あたまの うえで なんども27) わを かいて28)、それから やまの ほうへ とんで いきました。

あくる29) ひの こと30)、おとこの ひとは まちへ でかけました31)。

---

15) かわいそうだな: 가엾구나, 불쌍하구나
16) ことに よったら: 어쩌면, 경우에 따라서는
17) す(巣): 둥지
18) こども(子供): 아이, 새끼
19) 〜かも し(知)れない: 〜일지도 모른다 ㉿ しれる: 알려지다, 알(수 있)다
20) つか(捕)まったら: 잡히면 ㉿ つかまる: 잡히다, 붙잡히다
21) ひなたち: 새끼들 (갓 깨어난 날짐승의 새끼)
22) う(飢)え じ(死)にする: 굶어 죽다
23) はず(外)して: 벗겨서 ㉿ はずす: 떼어나다, 벗(기)다, (단추 따위)끄르다
24) そと(外): 밖
25) うれしそうに: 기쁜 듯이
26) ま(舞)いあがると: 날아 오르더니 ㉿ まいあがる: 날아올라가다, 떠오르다
27) なん(何)ど(度)も: 몇 번이고
28) わ(輪)を か(描)いて: 원(형)을 그리며 ㉿ かく: (그림을) 그리다, 원을 그리다
29) あ(明)くる: 다음의, 이튿, 이듬
30) こと: 일, 사건

とちゅうに32) ふるい おおきな いえが ありました。おとこの ひとは くたびれたので33)、その いえの へい34)の かげ35)で やすみました。

いし36)に こしを おろして いると37)、わしが とんで きて、いきなり38) ぼうし39)を つかんで にげました40)。

「や、なにを する。」

おとこの ひとが みあげると41)、たすけて やった あの わしです。

「なんて、おんしらずだ42)。こんな ことなら、きのう わなから だして たすけて やる ことは なかった。」

おとこの ひとは ぼうしを とりかえそうと おいかけました43)。

へいから じっぽ44)ばかり はなれた45) ときです。どど どっ

---

31) でか(出掛)けました: 나갔습니다, 외출했습니다 ㉪ でかける: 외출하다, 나가다
32) とちゅう(途中)に: 도중에
33) くたびれたので: 지쳤기 때문에　㉪ くたびれる: 지치다, 피로하다
34) へい(塀): 담, 널판장
35) かげ(陰): 그늘
36) いし(石): 돌
37) こし(腰)を お(下)ろして いると: 앉아 있자니
38) いきなり: 갑자기
39) ぼうし(帽子): 모자
40) に(逃)げました: 도망갔습니다　㉪ にげる: 도망치다, 달아나다
41) みあ(見上)げると: 올려다 보니, 쳐다보니 ㉪ 쳐다보다, 올려다 보다
42) おんし(恩知)らずだ: 배은망덕하다
43) とりかえ(取返)そうと お(追)いかけました: 되찾으려고 뒤쫓아 갔습니다　㉪ とりかえす: 되찾다, おいかける: 뒤쫓아 가다, 추격하다
44) じっぽ(十歩) ばかり: 열 걸음 정도 *ばかり: ~쯤, ~가량, ~만, ~할뿐더러 도리어

と46)、ものすごい47) じひびき48)を たてて、へいが くずれました49)。

ひびが はいっ50)て いたのです。こしを かけて いた ところは くずれた いしで うまって51) います。

「ああ、よかった。あぶなく52) いのちを なくす ところだった53)。」

その とき、わしが そらから ぽんと54) ぼうしを おとしました。

「さては55)、おまえが たすけて くれたんだね。ありがとう。」

こんどは おとこの ひとが わしに おれい56)を いいました。

---

45) はな(離)れた: 떨어진　㉔ はなれる: (거리・사이가) 떨어지다
46) どど どっと: 우르르 우르르 (한꺼번에 무너져 내리는 모양)
47) もの(物)すご(凄)い: 무서운, 굉장한
48) じ(地)ひび(響)き: 땅울림, 지축을 흔드는 소리
49) くず(崩)れました: 무너졌습니다　㉔ くずれる: 무너지다, 붕괴하다
50) ひびが はいって: 금이 가서 *ひびが い(入)る 로도 쓴다.
51) いし(石)で う(埋)まって: 돌로 메워져　㉔ うまる: 막히다, 메워지다
52) あぶ(危)なく: 아슬아슬하게, 하마터면
53) な(無)くす ところ(所)だった: 잃을 뻔했다 *ところだった: ~할 뻔했다, ~했었다
54) ぽんと: 툭(퍽)하고
55) さては: 그러고 보니, 그렇다면, 드디어는
56) おれい(礼): 인사, 경의를 표함

52. いじわる[1] いぬ[2]
(심술쟁이 개)

　いじの　わるい　いぬが　いました。おなかを　すかして[3]　ひょろ　ひょろと[4]　あるいて　いました。
「たべものが　ほしいよう。」
　まきば[5]まで　ふらふら[6]　きました。すると、おけ[7]の　なかに　かれくさ[8]が　たくさん　はいって　いました。
　まきばの　うし[9]の　たべものです。いぬは　おけの　なかを　くやしそうに[10]　にらみつけて[11]　いいました。
「うしには　こんなに　たくさん　たべものが　ある。でも　ぼくには　こんな　ものは　たべられない。よし[12]、しゃくに　さわる[13]から、うしなんかに[14]　たべさせて　やる　ものか。」

---

1) いじわる(意地悪): 심술궂음, 심술쟁이 *いじが わるい: 심술궂다, いじ(意地): 고집, 심술궂음
2) いぬ(犬): 개
3) す(空)かして: 곯아서, 굶주려서 ㉄ すかす: 비워 두다, 공복으로 하다
4) ひょろ ひょろと: 비틀비틀
5) まきば(牧場): 목장
6) ふらふら: 비트적 비트적 (걸음이 흔들리는 모양)
7) おけ(桶): 나무통
8) か(枯)れくさ(草): 건초, 마른 풀
9) うし(牛): 소
10) くや(悔)しそうに: 분한 듯이 ㉄ くやしい: 분하다, 분한
11) にらみつけて: 매섭게 쏘아보고 ㉄ にらみつける: 노려보다, 매섭게 쏘아보다
12) よし: 좋다
13) しゃく(癪)に さわ(障)る: 부아가 나다, 아니꼽다, 화가 나다 *しゃく: 울화, 아니꼬움
14) うしなんかに: 소 따위에게

52. いじわる いぬ

いぬは おけの なかへ はいりました。かれくさの うえに どさりっと[15] ねころがりました[16]。まもなく[17] うしが おなかを すかして もどって[18] きました。
「いぬさん、おけの なかから でて ください。そこに わたしの たべものが あるのです。」
「だめだ[19]、たべさせる ものか。どく[20] ものか[21]。」
　いぬは ほえて[22]、うしを よせつけません[23]。
　うしたちは あきれかえって[24] わらいました。
「いぬさん、じぶんで たべられない ものは すきな ものに たべさせたら どうだい[25]。わらわれるよ[26]。」
　いぬは よたよた[27] にげだしました[28]。

---

15) どさりっと: 털썩 (무거운 것이나 많은 것이 덩어리져 한꺼번에 떨어지는 소리)＝どさりと
16) ね(寝)ころ(転)がりました: 뒹굴었습니다　㉪ ねころがる: (누워)뒹굴다
17) ま(間)もなく: 이윽고, 얼마 안있어, 곧
18) もど(戻)って: 되돌아 와(서)　㉪ もどる: 되돌아 가(오)다
19) だめ(駄目)だ: 안돼, 소용없어
20) ど(退)く: 물러나다, 비키다
21) ものか: ～할까보냐 (반어나 부정을 강하게 나타낸 말)
22) ほ(吠)えて: 으르렁거리며　㉪ ほえる: 짖다, 으르렁거리다
23) よ(寄)せつけません: 접근하지 못하게 합니다　㉪ よせつける: 다가오게 하다, 접근시키다
24) あきれかえって: 아주 어이없어, 기가 막혀서　㉪ あきれかえる: 질리다, 기가 막히다
25) たべ(食)させたら どうだい: 먹(을 수 있)게 말야 어떠냐
26) わら(笑)われるよ: 웃음거리예요
27) よたよた: 비척비척, 비틀비틀
28) に(逃)げだしました: 도망갔습니다　㉪ にげだす: 도망가다, 도망치기 시작하다

53. さると まめ[1]
(원숭이와 콩)

「うれしいな[2]、うれしいな。おまめが たくさん うれしいな。」
 さるが なかよしの ともだちから、りょうてに[3] いっぱい まめを もらって おおよろこび[4]。じょうきげん[5]で のみち[6]を ぴょこ ぴょこ[7] はしって きました。
「おいしそうな[8] おまめだな。にて[9] たべようかな、それとも[10] いって[11] たべようかな…。そうだ、はんぶん にまめ[12]に して、はんぶん いりまめに しようっと[13]。」
 ぽろりん ころころ[14]…。
 その とき、さるの てから ちいさな まめつぶ[15]が ひとつ ころがり おちました[16]。

---

1) まめ(豆): 콩
2) うれしいな: 기쁘다, 기쁘구나, 기쁘도다
3) りょうて(両手)に: 양손에
4) おお(大)よろこ(喜)び: 큰 기쁨
5) じょうきげん(上機嫌): 아주 좋은 기분, 신명
6) のみち(野道): 들길
7) ぴょこ ぴょこ: 깡동깡동 (여기저기 가볍게 뛰어 돌아다니는 모양), 굽실굽실, 불쑥불쑥
8) おいしそうな: 맛있을 듯한 ㉙ おいしい: 맛있다, 맛있는
9) に(煮)て: 익혀서, 삶아서 ㉙ にる: 삶다, 익히다
10) それとも: 그렇지 않으면
11) い(煎)って: 볶아서 ㉙ いる: 볶다
12) にまめ(煮豆): 콩자반
13) いりまめ(煎豆) しようっと: 볶은 콩으로 해보자고(구나)
14) ぽろりん ころころ: 톡(똑) 데굴데굴
15) まめつぶ: 콩알
16) ころ(転)がり お(落)ちました: 굴러 떨어졌습니다 ㉙ ころがる: 구르다, 뒹굴다, おちる: 떨어지다

「しまった17)、たいへんだ。」

　さるは あわてて18) ひろおうと19) しました。けれど20)、さあ こまりました。りょうては まめを もって いるので つかえません21)。

「こまったな、どう しよう。ああ、そうだ。いい ことが ある。」

　さるは りょうてに もって いる まめを こぼさないように22) して、そっと23) しずかに しゃがみました24)。

　くちで くわえて、おちた まめを ひろおうと おもったのです。ところが たいへん、あっと いう まに、ぱらぱら25)、ぱらぱらっと、こんどは じっつぶほど26) おとして しまいました。

「しまった、こまった。どう しよう…。」

　さるは あわてました。

「なんとか27) じょうずに28) ひろえる いい ほうほう29)は な

---

17) しまった: 아차, 아뿔사
18) あわ(慌)てて: 당황해서　㉡ あわてる: 당황하다, 놀라다
19) ひろ(拾)おうと: 주우려고　㉡ ひろう: 줍다, 골라 취하다
20) けれど: 그렇지만, 그러나, 하지만
21) つか(使)えません: 사용할 수 없습니다　㉡ つかう: 사용하다, 부리다
22) こぼさないように: 흘리지 않도록　㉡ こぼす: 흘리다, 엎지르다, 불평하다
23) そっと: 살짝
24) しゃがみました: 웅크렸습니다　㉡ しゃがむ: 웅크리다
25) ぱらぱら: 호드득 호드득 (드문드문한 모양)
26) じっつぶ(十粒)ほど: 열 알 정도
27) なん(何)とか: 뭐라고, 무엇이, 어떻게(든)
28) じょうず(上手)に: 능숙하게
29) ほうほう(方法): 방법

53. さると まめ

いかなあ。」

　さるが　あせれば　あせるほど[30]、ぽろん、ころん[31]、ぱらぱら…。りょうてに　もった　まめは　どんどん　ころがりおちます。

「ええいっ。」

　とつぜん[32]　さるは　かおを　まっかに[33]　して　おこりだしました[34]。

「もう　めんどうくさいやっ[35]。こんな　まめなんか　もう　いらないよっ。」

　さるは　りょうてに　のこって　いる　まめを　ぱっぱっと[36]　あたりに　まきちらして[37]、あしで　ふみつけると[38]、ぷんぷん[39]　おこりながら、さっさと[40]　いえへ　かえって　いって　しまいました。

---

30) あせ(焦)れば　あせ(焦)るほど: 초조하게 굴면 초조하게 굴수록　㉔ あせる: 안달하다, 초초하게 굴다
31) ぽろん、ころん: 주르르, 대구루루
32) とつぜん(突然): 갑자기, 돌연
33) ま(真)っかに: 새빨갛게
34) おこ(怒)りだしました: 화내기시작했습니다　㉔ おこりだす: 화내다
35) めんどう(面倒)くさいやっ: 아주 귀찮아, 몹시 성가셔
36) ぱっぱっと: 거리낌 없이(＝ぱうぱう), 척척
37) ま(撒)きちらして: 흩뿌려서　㉔ まきちらす: 흩뿌리다, 물쓰듯하다
38) ふ(踏)みつけると: 짓밟더니
39) ぷんぷん: 푹푹 (몹시 성난 모양＝ぷりぷり・ぷりぷり)
40) さっさと: 빨랑빨랑, 데꺽 (망설이거나 지체하지 않는 모양)

54. ろばの かげ
(당나귀의 그늘)

　だびびと¹⁾が おかねを だして²⁾ ろばに のりました。

　ろばの もちぬし³⁾は ぱかぱか⁴⁾ ろばを ひいて⁵⁾ いきました。

　おひさまは かんかん⁶⁾ てって⁷⁾ やけつくようです⁸⁾。

　「あつい あつい、ちょっと⁹⁾ おりて¹⁰⁾ やすんで いこう。」

　たびびとは ろばから おりました。が¹¹⁾、ひかげ¹²⁾が ありません。

　そこで、ろばの かげに はいって やすみました。

　すると、それを みて いた ろばの もちぬしが、

---

1) たびびと(旅人): 나그네, 여행자
2) おかね(金)を だ(出)して: 돈을 내고
3) も(持)ちぬし(主): 소유자, 임자
4) ぱかぱか: 따가닥 따가닥 (말이 경쾌하게 걷는 발굽소리)
5) ひ(引)いて: 끌고 ㉭ ひく: (잡아)끌다, 이끌다, 당기다, (시선·관심을) 끌다
6) かんかん: 쨍쨍
7) て(照)って: 비쳐서 ㉭ てる: 비치다, (날씨가) 개다
8) や(焼)けつ(付)くようです: 타들어붙는 듯합니다 ㉭ やける: 타다, 구워지다, 놀이 지다
9) ちょっと: 잠깐
10) お(降)りて: 내려서 ㉭ おりる: (탈것·역 등에서) 내리다
11) ～が: 하지만(접속사 역할)
12) ひかげ(日陰): 그늘, 응달, 음지

54. ろばの かげ

「ろばは おかししましたが¹³⁾ かげまでは おかししません。」と、たびびとを おしのけようと¹⁴⁾ しました。

「そんな ばかな はなしが あるか、わたしの かりた¹⁵⁾ ろばの かげだから わたしのだ。」

「いえいえ、ろばの かげは わたしの ものです。どいて ください¹⁶⁾。」

ふたりは おしあって¹⁷⁾ いましたが、とうとう¹⁸⁾ けんか¹⁹⁾を はじめました。

その あいだに、ろばは せなか²⁰⁾が かるく²¹⁾ なったので、おおよろこびで にげて²²⁾ いって しまいました。

---

13) おか(貸)ししましたが: 빌려 드렸지만　㊜ かす: 빌려주다, 도와주다
14) お(押)しの(退)けようと: 밀어내려고　㊜ おしのける: 밀어내다, 밀어젖히다
15) か(借)りた: 빌린　㊜ かりる: 빌리다
16) ど(退)いて ください: 비켜 주세요　㊜ どく: 비키다, 물러나다
17) お(押)しあって: 서로 밀고　㊜ おしあう: 서로 밀다
18) とうとう: 마침내, 결국
19) けんか: 싸움, 다툼
20) せなか(背中): 등
21) かる(軽)く: 가볍게　㊜ かるい: 가볍다, 가벼운
22) に(逃)げて: 달아나, 도망쳐　㊜ にげる: 도망치다, 달아나다

55. おばさん₁₎の しっぱい₂₎
(아주머니의 실패)

おばさんが にわとり₃₎を ごわ₄₎ かって₅₎ いました。

どの にわとりも まいにち きみが ふたつ はいった₆₎ たまごを うみました₇₎。

「えらい₈₎、えらい。」と、おばさんは にわとりを ほめて₉₎、おおよろこび。

「たまごで ござい₁₀₎。たまごで ござい。きみが ふたつ はいった、うみたて₁₁₎の おおきな たまごで ござい。」

おばさんは まいにち おおきな こえを だして、まちへ たまごを うりに いきました。

「たまごやさん₁₂₎、たまごを ください。どれどれ₁₃₎、わっ

---

1) おばさん: 아주머니
2) しっぱい(失敗): 실패
3) にわとり: 닭
4) ごわ(五羽): 다섯 마리
5) か(飼)って: 기르고, 키우고 ㉙ かう: 기르다, 사육하다
6) きみ(黄味)が ふたつ は(入)いった: 노른자가 두 개 들어있는 ㉙ はいる: 들어오(가)다, 들어 있다
7) たまご(玉子, 卵)を う(産)みました: 계란을 낳았습니다 ㉙ うむ: 낳다
8) えら(偉)い: 훌륭하다, 멋지다
9) ほ(誉)めて: 칭찬하며 ㉙ ほめる: 칭찬하다, 찬양하다
10) ~で ござ(御座)い: ~있어요, ~예요 *ございは ございます('ある=있다', 'である=이다'의 공손한 말씨)의 막된 말
11) ~たて: 막~한 *う(産)みたて: 막(갓) 낳은, うみ: 낳음, 낳기, うみだす: 낳다
12) たまごや(玉子屋)さん: 계란장사
13) ど(何)れど(何)れ: 어디 어디 *どれ의 겹친 말

55. おばさんの しっぱい   225

て¹⁴⁾ みましょう。おや、まあ¹⁵⁾、ほんとうだよ。どれにも きみが ふたつ はいって いる。」

たまごは みんなに よろこばれて¹⁶⁾ よく うれました¹⁷⁾。

「ありがたい¹⁸⁾、ありがたい。」と、おばさんは おかねが どんどん たまって¹⁹⁾、うれしくて なりません。

「さあ、にわとりさん、みんな こっちへ おいで²⁰⁾。おふろに いれて あげましょう²¹⁾。あしを あらって あげましょう。はねを みがいて²²⁾ あげましょう。」

おばさんは みずだらけ²³⁾に なって にわとりを あらったり²⁴⁾、あたまを なでたり²⁵⁾ して、おおさわぎ²⁶⁾。

「にわとりさん、おはよう。おお、けさ²⁷⁾も りっぱな²⁸⁾ たまごを みんな よく うんで くれた。おれいに きれいな にわとりごや²⁹⁾を つくって あげよう。いままで、はらっ

---

14) わ(割)って: 잘라, 갈라, 나누어 ㉘ わる: 나누다, 쪼개다, 가르다
15) おや、まあ: 어머나, 뭐
16) よろこ(喜)ばれて: 기꺼이 받아들여져 ㉘ よろこぶ: 즐거워하다, 기뻐하다
17) よく う(売)れました: 잘 팔렸습니다 ㉘ うれる: (잘)팔리다
18) あ(有)りがた(難)い: 감사하다, 고맙다 *ありがとう와 같고, 이 것을 많이 쓴다.
19) どんどん た(溜)まって: 점점 늘어나서(모여서) ㉘ たまる: 모이다, 늘다
20) おいで: 오세요, 오너라
21) おふろ(風呂)に い(入)れて あ(上)げましょう: 목욕을 시켜 줄게
22) みが(磨)いて: 닦아 ㉘ みがく: 닦다
23) みず(水)だらけ: 물 투성이
24) あら(洗)ったり: 씻기도 하고 ㉘ あらう: 씻다
25) な(撫)でたり: 어루만지기도 하고, 쓰다듬기도 하고 ㉘ なでる: 어루만지다, 쓰다듬다
26) おおさわ(大騒)ぎ: 큰 소동, 야단법석
27) けさ(今朝): 오늘 아침
28) りっぱ(立派)な: 멋진, 훌륭한

ぱ³⁰⁾で そだてて³¹⁾ いて ごめんね³²⁾。おお、かわいい³³⁾ かわいい、にわとりさん。」

まもなく りっぱな にわとりごやが たてられました。ひろい うんどうば³⁴⁾も つくられました。

おばさんも すんで いた ふるい いえを こわして³⁵⁾、あたらしい きれいな いえを たてました。

その うちに、おばさんは だんだん よくばった³⁶⁾ かんがえを おこして³⁷⁾ きました。

「にわとりは まいにち たまごを ひとつずつ³⁸⁾ うむけれど、ふたつずつ うませたい ものだ。はてな³⁹⁾、どうしたら ふたつずつ うむかしら⁴⁰⁾。うん、そうだ。にわとりの ごちそうを にばいに⁴¹⁾ ふやせば⁴²⁾ うむだろう。」

おばさんは じぶんの かんがえが とても うまいと⁴³⁾ お

---

29) にわとりごや: 닭장
30) はら(原)っぱ: 빈 터
31) そだ(育)てて: 기르고, 길러서 ㉿ そだてる: 키우다, 기르다
32) ごめんね: 미안하구나
33) かわい(可愛)い: 귀엽다, 사랑스럽다, 귀여운, 사랑스러운
34) うんどうば(運動場): 운동장
35) こわ(壊)して: 헐고, 부수고 ㉿ こわす: 헐다, 부수다
36) よくば(欲張)った: 욕심부리는, 탐내는 ㉿ よくばる: 탐내다, 지나치게 욕심부리다
37) おこ(起)して: 일으키고 ㉿ おこす: 일으키다, 깨우다, (밭을) 일구다
38) ひとつずつ: 하나씩
39) はてな: 글쎄
40) うむかしら: 낳을지 몰라
41) にばい(二倍)に: 두배로
42) ふ(増)やせば: 늘리면 ㉿ ふやす: 늘리다, 증식시키다
43) とても うまいと: 몹시(매우·아주) 멋지다고(훌륭하다고)

もいました。

「わたしは なんて⁴⁴⁾ あたまが いいのだろう。いまに⁴⁵⁾、おかねが うちに はいりきれないほど⁴⁶⁾ たくさん たまって、こまって しまう⁴⁷⁾。」

おばさんは うれしく なって おどりだしました⁴⁸⁾。まいにち、にわとりに えさ⁴⁹⁾を にばい やりました。

にわとりは ぐんぐん ふとりました⁵⁰⁾。おおきく おおきく なりました。からだが おもく なって、うごく⁵¹⁾ ことが できません。みんな のそり のそりと⁵²⁾ あるいて、うんどうを する ことも できません。

どの にわとりも たまごを うまなく なりました。

おばさんが にわとりの おなかを たたいて⁵³⁾ たのんでも⁵⁴⁾、たまごは ひとつも うまなく なりました。

---

44) なん(何)て: 얼마나(＝なんと)
45) いま(今)に: 곧, 조만간, 이제
46) はい(入)りき(切)れないほど(程): 들여 놓을 수 없을 정도
47) た(溜)まって, こま(困)って しまう: 모이어, 처치곤란해 버린다 ㉭ たまる: 모이다, 쌓이다
48) おど(踊)りだしました: 춤추기 시작했습니다 ㉭ おどりだす: 춤추기 시작하다
49) えさ: 모이, 먹이
50) ふと(太)りました: 살쪘습니다 ㉭ ふとる: 살찌다, 늘어나다
51) うご(動)く: 움직이다
52) のそり のそりと: 느릿느릿
53) たた(叩)いて: 두드리고, 때리고 ㉭ たたく: 두드리다, 치다, 때리다
54) たの(頼)んでも: 부탁해도, 청해도 ㉭ たのむ: 부탁하다, 청하다

56. ぶたと らくだ[1]
(돼지와 낙타)

　ある ひ、ぶたと らくだが さんぽの とちゅうで[2] りんごの きを みつけました[3]。
　「わあっ、おいしそうな[4] りんごだなあ。ぶたくん、はやく たべようよ。」
　らくだは おおよろこびで[5] くび[6]を のばすと[7]、たかい きの えだ[8]に なって[9] いる りんごを、ぽくぽく[10] たべはじめました。
　「らくだくん、ぼくも たべたいんだけれど[11] せが とどかないんだよ[12]…。」
　「ふうん、それは きのどくにね[13]。せが ひくいと いうの

---

1) ぶた(豚)と らくだ: 돼지와 낙타
2) とちゅう(途中)で: 도중에
3) み(見)つけました: 발견했습니다　㉙ みつける: 찾(아내)다, 발견하다
4) おいしそうな: 맛있을 것 같은　㉙ おいしい: 맛있다, 맛있는
5) おおよろこ(大喜)びで: 몹시 기뻐서
6) くび(首): 목
7) のば(伸)すと: 늘리더니, 펴더니　㉙ のばす: 펴다, 늘리다, (국력・세력 따위를) 신장시키다
8) えだ(枝): 가지
9) な(生)って: 달려, 열려, 맺혀　㉙ なる: 열리다, 맺히다
10) ぱくぱく: 덥석덥석, 게걸스럽게
11) た(食)べたいんだけれど: 먹고싶(은 것이)지만
12) せ(背)が とど(届)かなんだよ: 키가 미치지 않아요　㉙ とどく: 닿다, 미치다, 달하다
13) き(気)のど(毒)くにね: 딱하구나, 가엾구나

230　56. ぶたと らくだ

は14)　ずいぶん　ふべんな　ものなんだねえ15)。」

　らくだは　おいしそうに　りんごを　たべながら、すました16)　かおで　いいました。

　ある　ひの　ことです。ぶたと　らくだは　また　さんぽに　でかけました。すると、こんどは　まわり17)を　ぐるりと18)　さく19)で　かこんだ　おいも20)の　はたけを　みつけました。

　「わあっ、おいしそうな　おいもだなあ。らくだくん、はやく　たべようよ。」

　ぶたは　さくを　くぐりぬけると21)　むしゃ　むしゃ22)　おいしそうに　おいもを　たべはじめました。

　「ぶたくん、ぼくも　たべたいんだけれど　せが　たかすぎて…。」

　「ふうん、せが　たかすぎるのも、ふべんな　ものだねえ、きのどくに。」

　ぶたは　すまして　いいました。

---

14) ひく(低)いと　い(言)うのは: 작다고 말하는 것은
15) ずいぶん　ふべん(不便)な　ものなんだねえ: 아주 불편한 것이라네
16) す(澄)ました: 시치미를 뗀, 점잔을 뺀　㊀ すます: 시치미 떼다, 점잔빼다
17) まわ(周)り: 주위, 주변
18) ぐるりと: 휙, 빙
19) さく(柵): 울짱, 목책(木柵), *さくで　かこ(囲)む: 울짱으로 두르다(둘러싸다)
20) おいも: 고구마 *'감자・토란' 등의 총칭
21) くぐりぬけ(抜)ると: 빠져 나가더니, 헤어나더니　㊀ くぐりぬける: 빠져 나가다, 헤어나다
22) むしゃ　むしゃ: 우적우적 (게걸스럽게 먹는 모습)

57. とびこえ きょうそう[1]
(뛰어넘기 경주)

「ぴょんきちくん[2]、むこう[3]の やまへ あそびに いかないか。」

ぶた[4]の ぶうたが うさぎ[5]の ぴょんきちに いいました。

「うん、いこう。」

ふたりは なかよく[6] ならんで[7] あるいて いきました。

よい おてんきです。あおい そらに おひさまが まぶしく ひかって います[8]。

「きみたち[9]、どこへ いくの。」

きつね[10]の こんすけ[11]が かけて きました。

「むこうの やまへ あそびに いくんだよ。」

「ぼくも いこう。」

---

1) と(飛)びこえ きょうそう(競走): 뛰어넘기 경주
2) ぴょんきちくん: 깡총이군 *ぴょん: 깡총, きち(吉): 경사스러움(옛날 남자 이름에 많이 씀)에 くん(君): '군'과의 복합어로 토끼의 별명인데 여기에서는 '깡총이'로 표기한다.
3) むこ(向)う: 저쪽, 저편
4) ぶた(豚): 돼지 *ぶうたは 돼지의 별명으로, 'ぶうぶう: 부우부우(돼지의 울음소리)'와 た(太): 남자이름에 쓰는 말의 복합어, 여기서는 '꿀꿀이'로 표기한다.
5) うさぎ: 토끼
6) なかよ(仲良)く: 사이좋게
7) なら(並)んで: 늘어서서, 줄서서 ㉿ ならぶ: 늘어서다, 정돈되어 있다
8) まぶしく ひか(光)って います: 눈부시게 빛나고 있습니다 ㉿ まぶしい: 눈부시다, 눈부신
9) きみ(君)たち: 너희들
10) きつね: 여우
11) こんすけ: 캥캥이 *여우의 별명으로 'こんこん: 콩콩(여우의 울음소리)'와, すけ(助): 남자이름에 쓰는 말의 복합어, 여기서는 '캥캥이'로 표기한다.

57. とびこえ きょうそう

こんすけも なかま¹²⁾に はいりました。

りす¹³⁾の りすこちゃんも きから おりて きました。ことり¹⁴⁾の ぴいこちゃんも とんで きました。

みんなは こえを そろえて¹⁵⁾、うた¹⁶⁾を うたい¹⁷⁾ながら いきました。こっち¹⁸⁾の やまと むこうの やまの あいだに みちが ありました。

「やあ、この みちを とびっこしないか¹⁹⁾。」

ぴょんきちが いいました。

「うん、とんで みよう。」

ぶうたが いいました。

「じゃあ、ぼくが しんぱんかん²⁰⁾に なるよ。」

こんすけが いいました。

「こっちがわから むこうの くさはら²¹⁾まで うまく²²⁾ とべた もの²³⁾を とびっこの せんしゅに しようよ²⁴⁾。」

---

12) なかま(仲間): 동료, 한패
13) りす: 다람쥐 *りすこちゃん은 '꼬마 다람쥐'의 별명으로, 'りす: 다람쥐, こ: 꼬마, ちゃん: (애칭) 씨·님·분'의 복합어, 여기서는 '쪼르르'로 표기한다.
14) ことり(小鳥): 작은 새 *ぴいこちゃん은 '꼬마 삐삐'의 별명으로, 'ぴい: 삐이(새의 울음소리), こ: 꼬마, ちゃん: 씨·님·분'의 복합어, 여기서는 '쩩쩩이'로 표기한다.
15) そろえて: 맞추어 ㉿ そろえる: 맞추다, 정돈하다, (숫자를) 채우다
16) うた(歌): 노래
17) うた(歌)う: 노래 부르다
18) こっち: 이쪽
19) とび(飛)っこしないか: 뛰기내기(멀리뛰기) 하지 않겠니 *とびっこ: 뛰기내기(아동어)
20) しんぱんかん(審判官): 심판관
21) くさはら(草原): 초원
22) うまく: 잘, 멋지게

こんすけが いうと みんな さんせい25) しました。

じゃんけんして26) かったので27)、ぴょんきちが さきに とぶ ことに なりました。

「いち、にの、さん。」

ぴょんきちは ながい あとあし28)で じめんを けりました29)。ぴょうんと30) とんで いきました。

けれど、おしい31) ことに むこうの くさはらに もう すこしの ところで おちて しまいました。

ぴょんきちは そこに たって32)、

「わっ、ざんねんだ33)。」と いいました。

こんどは ぶうたです。

ぶうたは とおくから かけて きて、ぽうんと34) とびました。

ところが、ぴょんきちよりも もっと35) てまえで36)、おち

---

23) と(飛)べた もの: 뛴 자(사람) *이 때 とべる 가능동사 とべる(하1단자동사)이다
24) せんしゅ(選手)に しようよ: 선수로 하자요
25) さんせい(賛成): 찬성
26) じゃんけんして: 가위바위보 해서 *じゃんけんぽん: 가위바위보
27) か(勝)ったので: 이겼기 때문에 ㉮ かつ: 이기다
28) あとあし(後足): 뒷다리
29) じめん(地面)を け(蹴)りました: 지면을 찼습니다 ㉮ ける: (발)차다, 걷어차다
30) ぴょうんと: 깡총 (가볍게 뛰거나 뛰어넘는 모양, ぴょんと의 장음)
31) お(惜)しい: 아까운, 아깝다
32) た(立)って: 일어서서
33) ざんねん(残念): 유감이다
34) ぽうんと: 탕하고
35) もっと: 더욱, 더

て しまいました。

「おやおや37)。」

ぶうたは ふうふう38) いき39)を しながら、あたまを かきました40)。

ぴょんきちは ふりかえって41)、

「こんすけさん、ぼくの ほうが たくさん とべたから ぼくが せんしゅだね。」と いいました。

すると こんすけは、

「ちがうさ。むこうの くさはらまで とべなかったんだもの42)、ふたりとも43) せんしゅでは ないよ。」と いいまいた。

---

36) てまえ(手前)で: 앞에서, 가까운 곳에서
37) おやおや: 어머 어머
38) ふうふう: 헐떡 헐떡
39) いき(息): 숨, 호흡
40) か(掻)きました: 긁었습니다 ㉙ かく: 긁다, 할퀴다, (머리를) 빗다
41) ふ(振)りかえって: 뒤를 돌아보고 ㉙ ふりかえる: (뒤를) 돌아다보다, 회고하다
42) とべなかったんだもの: 뛰어넘지 못한 걸
43) ふたり(二人)とも: 둘 다 (함께)

58. ねずみの くふう[1]
(쥐의 궁리)

　にいさん[2]と おとうと[3]の なかよし[4] ねずみが いました。

「おにいちゃん[5]、にわとりの たまご[6]が おちて いるよ。」

「おいしそうだね[7]。ころがして[8] うちへ はこんで たべよう[9]。」

「でも、あっちへ[10] ころころ[11]、こっちへ[12] ころころ ころがって[13]、うまく[14] はこべないよ。」

　こまって[15] いると、わるい きつねが はしって きました[16]。

---

1) くふう(工夫): 궁리, 공부
2) にい(兄)さん: 형, 오빠
3) おとうと(弟): 남동생
4) なかよ(仲良)し: 사이 좋은
5) おにい(兄)ちゃん: 형님아, 형아 *ちゃん은 친근감을 주는 호칭으로 'さん'보다 더 다정하다
6) にわとりの たまご(玉子): 닭의 알
7) おいしそうだね: 맛있겠구나
8) ころ(転)がして: 굴려서 ㉞ ころがす: 굴리다 *이때 '굴리다'는 타동사임
9) はこ(運)んで た(食)べよう: 옮겨서 먹자 *ようは 조동사로 권유를 나타낸다. ㉞ はこぶ: 옮기다, 운반하다
10) あっちへ: 저쪽으로
11) ころころ: 데굴 데굴
12) こっちへ: 이쪽으로
13) ころ(転)がって: 굴러가서 ㉞ ころがる(구르다·뒹굴다)는 자동사임
14) うまく: 잘, 훌륭히
15) こま(困)って: 곤란해, 난처해 ㉞ こまる: 곤란하다, 난처하다
16) はし(走)って きました: 달려 왔습니다

238　58. ねずみの　くふう

「まて₁₇⁾、その たまごを よこせ₁₈⁾。」

「あっ、とられては₁₉⁾ たいへんだ₂₀⁾。おとうとよ、たまごを かかえて₂₁⁾ ひっくりかえれ₂₂⁾。おまえの しっぽ₂₃⁾を ひっぱって₂₄⁾ はこぶから。」

「はい、これで いいかい。」

「えいさ₂₅⁾、えいさ。」

きょうだい₂₆⁾の ねずみは たまごを す₂₇⁾の なかへ じょうずに₂₈⁾ はこびました。

---

17) ま(待)て: 기다려　㉑ まつ: 기다리다
18) よこせ: 이리 줘, 넘겨 줘　㉑ よこす: 보내(오)다, 넘겨주다
19) と(取)られては: 뺏기면　㉑ とる: 잡다, 쥐다, 먹다, 빼앗다, 얻다, 받다
20) たいへん(大変)だ: 큰일이다
21) かか(抱)えて: 안아서　㉑ かかえる: (껴)안다
22) ひっくりかえれ: 뒤집어, 거꾸로 해　㉑ ひっくりかえる: 뒤집히다(자동사) *ひっくりかえす는 '뒤집다, 뒤엎다'로 동사가「～す」로 끝나면 모두 타동사이다.
23) しっぽ: 꼬리
24) ひ(引)っぱって: 잡아당겨서　㉑ ひっぱる: 잡아(끌어)당기다
25) えいさ: 영차
26) きょうだい(兄弟): 형제
27) す(巣): 둥지, 보금자리, 소굴
28) じょうず(上手)に: 능숙하게

59. おおかみと ひつじかい
(이리와 양치기)

　ひつじかいの おとこのこ[1]が やまみち[2]を かえって くると[3]、

　「たすけて くれえ。」と、こえが きこえて[4] きました。

　みると、おおかみが ふかい あな[5]に おちて でられないで[6] こまって[7] いるのでした。

　「おねがいです。たすけて ください。そう したら、けっして[8] あなたの ひつじは とりません。」

　「ほんとうかい。」

　「ほんとうですとも[9]。」

　そこで、ひつじかいは つな[10]で おおかみの まえあし[11]を

---

1) ひつじか(羊飼)いの おとこ(男)のこ(子): 양치기 사내아이(＝목동)
2) やまみち(山道): 산길
3) かえ(返)って く(来)ると: 되돌아 오니 ㉭ かえる: 되돌아오(가)다
4) き(聞)こえて: 들려서 ㉭ きこる: 들리다
5) あな(穴): 구덩이, 구멍
6) で(出)られないで: 나올 수 없어서
7) こま(困)って: 곤란해, 난처해 ㉭ こまる: 곤란하다, 난처하다
8) けっして: 결코
9) ～とも: ～고말고 *종지형에 쓰여 의심・반대의 여지가 전혀 없음을 나타낸다.
10) つな(綱): 밧줄
11) まえあし(前足): 앞발

59. おおかみと ひつじかい

しばって⁽¹²⁾ ひきあげようと⁽¹³⁾ しましたが、うまく⁽¹⁴⁾ いきません。やっと⁽¹⁵⁾ てを のばして⁽¹⁶⁾ ひきあげました。

おおかみは あなから でると、

「よくも⁽¹⁷⁾ おまえは おれを つなで しばろうと したな。さあ、たべて やるから、そう おもえ。」と、いきなり⁽¹⁸⁾ とびかかりました⁽¹⁹⁾。

ひつじかいは びっくり⁽²⁰⁾。

「わたしは おまえを たすけて やったんじゃ ないか⁽²¹⁾。それを たべようなんて おんしらずだ⁽²²⁾。」

おとこのこと おおかみが あらそって⁽²³⁾ いると、さるが やって きて とめました⁽²⁴⁾。

「まちなさい。なんで けんか⁽²⁵⁾を して いるのか、わたしが さいばん⁽²⁶⁾を して あげよう。」

---

12) しば(縛)って: 묶어서, 매어서　㉘ しばる: 묶다, 메다, 체포하다
13) ひ(引)きあげようと: 끌어 올리려고　㉘ ひきあげる: 끌어 올리다, 인상하다, 승진시키다
14) うまく: 뜻대로, 솜씨좋게, 잘
15) やっと: 겨우
16) のば(伸)して: 뻗쳐서　㉘ のばす: 펴다, 뻗다, 늘리다, 신장시키다
17) よくも: 감히
18) いきなり: 갑자기
19) と(飛)びかかりました: 덤벼 들었습니다　㉘ とびかかる: 대들다, 덤벼들다
20) びっくり: 깜짝놀람
21) や(遣)ったんじゃ ないか: 해주려 했잖니　㉘ やる: 해주다, 하다
22) おん(恩)し(知)らずだ: 은혜를 모르는 자다
23) あらそ(争)って: 다투고, 시비를 가리고　㉘ あらそう: 다투다, 싸우다, 경쟁하다
24) やっ(遣)て き(来)て と(止)めました: 다가와서 멈췄습니다　㉘ やってくる: 다가오다, とめる: 멈추다
25) けんか: 싸움
26) さいばん(裁判): 재판

ひつじかいの おとこのこは おおかみを たすけて やった のだと いいます。
　おおかみは ひつじかいが つなで あしを しばろうとして ひどい めに あわせた[27]と いいます。
　そこで、りこうな[28] さるは いいました。
「では、もう いちど その ときの とおりに[29] やって、わたしに みせて ください。」
「いいとも。」
　おおかみは あなの なかへ とびこみました[30]。すると、
「おんしらずの おおかみさん、いつまでも そこに そうして いると いいよ。」
　さるは ひつじかいの おとこのこと つれだって[31]、さっさと[32] いって しまいました。

---

27) ひどい め(目)に あ(遭)わせた: (좋지않은 일 따위를) 혼남을 당했다 ㉩ あわせる: 당하게 하다
28) りこう(利口)な: 영리한
29) 〜とおりに: 〜그대로, 그와 같이, 한 대로 *형식명사적으로 쓰였다.
30) と(飛)びこみました: 뛰어들어갔습니다　㉩ とびこむ: 뛰어들(어가)다, 투신하다
31) つ(連)れだって: 함께, 동행해　㉩ つれだつ: 동행하다
32) さっさと: 빨랑빨랑, 재빨리, 즉시

60. めんどり₁₎と こむぎ₂₎
(암닭과 밀)

　めんどりと ぶたと あひる₃₎が、ひとつ₄₎の いえに すんで いました。
　ある ひの ことです。めんどりが せっせと₅₎ はたけ₆₎で はたらいて₇₎ いると、のんびりと₈₎ ぶたが うたを うたいながら₉₎ とおりかかりました₁₀₎。
　「ぶたさん、ぶたさん。」
　めんどりは ぶたに こえを かけました。
　「いっしょに はたけを たがやして₁₁₎ くださいな。」
　「めんどりさん、はたけなんか たがやして どう するの。」
　「むぎの たね₁₂₎を まくのです₁₃₎。」

---

1) めんどり: 암닭
2) こむぎ(小麦): 밀, 소맥
3) あひる(家鴨): 집오리
4) ひと(一)つ: 하나, 한 *ひとつの いえに: 한 집에
5) せっせと: 열심히, 부지런히
6) はたけ(畑): 밭
7) はたら(働)いて: 일하고　㋻ はたらく: 일하다, 움직이다
8) のんびりと: 유유히, 한가로이
9) うた(歌)いながら: (노래) 부르며, 부르면서　㋻ うたう: 노래부르다, 노래하다
10) とお(通)りかかりました: 지나가는 길이었습니다　㋻ とおりかかる: (마침) 지나가다
11) たがや(耕)して: 갈아서　㋻ たがやす: (논밭을) 갈다 *일구다: おこ(起)す
12) たね(種): 종자, 씨 *たねを まく: 씨를 뿌리다
13) ま(播)くのです: 뿌리는 것입니다(이지요)　㋻ まく: (씨를) 뿌리다

60. めんどりと こむぎ 245

「むぎの たねを まいて どう するの。」

「おいしい むぎを たくさん みのらせるんですよ14)。」

「むぎを みのらせて どう するの。」

「いしうすで ひいて15)、こむぎこ16)を つくるんですよ。」

「こむぎこを どう するの。」

「おいしい ケーキ17)を つくるんです。」

「ふううん…。」

「ぶたさんも おいしい ケーキが たべたいでしょう。」

「それは たべたいさ。ケーキは だいすきだもの。」

「それなら、いっしょに はたけを たがやして くださいな。」

「わるいけれど18) めんどりさん、ぼくは めんどうな19) ことが だいきらいでね20)。おてつだい21)は できないよ。」

 ぶたは そう いうと、めんどりの いう ことなど きこうとも しないで、さっさと22) いって しまいました。

---

14) みの(実)らせるんですよ: 열매맺게 하려고요(하려는 것이지요) 원 みのる: 열매를 맺다, 여물다
15) いしうす(石臼)で ひ(碾)いて: 맷돌에 빻아서 원 ひく: 빻다, (맷돌에) 갈다
16) こむぎこ(小麦粉): 밀가루
17) ケーキ: 케이크
18) わる(悪)いけれど: 미안하지만, 실례이기는 하나 원 わるい: 나쁘다, 서투르다, 미안하다, 실례가 되다
19) めんどう(面倒)な: 귀찮은
20) だいきら(大嫌)いでね: 아주 싫어서요 원 だいきらい: 몹시 싫음
21) おてつだ(手伝)い: 거들어주기, 도와줌 원 てつだう: (남의 일을) 같이 거들다, 도와주다
22) さっさと: 재빠르게

やがて23)　めんどりの　はたけには　おおつぶ24)の　みごとな25)　むぎが　たくさん　たくさん　みのりました。

「さあ、いしうすで　むぎを　ひいて、たくさん　こむぎこを　つくりましょう。」

はたらきもの26)の　めんどりは　やすむ　ひま27)もなく、こんどは　おもい　いしうすを　ごろごろ28)　まわして29)、こむぎこを　つくりはじめました。

「があ30)　があ　があ、めんどりさん、なにを　して　いるんですか。」

あひるが　とおりかかって　めんどりに　こえを　かけました。

「あっ、あひるさん、ちょうど31)　いい　ところに　きて　くれました。ちょっと　てつだって　くれませんか。」

「ええっ、わたしが　そんな　こと、とんでもない32)。」

「でも　あひるさん、こう　して　おけば、いつでも　おいしい　ケーキが　つくれるんですよ。」

「めんどりさん、わたしは　いま　とても　いそがしいんで

---

23) やがて: 이윽고
24) おおつぶ: 큰 알맹이
25) みごと(見事)な: 훌륭한, 멋진, 뛰어난
26) はたら(働)きもの: 열심히 일하는 사람(자), 부지런한 사람(자)
27) ひま(暇): 겨를, 틈, 짬
28) ごろごろ: 데굴데굴, 뱅글뱅글
29) まわ(回)して: 돌려서　㉙ まわす: 돌리다, 회전시키다, (잔 따위를) 차례로 돌리다
30) があ: 꽥 (오리 울음 소리)
31) ちょうど: 마침
32) とんでもない: 당치도 않아

60. めんどりと こむぎ

す33)。ですから、とても おてつだいなんか、して いる ひまは ないんですよ。」

　あひるは そう いうと、おしり34)を ふりふり35) いって しまいました。

　ごろ、ごろ、ごろごろ…。おもい いしうすを めんどりは いっしょうけんめい36) まわしつづけて37)、まっしろな38) こむぎこを たくさん つくりました。

「さあ、みんな おいしい ケーキを つくるから、おてつだいして ちょうだいね39)。」

「はい、おかあさん。」

　めんどりの おかあさんは ひよこ40)たちに てつだって もらって、ケーキを つくりはじめました。

「こむぎこに たまご41)と おさとう42)を まぜるのよ43)。それから ぎゅうにゅう44)も いれましょうね。」

---

33) いそが(忙)しいんです: 바쁜 것입니다 ㉑ いそがしい: 바쁘다, 바쁜 *～んです＝のです
34) おしり: 엉덩이
35) ふりふり: 흔들흔들
36) いっしょうけんめい(一生懸命): 매우 열심히 (함)
37) まわ(回)しつづ(続)けて: 계속 돌려서
38) ま(真)っしろ(白)な: 새하얀
39) おてつだ(お手伝)いして ちょうだいね: 도와다오, 거둘어다오
40) ひよこ: 병아리
41) たまご(玉子): 알, 계란
42) おさとう(砂糖): 설탕, 사탕
43) ま(混)ぜるのよ: 섞는 거야 ㉑ 넣어 (뒤)섞다, 혼합하다
44) ぎゅうにゅう(牛乳): 우유

60. めんどりと こむぎ　249

　しばらくすると[45]、めんどりの へやに おいしそうな[46] ケーキの におい[47]が いっぱいに ひろがりました[48]。

　「さあ、やきあがりましたよ[49]。みんな テーブルに つきなさい[50]。」

　「わあっ、おいしそうだなあ。」

　ひよこたちは おおよろこびです[51]。

　「みんな、おかあさんの おてつだいを ありがとうね。さあ、いただきましょう[52]。」

　その とき、ケーキの においに さそわれて[53]、ぶたと あひるが そっと[54] めんどりの へやを のぞきこみました[55]。でも、なにも てつだわなかった[56] ぶたと あひるは、よだれ[57]を ながしながら、みて いるより ほか[58] しかた[59]が ありませんでした。

---

45) しばらくすると: 얼마간 있으니
46) おいしそうな: 맛있는 듯한
47) にお(匂)い: 향기, 향내
48) ひろ(広)がりました: 퍼졌습니다　웹 ひろがる: 넓어지다, 퍼지다, 펼쳐지다
49) や(焼)きあがりましたよ: 잘 구워졌어요　웹 やきあがる: 잘 구워지다
50) テーブルに つ(着)きなさい: 테이블에 앉아요　웹 つく: 도착하다, 앉다, 자리를 잡다
51) おおよろこ(大喜)びです: 몹시 기뻤습니다
52) いただきましょう: 먹읍시다, 먹자
53) さそ(誘)われて: 유혹되어, 유인되어　웹 さそう: 꾀다, 권(유)하다
54) そっと: 살짝, 가만히
55) のぞきこみました: 들여다 보았습니다　웹 のぞきこむ: (얼굴을 내밀어) 들여다보다
56) てつだ(手伝)わなかった: 남의 일을 거들지 않았던
57) よだれ: 침　*よだれを ながす: 침을 흘리다
58) み(見)て いるより ほか: 보고 있을 수 밖에
59) しかた(仕方): 방법, 도리

本文対訳
(ほんぶん たいやく)

1. 개미의 보은
(ありの おんがえし)

어느 더운 여름의 한낮이었습니다.

"아아, 물을 마시고 싶다"고, 생각한 한 마리의 개미가 시내로 왔습니다.

물을 마시려고 해서 머리를 숙인 찰나, 바람에 불어 날려 버려서 시내에 떨어져 버렸습니다.

이제 조금 있으면, 물에 빠질 것 같이 되었습니다.

이때, 나무 위의 비둘기가 그 모습을 가만히 보고 있었습니다.

"가엾다. 도와 주어야겠다"

비둘기는 한 잎의 나뭇잎을 입에 물어서 시내에 떨어뜨려 주었습니다.

개미는 잎사귀 위에 기어올라갔습니다. 잎사귀는 물가에 도착, 개미는 살아났습니다.

"비둘기님의 덕택으로 목숨을 건졌습니다."

개미는 비둘기의 친절을 잊지않았습니다.

그리고 머지않아, 사냥꾼이 다가와서, 나무 위의 비둘기에게 총을 겨누었습니다.

비둘기는 알아차리지 못했습니다. 개미는 사냥꾼의 다리에 기어올라가, 따끔하게 물고 늘어졌습니다.

"아야얏"

"탕—"

총알은 빗나가고, 비둘기는 하늘로 날아갔습니다. 이렇게 해서, 개미는 비둘기에게 은혜갚음을 할 수가 있었습니다.

2. 따돌림당한 박쥐
(なかまはずれに された こうもり)

옛날, 새와 짐승이 사소한 일로부터 전쟁을 시작했습니다. 어지간히 승부가 결말나지 않습니다. 서로 이기기도 하고 지기도 하고 있었습니다.

어느 때, 새가 짐승을 여지없이 해치웠습니다. 그러자, 박쥐가 느닷없이 새의 진지에 나타났습니다.

"여러분, 축하합니다. 저 난폭한 짐승들을 잘 해치웠습니다요. 나는 보시는 대로, 날개가 있어 날 수 있기 때문에, 새의 한 패입니다. 잘 부탁드립니다."

새는 한 짐승이라도 자기 편을 갖고 싶을 때였습니다. 기쁘게 박쥐를 한패에 넣었습니다.

하지만, 박쥐는 겁쟁이었습니다. 전쟁이 시작되면 자취를 감추었습니다. 어딘가에 숨어서, 상황을 엿보고 있는 것입니다.

그 사이에 이번은 짐승이 새를 여지없이 이겼습니다.

"이겼다, 이겼다. 만세."

짐승은 승리의 함성을 질렀습니다. 그러자, 박쥐가 느닷없이(뜻밖에) 짐승의 진지에 나타났습니다.

"여러분, 축하합니다. 난폭한 새놈들을 잘 해치웠습니다요. 나는 쥐의 친척으로 짐승입니다. 잘 부탁드립니다."

짐승은 기뻐서 박쥐를 자기들의 한패로 했습니다.

이런 식으로 짐승이 이기면 박쥐는 짐승에게 달라붙었습니다. 새가 이기면 새의 한패가 되었습니다.

그 사이에, 전쟁도 끝나서 짐승과 새는 화해를 했습니다. 그러자, 박쥐의 일이 양 쪽에게 알려져(밝혀져) 버렸습니다.

박쥐가 새의 세계에 얼굴을 내밀면,

"너는 새가 아니잖아"라고 거절당했습니다.

하는 수 없이 짐승의 세계로 가면,

"너는 짐승이 아니잖아"라고 거절당했습니다.

박쥐는 어느 쪽에서도 한패에서 따돌림을 당하게 되었습니다. 지금도, 외톨이로 해질녘에서

살금살금 날고 있습니다.

3. 쥐의 논의
(ねずみの そうだん)

"요즈음 매일 밤처럼, 동료가 고양이에게 잡아먹힌다. 어떻게 하든지 훌륭한 궁리는 없을까?"

어느 밤, 쥐들이 논의를 시작했습니다.

"있고말고, 좋은 생각이 있지. 쥐의 목에 방울을 다는 것이다."

"과연 그렇게 하면, 딸랑딸랑 소리가 나서, 고양이가 오는 것이 즉시 알 수 있지요."

"그것은 좋은 생각이다."

쥐들은 몹시 기뻐서 찬성했습니다. 방울도 확실히 준비를 했습니다. 이것만 고양이의 목에 달면, 이제 염려는 없습니다.

그런데 곤란했습니다. 도대체, 누가 무서운 고양이의 목에 방울을 다는 것일까.

"오오, 무서워. 나는 싫다."

"나도 싫어."

좋은 생각도 전혀 성취되지 못했습니다.

4. 거짓말하는 어린이
(うそを つく こども)

양치기 어린이가 숲 속에서 뛰어나왔습니다. 어린이는 큰 소리로 외치면서 달려왔습니다.

"큰일이다. 이리가 나왔다. 이리. 이리다아. 살려 주세요."

"뭐라고, 이리라고."

어른들은 깜짝 놀랐습니다.

"자, 가자." 라는 듯이 일을 내팽개치고 뛰어갔습니다. 모두 손에 손에, 총이랑 몽둥이를 가지고 급히 달려왔습니다. 그런데 어떻게 됐지요.

이리 따위, 그림자도 모습도 없습니다. 모두는 두리번 두리번 하면서 물었습니다.

"애야, 이리는 어디 있니?"

그러자, 어린애는 배를 움켜 안고 웃음을 터뜨렸습니다.

"이리라고 말하면, 아저씨들이 놀라서 오겠지요. 그것이 재미있으므로 속여준 것이지. 아아, 재미있었다."

어른들은 서로 얼굴을 마주 보았습니다.

"어째서 나쁜 어린애일까? 이 다음 거짓말을 하면 용서하지 않겠다."

"더는 하지않겠어요."

어린이는 혀를 날름 내며 도망쳐 갔습니다.

얼마간 시간이 지났습니다. 어린이는 이 전의 일을 생각해내서, 한 번 더 해보고 싶어졌습니다. 그래서 또 다시, 숲에서 뛰어나와서 큰 소리로 마구 외쳤습니다.

"이리다아. 이리다. 살려주세요."

이리라는 말을 듣고는 내버려 둘 수도 없습니다. 마을 사람들은 또 다시 뛰어갔습니다. 그러자, 어린이가 아주 우스운듯 자지러지게 웃고 있었습니다.

"뭐야, 또 속임당했다는 건가."

모두는 몹시 성이 났습니다만, 어린이는 맛을 들였습니다. 그후로도 여러번 거짓말을 계속해서, 모두를 속였습니다.

그런데 어느 날, 정말로 이리가 나타났습니다. 어린이는 파랗게 질려서 외쳤습니다.

"살려 줘, 이리가 나왔다. 이번은 정말이다. 정말이다."

하지만 마을 사람들은 정말로 여기(생각하)지 않았습니다.

"흥, 더 속지않겠다."

모두는 모르는 기색으로 일을 계속 했습니다. 이리에게 습격당한 어린이를 누구 한 사람 도와주는 사람은 없었습니다.

5. 등에와 사자
(あぶと ライオン)

작은 등에가 사자의 눈 앞을 붕붕 날아다니며 말했습니다.

"사자 따위, 나, 조금도 무섭지 않아요. 임자

(자네)가 아무리 으르렁거려도 날뛰어도, 나는 개의치않아. 이렇게 보여도 나는 강하단 말이야. 거짓말이라고 생각하면, 솜씨를 보여 줄까?"

등에는 느닷없이 날아 와서 사자의 코끝을 찔렀습니다.

"아야, 앗"

사자는 큰 손을 치켜 들어서 코 끝을 두들겼습니다. 그렇지만, 등에는 도망가고, 코에서는 피가 나는 꼴이었습니다.

"어때, 알았지."

등에는 득의에 차 가만히 있지 못했습니다. 붕붕거리는 소리를 내면서 날아올랐습니다만, 거미줄에 걸려서 움직일 수 없게 되었습니다.

동물의 왕인 사자에게 승리한 등에였지만, 작은 거미에게 져서 가련한 최후를 마친 것입니다.

6. 달리기 내기
（かけっこ）

화창한 봄 날입니다.

거북이 유유히 산책을 즐기고 있는데, 그곳에 토끼가 뛰어왔습니다.

"야, 거북은 느리구나. 이제부터 '느림보거북'이라고 이름을 바꾸면 어때?"

거북은 화가 나서 입을 다물었습니다.

"그런 것을 말하자면, 어느 쪽이 빠른가 경주를 해보자."

"좋고말고, 해보자."

토끼는 몹시 서둘러서, 작은 산 저쪽에 빨간 깃발을 세우고 왔습니다.

"됐니? 저 깃발의 곳까지이다. 준비, 땅."

토끼와 거북은 출발을 끊었습니다.

토끼는 깡충 뛰어서 달리기 시작했습니다만, 거북은 느릿느릿 기기 시작했습니다.

토끼가 도중에 뒤돌아다 보니, 거북은 아직 훨씬 뒤입니다.

"뭐야, 여기에서 잠깐 한숨 자고 갈까."

토끼는 지정거려서(도중에서 딴짓으로 시간을 보내어서), 쿨쿨 잤습니다. 그 사이에 거북은 열심히 걸어서 토끼를 추월했습니다.

토끼는 푹 잠들어 있어서, 정신을 차리지 못했습니다. 해질녘의 시원한 바람이 불어와서, 토끼는 눈을 떴습니다.

"아차! 너무 잤구나."

토끼는 벌떡 일어나서 달리기 시작했습니다. 그렇지만 그때, 거북은 작은 산 꼭대기에서 일부러 데굴데굴 굴러 떨어지고 있었습니다.

토끼가 결승점에 도착하니, 거북은 벌써 붉은 깃발을 메고 있었습니다.

"만세! 내가 이겼다."

발걸음이 느린 거북이 발걸음이 빠른 토끼에게 이겼던 것입니다.

"거북아! 축하해. 너를 업신여겨서 미안해."

"아니야, 나는 빨리 달리지 못해서, 단지(다만) 열중해서 걸었던 거야."

거북과 토끼는 단짝으로 때때로 달리기경주를 했습니다.

7. 물에 비친 그림자
（みずに うつった かげ）

종(개이름)은 마을에 나가서 굵은 뼈다귀를 발견했습니다.

"즐겁구나, 집에 돌아가서 천천히 갉아먹을 것으로(갉아먹기로) 하자."

종은 뼈다귀를 물고 종종걸음으로 걷기시작했습니다. 좋은 날씨로 작은 새도 즐겁게 지저귀고 있었습니다.

종은 뼈다귀를 꽉 물고서, 눈을 번뜩이면서 걸어가고 있었습니다. 언제인가처럼 큰 개에게 뼈다귀를 가로챔당해서는 참을 수 없습니다.

종은 머지않아 다리 위에 왔습니다. 그대로 건너가 버렸으면 좋았을 것입니다. 그렇지만, 종은 발을 멈춰서, 다리 위에서 강물을 내려다 보았습니다.

그러자, 어떻게 됐지요. 강 가운데도 개가 있

고, 굵은 뼈다귀를 물고 있습니다.
"야아, 저 뼈다귀도 갖고싶구나."
종은 한 마디 크게 멍(왕)하고 짖었습니다. 순간에, 뼈다귀는 입에서 떨어져 물의 밑바닥에 잠겨져 갔습니다.
"아뿔싸! 내 모습이 물에 비춰져 있었던 거다."

8. 개미와 여치
(ありと きりぎりす)

더운 여름이라도 개미들에게는 여름휴가가 없었습니다. 매일, 아침 일찍부터 부지런히 일을 계속하고 있었습니다.
여치의 쪽은 매일,
"기리기리 깃총, 깃총 깃총."하고 노래만 부르고, 놀며 지내고 있었습니다.
먹을 것은 어디에도 있고, 산야는 꽃이 만발해서 즐거운 여름이었다.
여치는 개미의 짓(사실)이 이상해 견디지 못합니다.
"여보세요. 개미님. 어떻게 해서 그토록(그렇게까지) 일만하고 있어요. 가끔은 쉬고, 나처럼 노래라도 불러 보면 어때요. 즐거워집니다."
그러자, 개미는 일(의)손도 쉬지 않고 대답했습니다.
"여름 동안에 먹을 양식을 모아서, 추운 겨울 준비를 하고 있는 것입니다. 노래부르며 놀 여가따위 없습니다."
여치는 어이가 없었습니다.
"야아, 바보같다. 그런 앞날의 일에만 생각하면 끝이 없어요."
즐거운 여름이 끝나고, 가을도 지나고, 겨울이 되었습니다. 추운 겨울이 왔던 것입니다. 북풍이 쌩쌩 불며, 들에도 산에도 눈이 내렸습니다.
여치는 볼품도 없이 야위어서 몸이 홀쭉해져 있었습니다. 어디에도 눈으로 먹을 것이라곤 찾을 수 없습니다.

"나도 개미처럼 여름 동안에, 먹을 것을 모아 두었으면 좋았다."
여치는 당장이라도 쓰러질 것 같이 되면서, 터벅터벅 눈길을 걸어서 갔습니다.
열심히 일하는 자인 개미 쪽은, 겨울이 와도 걱정없었다. 먹을 것은 잔뜩 저장되어 있고, 따뜻한 집도 지었습니다.
여치가 개미의 집을 찾아내었을 때, 개미들은 즐겁게 먹고 있었습니다.
"개미님, 부탁입니다. 뭔가 먹을 것을 주십시오. 배가 고파서(허기져) 죽을 것 같아요."
개미들은 깜짝 놀랐습니다.
"여어, 이전에 여치님이 아닌가. 여름은 노래 부르고 있었기 때문에 겨울은 춤추고 있을 것이라고 생각했다오. 자아, 사양하지 말고 잡수어 주세요. 건강하게 되어서, 올해의 여름도 즐거운 노래를 듣고 싶네요."
친절한 개미들이었습니다. 여치는 너무 기뻐 흘리는 눈물을 주르르 흘렸습니다.

9. 황금 달걀
(きんの たまご)

어느 아침, 할머니가 깜짝놀랐습니다.
"할아범, 큰일이오. 집의 암탉이 금빛의 달걀을 낳았어요."
"어디 어디, 정말이다."
암탉은 매일, 한 개씩 금달걀을 낳았습니다. 그것은 비싸게 팔렸습니다.
가난한 두 사람은 굉장한 부자가 되었습니다. 그러자, 욕심이 생겨나왔습니다.
"매일 금달걀을 낳을 정도다. 몸 안에는 금이 한가득 있겠지."
할아버지는 암탉을 죽여서 배 안을 조사했습니다. 그렇지만, 금조각(부스러기)도 없었습니다. 보통 닭과 같았습니다.
"아뿔싸(로군). 살려두었으면, 매일 금달걀을 낳을 것인데…, 큰 손해를 했군."

10. 교활한 여우
(ずるい きつね)

두 마리 고양이가 먹(을)거리의 쟁탈전을 시작했습니다.

"이건, 내가 발견했으니까 내 것이야."

"틀리다(틀려요). 내 쪽이 먼저 발견한 거다. 내가 먹겠다."

"아니야, 내 쪽이 먼저다. 이리 (넘겨)줘."

"못줘(줄까보냐)."

"손을 놓으란 말야."

"못놓아(놓을까보냐)."

두 마리 고양이는 서로 쏘아보고, 먹을거리를 잡은 채 놓지않습니다.

지나가던 여우가 걸음을 멈추었습니다.

여우는 고양이 사이에 끼어들었습니다.

"애들아, 무엇을 떠들고 있는 거냐."

"저 말이예요, 여우아저씨. 이 아이는 말이예요, 내가 발견한 먹(을)거리를 가로채려고 한 거예요."

"틀려요. 이것은 내가 먼저 발견한 거예요."

"알았다. 알았다. 아저씨가 정확하게 반분(반)으로 나누어서 줄게. 더 싸움은 그치고, 저울을 가져 오너라."

여우는 먹을거리를 둘로 해(잘라)서, 저울에 달았습니다.

"저런, 오른쪽이 무겁구나."

오른쪽을 조금 잘라 떼어 먹었습니다.

"이번은 왼쪽이 무거운데."

왼쪽도 조금 잘라 떼어 먹었습니다.

"뭐야, 오른 쪽이 무겁게 되었구나."

오른 쪽을 잘라 떼어 먹었습니다.

"이러면, 오른쪽이 너무 가볍다."

왼쪽을 잘라 떼어 먹었습니다.

여우는 저울에 달면서, 오른쪽과 왼쪽의 먹을거리를 교대로 잘라 떼어 먹었습니다.

두 마리 고양이는 눈을 동그랗게 해서 보고 있었습니다만, 저울 위의 먹을거리는 콩알 정도로(만큼) 되었습니다.

"이러면, 할 수 없구나. 아저씨가 처리해 줄게."

여우는 먹을거리를 깨끗하게 모조리 먹어치우고, "아아, 맛있었다. 자. 잘있거라."라고 말하며 가 버렸습니다.

얼마나 교활한 여우인지요.

"우리들, 싸움 따위 하지않고, 사이좋게 나누어 먹었더라면 좋았었다."

두 마리의 고양이는 끄덕였습니다.

싸움은 이제 지긋지긋했어요.

11. 곰의 비밀이야기
(くまの ないしょばなし)

두 사람의 사이 좋은 친구가 산길을 걷(걸어가)고 있었습니다.

그러자, 돌연 눈 앞에 커다란 곰이 나타났습니다.

한 사람은 당황해서 나무에 올라갔습니다만, 이제 한 사람은 그 겨를도 없습니다. 땅바닥에 쓰러져서 죽은 척을 하고 있었습니다. 곰은, 죽은 것에는 손을 대지않기 때문입니다.

곰은 느릿느릿 다가왔습니다. 쓰러진 남자의 얼굴을 쿵쿵 돌아가며 냄새맡더니, 그대로 가 버렸습니다.

나무에 올라갔던 남자는 겨우 안심하고 내려왔습니다.

"곰이 조금 전에 소곤소곤 이야기하고 있었지. 무엇을 말하였던가."

"아아, 그건 말야."

쓰러져 있던 남자는 일어나서 대답했습니다.

"곰은 말이야, 위험한 때에 친구를 버리고, 자신만 달아나 버린 남자와는 사이 좋게 지내지 말라고, 이야기하고 가 버렸다네."

12. 사자 가죽을 뒤집어쓴 당나귀
(ライオンの かわを きた ろば)

어느 날, 당나귀가 산 기슭에서 사자의 가죽을 발견했습니다.

커다란 얼굴이랑 꼬리까지 붙어 있는, 멋진 가죽입니다. 당나귀는 덩실거렸습니다.

"이것은, 좋은 것이 손에 들어왔구나."

당나귀는 즉시 사자가죽을 머리부터 뒤집어 썼습니다.

가능한 한 점잔을 빼서, 느릿 느릿 마을 쪽으로 걸어서 갔습니다.

글쎄, 마을 전체가 크게 소란스러워졌습니다. 마치, 장난감통을 뒤집어엎은 모양으로 된 것입니다.

"와앗, 사자가 왔다."
"모두, 주의를 해라."
"곁에 다가서지마."

동물들은 놀라서 허둥대며 도망치기도 하고 숨기도 했습니다.

도망칠 기회를 잃은 자는 굽실굽실 인사를 하며,

"아니 이거, 사자님. 언제나 건강하시고, 축하드립니다." 따위라는, 마음에도 없는 겉치레 인사를 말했습니다.

당나귀는 태어나서 처음으로 좋은 기분이 되었습니다.

당나귀는 언제나 모두로부터 바보취급을 당하고 있었습니다.

그런데, 오늘은 반대입니다. 모두를 크게 바보로 (취급)해주는 일이 된 것입니다.

사자의 가죽을 입은(뒤집어 쓴) 당나귀는 원숭이와 우연히 마주쳤습니다. 원숭이에게는 언제나 괴롭힘을 당하고 있었던 것입니다.

그래서 당나귀는 원숭이를 마음껏 걷어차 주었습니다. 원숭이는 놀라서 도망쳐 갔습니다.

당나귀는 득의양양해서 견딜 수 없습니다.

"이쯤에서 한 마리 사자처럼 으으렁거려 주지."라고 결심했습니다.

당나귀는 고함을 질러서 으르렁거렸습니다. 스스로는 우왕…이라고 고함칠 작정이었지만, 당나귀였기 때문에 히히히잉하고 울었습니다.

그래서, 여우가 소리쳤습니다.

"저것은 당나귀다. 사자가죽을 뒤집어쓴 당나귀인 거다."

동물들은 여럿이서, 사자 가죽을 벗겨냈습니다. 그러자, 예사(보통)의 당나귀가 드러났습니다.

당나귀는 목소리를 짜낸 탓으로, 가면을 벗겨져 버린 것입니다.

13. 물고기의 왕
(さかなの おうさま)

대단히 큰 물고기가 살고 있었습니다.

이 물고기는 난폭하고 거만쟁이었다. 언제나 작은 물고기들을 괴롭히고만 있었습니다.

"나는 세계 제일의 큰 물고기이다. 물고기의 왕이다. 작은 아이들은 비켜라, 비켜."

따위라고 마구 호통치므로 작은 물고기들은 덜덜 떨면서, 살아가고 있었습니다.

먹거리도 커다란 물고기가 독차지해 버렸습니다. 점점 살쪄서 커다랗게 되었습니다.

그와는 반대로, 작은 물고기들은 언제까지 배를 주려서 야위어져 갔습니다.

어느 날, 어부가 투망질(그물질)하러 갔습니다. 그래도, 그물에 걸린 것은 작은 물고기만으로, 모두 그물 눈에서 도망쳐 버렸습니다.

마지막으로 커다란 물고기가 걸렸습니다. 한 마리만(뿐)으로, 그물이 한가득 되었습니다.

"야아, 물고기 왕을 생포했구나."

어부는 크게 즐거워하며 돌아갔습니다.

작은 물고기들도 춤추며 돌아다니며 즐거워했습니다.

14. 억지쓰기
(まけおしみ)

여우가 포도를 찾아(발견해)냈습니다.

잘 익어서 맛있을 듯한 포도입니다. 여우는 입맛을 다셨습니다.

"어디, 먹을거리로 해볼까."

깡충 뛰어 올랐습니다. 그러나, 미치지않습니

다. 몇 번 해보아도 소용없습니다. 수고한 보람도 없이 헛수고해서, 여우는 녹초가 되었습니다.

다람쥐랑, 토끼랑, 작은곰이 킥킥 웃었습니다.

"아니(뭐), 이 포도는 말야, 아직 시큼해서 먹을 수 없는 거야."

여우는 이런 억지쓰기를 말하고, 터덜터덜거리며 되돌아갔습니다.

모두는 큰 소리로 웃었습니다.

15. 당나귀를 멘 아버지와 아들
(ろばを かついだ おやこ)

물(레)방앗간의 아버지가 애를 데리고, 시장으로 당나귀를 팔러 외출했습니다. 당나귀를 앞세우고, 부자(父子) 두 사람은 뒤에서 따라갔습니다. 그것을 보고, 마을 아가씨들이 웃었습니다.

"저런, 아주 바보들이네. 당나귀에 타고 가면 좋은데도, 이 모래먼지 길을 종종걸음으로 걸어서 가다니…."

"과연, 그것(말)도 그렇구나."

"애는 당나귀에 태워서 가지. 떨어지지 않도록 아버지가 곁에서 시중(수발)해 줄테니까말야."

아버지는 애를 당나귀에 태웠습니다. 자신은 곁에서 따라가면서 걷고 있었습니다.

그러자, 맞은 편에서 아버지의 친구들이 다가왔습니다.

"이봐, 이봐, 아이를 당나귀에 태우고, 자신은 걸어가다니, 그만 두게. 아이를 지금부터 응석부리게 해서 어떡할 셈인가. 아이는 몸을 위해서도 걷는 쪽이 좋다네. 걷게 해. 걷게 해."

"과연, 그것(말)도 그렇구나."

아버지는 애를 당나귀에서 내리고, 그 대신에 자신이 탔습니다. 아이는 당나귀 뒤에서 타달타달 걸어가고 있었습니다.

한참 걸어가자, 이번은 젖을 짜는 아가씨가 얼굴을 찡그리고 말했습니다.

"뭐, 세상에는 지독한 아버지도 있는 거네요. 자신만이 편안하게 당나귀에 타고서 말이야. 조그마한 아이를 걸어가게 하다니…. 가여워, 저 아이, 고통스러운 듯이 비틀비틀거리며 따라가잖아."

"과연 그것(말)도 그렇구나."

아버지는 생각했습니다. 그래서, 아이를 불러서 자신의 앞에 태웠습니다.

이번은 부자 두 사람이 당나귀를 타고, 시장 쪽으로 나아 갔습니다.

당나귀는 동시에 두 사람이나 태웠기 때문에, 점점 고통스럽게 되었습니다. 숨결도 거칠게 되고, 다리도 비틀비틀 느리게 되었습니다.

하지만, 아버지는 깨닫지 못합니다. 태평스럽게 콧노래를 부르면서, 당나귀 등에 흔들리며 갔습니다. 당나귀는 머지 않아 교회 앞에 왔습니다.

교회 앞에는 목사님이 나와 있어서, 어버지를 불러 세웠습니다.

"여보세요, 잠깐 기다리세요. 이런 약한 동물에, 두 사람이나 탄 것은 당나귀가 가엾잖습니까? 도대체, 여기에서 어디로 가는 겁니까?"

"이 당나귀를 팔러 시장에 가는 겁니다만."

"그렇다면, 더 더욱이잖아요. 시장에 당도하기 전에 당나귀는 아주 약해져서, 매물로는 되지 못하죠."

"그럼, 어떻게 하면 좋지요."

"당나귀를 메고 가세요."

"과연, 그것(말)도 그렇구나."

아버지와 아이는 우선 당나귀에서 내렸습니다.

그래서, 당나귀의 네 발을 묶고, 막대기를 꿰어서 두 사람이 메고 날랐습니다.

그런데, 그 무거운 것이란 말할 수 없습니다.

부자(아버지와 아들)는 얼굴을 새빨갛게 해서 비틀비틀거리면서,

"영차, 영차" 하며, 시장으로 향해 갔습니다.

그 모습을 바라보고 모두는 기가 막혔습니다.

"저것은 마치 미치광이군."

당나귀를 멘 부자는 이윽고 다리 위에 왔습니다.

"애야, 시장은 바로다. 조금만 더 참고 견디어라."

아버지는 말했습니다만, 자신도 아이도 녹초가 되어 있었습니다.

당나귀는 당나귀 대로 거꾸로 매달려 있어서 괴로워서 견딜 수 없습니다. 입에서 거품을 내뿜으며 설치기(날뛰기) 시작했습니다.

"이봐, 얌전하지 못하니?"

몹시 꾸짖었지만, 당나귀는 듣지않습니다. 점점 심하게 설쳐서 멜대가 뚝 부러졌습니다.

새끼줄도 툭 끊어졌습니다. 당나귀는 공중제비해서, 냇물에 떨어져 버렸습니다.

공교롭게 비가 온 뒤, 물의 양이 불어 있었습니다.

갈팡질팡 눈깜작할 사이에, 당나귀는 급류에 휩쓸려서, 모습이 보이지 않게 되었습니다.

"아아, 뭐라고 말할 것이랴. 이렇다 말하는 것도, 사람이 말한 것만 들었기 때문이다."

아버지와 아들은 풀이 죽어, 물(레)방아간으로 돌아갔습니다.

16. 고슴도치 걸상
(はりねずみの こしかけ)

원숭이는 산의 대장으로 대단히 버릇이 없었어요. 언제나 모두를 난처하게 했습니다.

어느 날의 일, 원숭이가 토끼에게 말했습니다.

"오늘은 좋은 날씨다. 뾰족산으로 놀러 가지 않겠니?"

그러자, 토끼는 긴 귀를 흔들며 거절했습니다. 원숭이는 (기분이) 불쾌해졌습니다만, 이번은 너구리를 꾀었습니다. 그렇지만, 너구리도 거절했습니다.

원숭이는 더욱 더 불쾌해져, 이번은 여우를 꾀었습니다. 여우도 싫어했습니다만, 제멋대로 구는 원숭인 것입니다. 거절하자니 무엇을 할까 알 수 없습니다. 그래서, 마지못해서 따라갔습니다.

뾰족산에 오르려는데, 고슴도치가 동그랗게 해서 낮잠을 자고 있었습니다.

"이놈아. 일어나라. 산의 대장이 왔잖아."

"시끄럽다. 낮잠 방해를 하지말아 주라."

"아니, 꼬마 주제에 주제넘구나. 너 따위 내 걸상으로 해주지."

원숭이는 고슴도치를 깔보고 앉았습니다. 그러자, 고슴도치는 화내서, 등의 가시를 한꺼번에 곤두세웠습니다.

"아야, 앗."

원숭이는 엉덩이를 감싸쥐고 펄쩍 뛰었습니다.

17. 게 모걸음
(かに よこばい)

밝은 달밤의 저녁(밤)이었습니다.

게의 아가(새끼)가 모래 위를 사박사박 걸어가고 있었습니다.

엄마게는 이것을 보고 깜짝 놀랐습니다.

"뭐, 아가 말이야, 어째서 그런 모양으로 모걸음이 되어서 걷다니 꼴불견이구나. 모두에게 웃음거리가 되요. 걸을 때는 정확히 똑바로 걷는 거야."

"알았어요. 엄마."

게의 새끼는 입에서 거품을 내며 말했습니다.

"그렇다면, 엄마가 똑바로 걸어서 보여 주세요. 나도 그대로 할테니까."

"좋고말고, 문제없어오."

엄마게는 열심히 되어, 똑바로 걸으며 보여주려고 했습니다. 그렇지만, 아무리 해도 모로밖에 걸을 수 없습니다.

게의 새끼도 모걸음으로 걸어서, 엄마게의

뒤를 따라서 갔습니다.

18. 금도끼
（きんの おの）

나뭇꾼은 오늘도 산에서 나무를 베고 있었습니다. 꽝꽝하는 도끼소리가 메아리칩니다.

그런데, 나뭇꾼은 무심코 소중한 도끼를 깊은 늪에 떨어뜨려 버렸습니다.

"난처하구나. 도끼가 없어서는 일을 할 수 없고, 일을 하지 않으면 살아갈 수 없고."

나뭇꾼은 어찌할 바를 몰라서, 늪가에 서 있었습니다. 그러자, 물 속에서 여신이 모습을 나타내었습니다.

"네가 잃은 도끼는 여기에(는) 없는가?"

그것은 금도끼였습니다.

"당치도 않습니다. 나의 도끼는, 금으로는 아닙니다."

여신은 모습을 감추고, 이번은 은도끼를 가지고 나타났습니다. 나뭇꾼은 다만 고개를 저었습니다.

세 번째로, 여신은 쇠도끼를 가지고 나타났습니다.

"그것입니다. 내가 잃어버린 도끼입니다."

나뭇꾼은 정말로 감사의 말을 하고, 자신의 도끼를 받았습니다.

여신은 방긋 웃었습니다.

"너는 정직한 사람이구나. 포상으로 금도끼도 은도끼도, 두 자루 함께 다 주겠다."

마치, 꿈같았어요.

정직한 나뭇꾼은 훌륭한 금과 은의 도끼를 받아서 부자가 되었습니다.

그런데, 이웃 집에도 나뭇꾼이 있었습니다. 이 이야기를 듣고서 부러워서 견딜 수 없습니다.

"자신도 해보자."라고 생각했습니다.

다음 날 아침 일찍, 욕심많은 나뭇꾼은 산으로 나아갔습니다.

"하하아. 이 늪이구나."

나뭇꾼은 자신의 도끼를 일부러 늪에 던져 넣었습니다. 그러자, 여신은 어제처럼 모습을 나타내었습니다.

"여신님 소중한 도끼를 늪에 빠뜨렸습니다. 부디, 되돌려 주세요."

나뭇꾼이 부탁하자, 여신은 잠깐 모습을 감추었다가, 금도끼를 들고 나타났습니다. 나무꾼은 손을 길게 펴서,

"그것입니다. 그것입니다. 내가 잃어버린 도끼입니다."라고 외쳤습니다.

하지만, 여신은 아무말없이 늪 속으로 모습을 감추었습니다. 나뭇꾼은 아무리 불러도 두 번 다시 모습을 보여주지 않았습니다.

욕심을 부려서 거짓말을 한 나뭇꾼은 소중한 도끼를 잃어버렸습니다.

19. 까마귀와 물항아리
（からすと みずがめ）

"목이 말라서 죽을 것 같아요. 어딘가에 물이 없을까."

까마귀는 목이 바싹바싹했습니다. 물을 찾으려 날아 돌아다녔습니다. 물은 좀처럼 눈에 띄지 않았습니다.

더운 여름에, 가뭄이 계속되어 못에도 하천에도, 바싹바싹 말라있는 것입니다.

까마귀는 이곳저곳으로 날아돌아다녀서, 겨우 물항아리를 발견했습니다.

"아이고, 이것으로 살아났구나."

그런데, 뭐라고 말하겠지요. 물항아리의 물은 바닥 쪽에 조금 있을 뿐입니다. 아무리 부리를 넣어도 물에는 미치지 않습니다.

"난처하군."

까마귀는 실망했지만, 침착하게 잘 생각했습니다.

"그렇다. 좋은 수가 있지."

까마귀는 작은 돌을 주워서 항아리 안에 떨어뜨렸습니다. 몇 개이고, 몇 개이고 떨어뜨렸습니다.

그렇게 했더니, 바닥의 물이 점점 위로 올라와, 입구근처에 닿(도록)게 되었습니다.

영리한 까마귀입니다.

20. 시골쥐와 도회쥐

(いなかと まちの ねずみ)

어느 때, 도회쥐가 시골쥐의 집으로 놀러 왔습니다.

도회쥐는 멋을 내고, 점잔을 빼며 왔습니다.

"여어. 잘 와주었네."

시골쥐는 기쁘게 여러 가지로 대접했습니다.

"별로 없지만, 잡수어(먹어) 주시게."

시골쥐는 많은 먹을거리(음식)를 도회쥐에게 권했습니다.

그것은 보리껍데기랑 흙냄새나는 풀뿌리 따위였습니다.

도회쥐는 얼굴을 찌푸려서, 먹을거리(음식물)에는 손도 대지 않았습니다.

"너는 딱하구나. 이런 오두막 집에서 이런 맛없는 것을 먹고 있다니…. 한 번, 내 집에 와 주게나. 뺨(볼)이 떨어(빠)지도록 근사한 음식을 실컷 먹게 해주지."

도회쥐는 자신만만한 듯 말하고, 돌아갔습니다.

그래서 머지않아, 이번에는 시골쥐가 도회쥐의 집으로 놀러 왔습니다.

"과연 도회는 훌륭해서 아름답구나. 마치, 대궐같다."

"훙, 놀랬니."

도회쥐는 시골쥐를 식당으로 데리고 갔습니다. 거기에는 여러 가지의 음식이 가득히 줄지어(가지런히) 놓여져 있었습니다.

"자아, 먹게(잡수어 주시게)."

"멋진 음식이구나."

시골쥐는 음식물에 손을 대었습니다. 그러자, 쾅하는 소리가 나고, 누군가가 왔습니다.

두 마리의 쥐는 놀라서 구석의 구멍으로 도망쳐 들어갔습니다.

조금 지나서 먹으려 하자, 이번은 고양이의 소리입니다.

이것으로는 침착하게(안정되게) 먹는 것도, 큰 소리로 이야기하는 것도 되지않습니다.

시골쥐는 돌아갈 준비를 했습니다.

"목숨걸고 맛있는 음식을 먹는 것보다, 나는 역시, 시골의 오두막 집에서 맛없는 것을 안심하고 먹는 것으로 하겠네. 그럼 잘 있게."

21. 소와 엄마개구리

(うしと かあさんがえる)

두 마리의 새끼개구리가 못 옆에서 놀고 있었습니다.

거기에, 커다란 소가 물을 마시러 왔습니다.

소는 무심코 한 마리의 새끼개구리를 밟아 뭉개어 버렸습니다.

남은 한 마리 새끼개구리는 집으로 도망쳐 돌아와서, 엄마개구리한테 고하였습니다.

"엄마, 큰일이예요. 형님이요, 네 발 달린 몹시 큰 놈에게 밟혀 뭉개어 버렸어요."

엄마개구리는 아직 소를 본 일이 없었습니다.

"크다고, 이 정도니?"

엄마개구리는 배를 불룩하게 해서 보였습니다.

"아니요, 더욱 커요."

"그럼, 이 정도니."

"더욱 더욱, 커요."

엄마개구리는 잔뜩 숨을 들이쉬어, 고무풍선처럼 배를 부풀리었습니다.

"어때. 이 정도겠지."라고 말한 때, 펑하고 배가 파열해(터져) 버렸습니다.

22. 당나귀의 잔꾀

(ろばの わるぢえ)

시골(마을)의 상인이 도회에서 잔뜩 소금을 사들였습니다. 소금은 자루에 채워넣어져 있습니다. 그것을 당나귀의 등에 실었습니다.

"자, 돌아가자."

상인은 말고삐를 잡았습니다만, 당나귀는 소금자루가 무거워서, 느릿느릿 걸어서 갔습니다.

도회와 마을의 중간에는 강이 있습니다. 그 강을 건널 때, 당나귀는 비틀거려서 강 속으로 뒤집혔습니다.

"저런, 큰일이다."

소금자루의 소금은 물에 녹아서, 모두 흘러내려 버렸습니다.

"아아, 소금이 아깝다. 얼마나 바보스런 당나귀일까."

상인은 잔소리를 (말)했습니다.

그렇지만, 당나귀는 즐거워 견딜 수 없었습니다. 짐이 갑작스레 가벼워졌기 때문입니다.

"이것은 좋은 것을 배웠구나. 이 다음에도 이런 방식으로 해서 짐을 가볍게해 주어야지."

당나귀는 아주 맛을 들였습니다만, 상인은 아무것도 알아채리지 못했습니다.

다음 날도, 상인은 당나귀를 데리고 시장으로 갔습니다.

이번은 소금으로는 아닙니다.

솜을 사서, 당나귀의 등에 산처럼 쌓아올렸습니다.

"자, 돌아가자. 오늘의 짐은 부피가 커 있지만, 그렇게 무겁지는 않을테지."

상인은 당나귀를 위로하고, 고삐를 당겼습니다.

당나귀는 무거운 듯한 모양을 하며, 느릿느릿 걸어갔습니다. 얼마 안 있어, 강의 가에 왔습니다.

"어제는 틀림없이 이 근처 같았지. 잘 해보자."

당나귀는 일부러 넘어져서 강 속에 뒤집혀졌습니다.

"잘 되었지."

당나귀는 일어나려고 했습니다만, 빨리는 설 수 없었습니다. 왜냐하면, 솜 무더기가 듬뿍 물을 빨아들여서, 굉장히 무겁게 되어졌기 때문입니다.

"기대가 어긋나 버렸구나."

당나귀는 끙끙 신음소리를 내면서 물이 떨어지는 무거운 짐을 마을까지 운반해 갔습니다.

당나귀는 역시 바보입니다.

23. 사자를 구조한 쥐
(ライオンを たすけた ねずみ)

사자가 좋은 기분으로 낮잠을 자고 있었습니다. 그곳으로 쪼르르 하고, 쥐가 나아 와서 사자의 앞발을 밟았습니다.

사자는 눈을 뜨고 쥐의 꼬리를 꽉 눌렸습니다.

"이거, 나의 낮잠 방해를 한 것은 너였다. 한 입에 먹어 주겠다."

"제발 용서해 주세요. 살려주세요. 언젠가 반드시 이 사례를 할테니까요."

"하하하, 너같은 꼬마에 무엇이 할 수 있을 건가."

사자는 웃으며 쥐를 용서해주었습니다.

그리고 얼마 후, 사자가 덫의 그물에 걸려 버렸습니다.

아무리 발버둥쳐도 도망칠 수가 없었습니다. 사자는 괴로운 듯 숨을 헐떡거리고 있었습니다.

그러자, 그 앞에 쥐가 나아 와서 말했습니다.

"지금, 도와 드릴께요."

쥐는 튼튼한 이(빨)로 잇달아 그물을 물어 끊었습니다.

이렇게 해서, 작은 쥐가 약속대로 커다란 사자를 구조해 준 것입니다. 꼬마라도 업신여겨서는 안됩니다.

24. 원숭이 왕
(さるの おうさま)

어느 때, 동물들이 모여서 무도회를 열었습니다. 그래서,

"제일 능숙하게 춤춘 자를 왕으로 삼자."라

고 말하는 것이 되었습니다.

토끼는 춤이 특기였습니다. 귀를 팔랑팔랑, 박자를 맞추어 깡총깡총 춤추었습니다.

"잘 하는구나. 귀엽구나."

모두는 딱딱하고 손뼉을 쳤습니다.

토끼 다음은 거북이였습니다.

거북이는 목을 내기도 하고 넣기도 하며, 느릿느릿하게 춤추었습니다. 누구도 칭찬하지 않습니다. 손뼉도 치지 않았습니다.

너구리의 춤은 배를 탕탕 쳤기 때문에 몹시 떠들썩했습니다.

다람쥐는 뛰기도 하고 뛰어오르기도 하고 달리기도 하며, 뱅글뱅글 춤추었습니다. 모두는 크게 놀랐습니다.

마지막으로, 익살꾼 원숭이가 춤추었습니다.

원숭이는 재미있게 춤을 추었고, 모두를 껄껄 웃겼습니다.

"훌륭하구나. 원숭이가 일등이다."

"원숭이를 왕으로 삼자."

"그것이 좋다. 원숭이왕, 만세."

"흐흐흐, 내가 왕인가, 에헴."

원숭이는 완전히 득의양양해져서, 왕의 의자에 앉았습니다.

그러자 거기에, 여우가 다가 왔습니다.

"원숭이대왕님, 이제부터 새로운 대궐로 안내해 드리겠습니다."

여우는 원숭이를 꾀어 내었습니다. 하지만, 대궐은 없습니다. 튼튼한 우리였습니다. 우리 안에는 음식물이 놓여 있었습니다. 먹보인 원숭이는 음식물로 덤벼들었습니다.

갑자기, 우리 문이 닫혀져, 원숭이는 갇히게 되었습니다. 원숭이는 새빨갛게 되어 화냈습니다.

"이봐, 열어주어라. 나는 왕이란다."

그렇지만, 여우는 웃으며 말했습니다.

"자네는 왕인 주제에 그 정도의 일이 분간(판단) 못했단 거냐. 너같은 바보는 그 안에서 천천히 생각하는 거야."

25. 벼랑 아래의 이리
(がけの したの おおかみ)

높은 벼랑 위에서, 두 마리의 어린 양이 놀고 있었습니다.

그러자, 배를 주린 이리가 아래를 지나가다가, 새끼양을 발견했습니다.

이리는 근처를 둘러보았지만, 높고 험악한 벼랑입니다.

어디에서도 오를 곳이 없습니다. 그래서, 상냥한 간사한 목소리를 냈습니다.

"귀여운 애들아, 그런 곳에 있는 것은 위험해요. 아래로 내려와요. 아래에는 말야, 부드러운 맛있는 풀이 듬뿍 나 있어요."

그렇지만, 새끼양들은 이리의 무서운 사정을 잘 알고 있었습니다.

"이리 아저씨, 친절해서 고맙습니다. 하지만, 우리들은 내려가지 않아요. 내려 갔더라도 맛있는 풀을 먹기도 전에(먹지못한 사이에) 아저씨가 우리들을 먹어 버리겠지요."

"어쩜, 얄미운 애들인지."

이리는 분한 듯이 가 버렸습니다.

26. 북풍과 햇님
(きたかぜと おひさま)

어느 때, 북풍과 태양이 힘겨루기를 하는 것으로 되었습니다.

햇님은 쭉 아래를 내려다 보았습니다. 그러자, 한 사람의 나그네가 망토를 입고, 걸어가고 있었습니다.

"그렇다. 저 여행자의 망토를 빨리 벗긴 쪽이 이긴 것으로 하자."

"저런 거라면 문제없다. 내가 먼저 하겠다."

북풍은 먼저, 차가운 바람을 세차게 불었습니다. 그러자, 여행자는 목을 움츠리고, 망토의 옷깃을 세웠습니다.

다음에 북풍은 무서운 회오리바람을 내뿜어 주었습니다. 그러자, 망토의 옷자락이 젖혀서

팔락팔락했지만, 여행자는 망토을 놓지않습니다.

"이래도인가, 이래도인가."

북풍은 더욱 심한 회오리바람을 세차게 내뿜어 주었습니다.

그렇지만, 북풍이 아무리 마구 세차게 불어대도 여행자는 망토를 붙잡고 놓지 않았습니다.

"북풍군, 결국 소용이 없었군. 이번에는 내 차례다."

햇님은 웃으며, 처음에 부드러운 따뜻한 빛을 슬슬 보냈습니다.

그렇지만, 여행자는 원래대로였습니다. 망토의 깃을 단단히 붙잡고 걸어가고 있었습니다.

그것을 보며 북풍이 웃었습니다.

"자네가 해도 안되네."

그렇지만, 햇님은 당황하지 않았습니다. 부드러운 빛을 조용히 보내기 계속하였습니다.

여행자는 얼마 안 있어, 망토 깃을 벌렸습니다.

"이봐, 봐주렴."

햇님은 방긋 웃으며, 빛을 점점 강하게 해 갔습니다. 그러자, 여행자는 망토 앞을 크게 벌렸습니다.

그래서, 햇님은 있는 대로 전부의 힘을 내서, 쨍하고 내리쬐었습니다.

여행자는 갑자기 망토를 벗고, 이마의 땀을 닦았습니다. 그리고는, 휘파람을 불며, 발걸음도 가볍게 걷기를 계속해서 갔습니다.

"어때요. 내가 이겼지요."

"응, 졌어요. 자네의 따뜻한 기운에는 도저히 당할 수 없어요."

북풍은 하늘 저편으로 날아갔습니다.

27. 영리한 새끼양

(りこうな こひつじ)

길을 잃은 새끼양이 이리에게 붙잡혀 버렸습니다.

새끼양은 떨고 있었습니다만, 영리한 자였습니다.

"이리아저씨, 부탁입니다. 나를 먹기 전에 피리를 불어 주시지 않겠습니까?"

"뭐라고, 피리 따위 불어라고."

"나는 죽기 전에 피리에 맞추어 매우 좋아한 춤을 추고 싶은 것입니다."

"설마, 춤추면서 도망갈 작정은 아니겠지."

"이렇게 되면, 도망치지 않을게요."

"좋아 좋아. 그렇다면 한 번 불어주지."

이리는 피리를 불기 시작했습니다. 그 가락에 맞추어 새끼양은 춤추기 시작했습니다. 귀여운 춤이었습니다.

양의 파수꾼들은 피리소리를 듣고서 와주었습니다. 조금 전부터 길잃은 새끼양을 찾고 있었던 것입니다.

"야, 이리다. 해치우자."

파수꾼들은 이리를 사로잡고, 새끼양을 구조했습니다.

이리는 분해했습니다.

"바보를 보았다. 새끼양에게 속아서, 파수꾼을 불러들인 거다."

28. 배은망덕한 사슴

(おんしらずの しか)

사냥꾼에게 쫓겨서 사슴은 도망쳤습니다. 도망쳐서 포도잎이 우거진 곳에 숨었습니다.

"어이구, 포도님 덕분에 살았습니다요."

그렇지만, 사슴은 포도의 열매도 잎도 좋아했습니다.

목숨건짐을 한 것도 잊어버리고, 와작와작 바삭바삭 먹기시작했습니다.

그 소리를 우연히 듣고 알아서 사냥꾼이 되돌아왔습니다.

"야, 이런 곳에 숨어 있었구나."

사냥꾼은 겨냥했습니다. 사슴은 더 도망칠 곳이 없습니다. 뚝뚝 눈물을 흘리고 있었습니다.

"자신이 나빴다. 구조해 준 포도님에게 은혜 갚음도 하지않고, 먹기나 했으니까 즉시 벌을 당한 것이다."

29. 하늘을 날은 거북
(そらを とんだ かめ)

거북은 오늘도 하늘을 쳐다보며, 혼자말을 (말)했습니다.

"새들은 좋겠구나, 하늘을 날 수 있으니. 나도 날아보고싶구나. 넓은 하늘을 자유롭게 날면, 얼마나 유쾌할까."

거북은 오래 살아 정든 늪도, 물에 잠수하는 것도, 지면을 기어다니는 것도 싫증나 버렸습니다. 아주 싫어졌습니다.

"어떻게 해서든지 새처럼 하늘을 날아보고 싶은 거다."

거북은 골똘(열중)해져서, 그 일만 생각하고 있었습니다. 그러자, 어느 날 거북과 사이좋은 친구인 오리가 두 마리 물가에 올라왔습니다. 거북은 즉시 부탁해 보았습니다.

"오리님, 부탁입니다. 나를 하늘 위에 데려가 주지 않겠습니까. 나는 이 땅도, 늪도 아주 싫증나 버렸던 것입니다. 한 번으로 좋으니까 하늘을 날아 보고 싶은 것입니다."

두 마리의 오리는 놀라서 말했습니다.

"거북아, 그것은 무리이겠다. 거북에게는 태어날 때부터 날개가 없기 때문에, 날 수 없어요."

"알고 있습니다. 하지만, 체념하는 것이 되지 않습니다. 어떻게 해서든, 하늘 위로 데려가 주세요. 부탁드립니다."

"그렇다면 좋은 수가 있어요."

오리는 가늘고 길다란 막대기를 입에 물고 왔습니다.

"거북님은 막대 한 가운데를 꽉 물고 있으세요. 우리들은 양쪽 끝을 물고 날테니까요."

"과연, 그것은 좋다."

거북은 크게 기뻐서 막대기의 한 가운데를 물었습니다. 두 마리 오리는 양쪽 끝을 물었습니다.

"거북님, 됐습니까. 날아오를 테니까 입을 열어서는 안돼요."

두 마리 오리는 기세 좋게 날아올랐습니다. 늪도 밭도, 산도 들판도, 보고 있는 동안에 작아졌습니다. 마치, 상자 안에 만든 모형정원처럼 보였습니다.

하지만, 거북은 아래를 보는 것이 되지 않습니다. 푸른 하늘만 보고 있었습니다. 오리들은 높은 하늘 위를 빙글빙글 날아 다녔습니다.

거북은 열중해서 막대기를 물고 있었지만, 뭔가 꿈 같았습니다. 오랜 동안의 소원이 겨우 이루어진 것입니다. 즐겁고 기뻐서 견딜 수 없습니다. 무심코, 입을 벌리고 "만세"라고 외쳤습니다.

순간에 거북이는 하늘에서 완전히 거꾸로 떨어져 갔습니다. 하지만, 떨어진 장소는 오래 살아 정든 늪 속이었습니다.

30. 강한 막대기
(つよい ぼう)

아버지가 세 사람의 자식(아들)에게 한 자루씩 막대기를 건네 주고 말했습니다.

"너희들, 그 막대기를 꺾어 보렴."

"이런 것은 간단해요."

세 사람의 자식(아들)은 곧 딱딱하고 막대기를 꺾어 버렸습니다.

"자, 다음은 이것이다."

아버지는 세 자루의 막대기를 다발로 해서, 맏아들에게 건네주었습니다.

"그것을 꺾어 보렴."

맏아들은 윽하고 힘을 썼지만(들였지만), 막대기의 다발은 꺾이지 않습니다. 둘째 아들이 했어도, 막내 아들이 했어도, 꺾을 수는 없었습니다.

"그것으로 알았을 테다. 한 자루로는 약한 막대기도, 세 자루 모으면 강하게 되는 거다.

너희들도 세 사람이 힘을 합해서 하면, 되지 않는 것은 없을 게다."
아이들은 방긋하며 수긍했습니다.

31. 여우와 학의 음식대접
(きつねと つるの ごちそう)

어느 날, 여우로부터 학의 집(처소)에 편지가 왔습니다. 『저녁식사를 대접할테니까 집으로 와 주세요.』
"뭐, 이상하네. 여우가 무엇을 대접할까."
학은 기뻐서 여우의 집에 갔습니다.
"여어, 학님, 참 잘 와주셨소. 부디 사양하지 말고 잡수어 주세요."
여우가 내놓은 음식(물)은 커다란 평평한 접시에 담은 수프뿐이었습니다.
"수프 참 좋지(좋아), 잘 먹겠어요."
학은 수프를 먹으려고 했습니다만, 어쨌든 긴 부리입니다. 아무리 애써도, 다만 냄새를 맡을 뿐이었습니다. 접시의 수프로는 한 방울도 먹을 수가 없습니다.
그런데, 여우는 맛있는 듯 수프를 다 마셔버리고, 히죽히죽 거리고 있습니다. 학의 모습을 재미있어 하고 있는 것이었지요.
"심하구나. 심술쟁이네."
학은 원망스러운 듯이 돌아갔습니다.
그 뒤 얼마 안있어, 이번은 학으로부터 여우에게 편지가 도착했습니다. 『저녁식사를 대접할테니까, 꼭 와 주세요.』
여우는 먹보였습니다.
"어떠한 음식(물)일까."
이전의 일도 잊어버리고, 가슴을 설레이면서 학의 집에 갔습니다.
"여우(님), 참 잘 와주셨소. 사양하지 말고 잡수어 주세요."
학이 내놓은 음식(물)은 무엇이지요. 가늘고 긴 주둥이의 물항아리에 담아져 있었습니다.
"잘 먹겠습니다."
여우는 물항아리에 입을 넣었습니다만, 아무리 애써도 음식(물)에 혀가 닿지 않습니다. 다만, 맛있는 듯한 냄새가 날뿐입니다.
학의 쪽은 긴 부리를 편안히 항아리의 바닥에 넣어서, 뭔가 맛있는 듯이 먹고 있었습니다.
여우는 배를 굶주리면서 눈앞의 음식(물)을 한 입(모금)도 먹을 수 없었습니다.

32. 겁이 많은 사자
(おくびょう ライオン)

사자가 있었습니다. 언제나 갈기를 흔들며, 꼬리를 창처럼 꼿꼿이 세워서, 으스대며 걸어가고 있었습니다.
"숲 속에서 가장 훌륭한 것은 나다. 어홍, 어홍."
어느 밤, 조용한 숲 위에 별똥별이 휘익하며 파랗게 뻗치고 있었습니다.
산도 늪도, 새까만 어둠입니다. 사자는 육중하게, 으스대며 산책하러 나갔습니다. 늪의 옆까지 오자, 이상한 소리가 들려 왔습니다.
"개굴개굴 갯게, 개굴 갯게."
사자는 어쩐지 기분이 나빠졌습니다. 지금까지에 한 번도 들어본 일이 없는 괴상한 소리입니다.
소리는 늪 위에서입니다.
"개굴개굴 갯게, 개굴 갯게"
사자는 무서워졌습니다. 부들부들 떨고 있으니, 바람이 불어왔습니다. 나뭇잎이 와삭와삭 와삭.
사자는 꼬리를 움츠렸습니다.
그러자, 또, "개굴개굴 갯게, 개굴 갯게"
"어이쿠, 도깨비다아." 하고 사자는 뛰어오르자마자, 당황해서 도망치기 시작했습니다.
울고 있었던 것은 두 마리의 감기걸린 개구리의 목소리이었어요.

33. 멋쟁이 까마귀
(おしゃれな からす)

어느 때, 하느님이, "새 가운데 제일 아름다

운 자를 뽑아서, 새의 왕으로 삼는다."라고 새들에게 말했습니다.

그랬더니, 새들은 큰 소동입니다. 매도 닭도, 집오리도 원앙새도, 작은 참새까지, 자신이야말로 왕으로 뽑히고싶다고 생각했습니다.

「그러면 우선, 멋지게 되지않으면….」어느 새도 이렇게 생각해서, 샘으로 날아갔습니다.

그래서, 철벅철벅 샘물을 뒤집어 쓰고, 날개랑 몸을 씻었습니다. 날개를 부리로 가지런히 정돈했습니다.

새까만 까마귀도 샘으로 나가서 지지않고 씻었습니다. 그래도, 역시 새까맣습니다.

까마귀는 자신의 검은 날개를 바라보고,

"이것으로는 아무리 생각해도, 나는 왕으로 될 수 없는 하찮은 존재구나"하고 실망했습니다.

그 동안에, 다른 새들은 각자 닦아 윤을 내서 돌아갔습니다. 샘 근처에는 그 새들의 떨어뜨린, 빨강, 파랑, 노랑의 고운 깃(날개)이, 꽃잎같이 떨어져 있었습니다.

"그렇다. 좋은 것을 생각한 거다. 저 깃으로 내가 제일 아름답게 될 수 있다. 그래서 내가 왕이 될 수 있을 것이다."

까마귀는 날개를 주워서 몸 전체에 붙였습니다.

그런데, 새들 전부가 하느님 앞에 늘어섰습니다. 하느님은 보시고 있었습니다만, 한 마리의 새에게, "네가 제일 아름답구나"라고 말씀하셨습니다.

다른 새들은 그 새를 뒤돌아 보고, 깜짝 놀랐습니다.

"그 깃은 내 것이다."

"저것은 나의 깃이다"하고 화를 내었습니다. 덤벼들어서 자신의 깃을 집어들었습니다.

그러자, 그 새는 새까만 까마귀로 되어 버렸습니다.

34. 영리한 닭
(りこうな にわとり)

사이좋은 개와 닭이 모여서 여행하러 외출하였습니다.

"닭아, 해가 저물어 왔으니까, 오늘 밤은 이 나무에 묵자. 나는 동굴에서 잠잘테니, 너는 높은 나무 가지에서 자면 좋겠다."

조금 있으려니까, 한 마리의 여우가 나무 아래를 지나갔습니다.

"어머나, 먹음직스러운 닭이 있다."

여우는 입맛을 다시면서 닭에게 말을 걸었습니다.

"닭아, 나무에서 내려와, 나와 놀지 않겠니?"

영리한 닭은 여우의 간계를 즉시 알았습니다.

"그렇다면, 여우님, 아래에서 자고 있는 친구에게 내가 나무에서 내려가도 좋은가 어떤가, 물어보아 주지않겠습니까."

"좋고말고."

여우는 동굴을 들여다 보았습니다. 그러자마자, 돌연히,

"왕 왕, 왕 왕."

여우는 개가 으르렁거려서 매우 당황해서, 허둥지둥 뒤도 보지않고 도망(쳐)갔습니다.

35. 피리부는 어부
(ふえふき りょうし)

어부가 있었습니다. 피리를 부는 것이 아주 능숙합니다. 어부가 피리를 불면, 어느 사람도 몸을 흔들어서, 즐거워져 춤추기 시작하는 것이었다.

어느 날, 어부는 바다의 바위에서 피리를 불기시작했습니다.

"삐릴리 삐릴리, 삐릴리이.
삐릴리 삐릴리, 삐릴리이."

능숙한 피리의 여운이 하늘로 두둥실 퍼져서, 바다 위로 춤추듯 전달되어져 갔습니다.

"이렇게 해서 불면, 물고기들이 바다에서 춤추러 나와서, 발 밑에 뛰어올라올 것임에 틀림없다. 그 물고기를 잡아야지."

어부는 더욱 더 힘을 들여 바다로 향해서 피

리를 불어 울렸습니다.

"삘릴리 삘릴리, 삘릴리이.
삘릴리 삘릴리, 삘릴리이."

바다 밑에는 물고기 많이 있었습니다. 물고기들은 다시마 그늘에서 술래잡기를 하기도 하고, 조용한 바위 모퉁이에서 낮잠을 자기도 하고 있었습니다.

어부의 피리 따위 듣고 있는 물고기는 한 마리도 없습니다. 그래도, 어부는 바위 위에서 열심히 피리를 계속 불었습니다. 물고기가 뛰어나오지 않기 때문에, 조금 가락을 바꾸어 불었습니다.

"삐이삐이 뿟뽀, 삐이뿟뽀.
삐이삐이 뿟뽀, 삐이뿟뽀."

역시, 물고기는 뛰어나오지 않습니다.

한낮도 지나고 해질녘이 되었습니다. 갈매기도 보금자리에(로) 돌아가기 시작했습니다.

어부는 조금 당황했습니다.

바다로 향해 고함쳤습니다.

"아침부터 이렇게 피리를 불고 있는 데도, 물고기놈 왜 뛰어나오지않는 거냐. 피리는 이제 들려주지 않겠다."

"지금부터 그물을 던져 넣어, 너희들을 모두 잡아주겠다."

어부는 피리를 접어두고, 그물을 가지고 나왔습니다.

바위 위에서 양 다리를 힘껏 버티고, 그물을 펼쳐서 바다에 던져 넣었습니다.

"응, 묵직하다. 많이 걸려든 것 같다."

끌어올려 보니, 그물 안에 많은 물고기가 춤추기도 하고 뛰기도 하며, 서로 밀치고 있습니다.

어부는 그물 곁으로 달려왔습니다.

물고기를 들여다 보고 말했습니다.

"어째서, 피리를 불 때에 춤추지 않더니, 불지않을 때에, 그렇게 뛰며 춤추는 거냐."

어부는 고기를 짊어지고 돌아갔습니다.

36. 까마귀의 목소리자랑

(からすの こえじまん)

한 마리의 까마귀가 맛있을 듯한 고기를 물고, 나무 위에서 잠깐 쉬고 있었습니다.

때마침 그 때, 나무 아래를 지나가던 여우가 까마귀에게 말(소리)을 걸었습니다.

"안녕, 까마귀님. 지금 숲에는 당신의 이야기가, 대단히 화제에 올라 있습니다요. 모습이 좋으며, 목소리가 고운 까마귀님은 정말 새의 여왕님과 같대요. 그런데, 유감스러운 일로, 나는 아직 당신의 목소리를 들은 일이 한 번도 없는 것입니다. 아무쪼록, 나에게 당신의 목소리를 한 마디 들려주시지요."

여우에게 칭찬을 들어서, 까마귀는 완전히 좋은 기분이 되었습니다.

그래서, 까마귀는 가앗하고 한 마디 소리, 큰 입을 열고 울었습니다.

그런데 그 순간, 소중한 고기는 똑바로 아래에서 기다리고 있던 여우의 입 안으로 떨어져 갔습니다.

"잘 먹었습니다."

여우는 낼름하고 혀를 내고서, 부랴부랴 도망쳐 가 버렸습니다.

37. 개구리의 왕

(かえるの おうさま)

호수에 개구리가 여럿이 살고 있었습니다.

개구리들은 즐겁게 지내고 있었습니다만, 왕이 다스려 주면, 더욱 행복하게 될 것 같다고 생각했습니다.

그래서 하느님에게, "기원합니다. 우리들에게 왕을 주십시오" 하고 청원하였습니다.

"지금 그대로 있는 편이 너희들은 행복하단다." 하느님은 말씀하셨습니다.

그렇지만, 개구리들은 꼭 왕을 주세요 라고 말하고 듣지않습니다.

그래서 하느님은, "자아, 그렇다면, 이것이 너희들의 왕이다" 하고, 통나무를 한 개 물 속에 던져 넣었습니다.

개구리들은 통나무 위에서 쉬기도 하고, 그리고 또 뛰어내리기도 하며, 매일 재미있게 놀 수가 있었습니다.

그렇지만 그럭저럭하는 사이에, "이것으로는 조금도 왕같지 않다. 하찮은 것이야" 하고 생각했습니다.

그래서 하나님께, "우리들을 다스릴 자가 될, 더 멋진 왕으로 바꿔주세요"라고 청원했습니다.

하나님은 성을(화를) 내셨습니다.

"그럼, 너희들의 바라는 대로 왕을 주겠다."

그것은 황새였습니다. 개구리들은 황새가 걸어 오는 것을 보고 감탄했습니다.

"어떤가, 저 멋진 걷는 모습, 저것이야말로 왕이다."

개구리들은 기뻐서 황새를 맞으러 갔습니다.

그런데, 그 새로운 왕은 선두의 개구리가 다가가자, 그 긴 부리로 갑자기 집어올렸습니다.

그래서, 한 입에 삼켜 버렸습니다. 다음 개구리도, 다음 개구리도 삼켰습니다.

"이거, 어찌 된 것인가."

개구리들은 놀라서 외치면서 도망쳤습니다.

그렇지만, 황새는 긴 다리입니다. 손쉽게 뒤쫓아가서 차례차례 먹어 버렸습니다.

이윽고, 호수에는 개구리가 한 마리도 살(고 있)지않게 되었습니다.

38. 공작새의 뽐냄
(くじゃくの じまん)

멋진 공작새가 있었습니다. 날개를 번쩍번쩍 펼쳐서, 자랑을 하면서 걷고 있었습니다.

"학(님), 내 날개, 매우 예쁘죠."

"예. 예쁩니다."

"당신은 흰 옷으로서 가엾군요."

"아니오, 이 날개로 하늘 높이 좋은 곳으로 갈 수 있습니다."

"그렇지만, 내 날개, 훌륭하죠."

"날개가 아름다워도 훌륭한 공작새님으로는 생각하지 않습니다."

"이봐, 어째서지. 그 이유를 말해."

"공작새님은 새인 주제에 날 수 없겠지요. 닭처럼 지면 위에서만, 느릿느릿 걷고 있기 때문에 가여워보입니다."

공작새는 화를 냈습니다. 학에게 달려들었습니다. 학은 너플너플 하늘로 날아올랐습니다.

"훌륭한 공작새가 되고 싶다면, 옷을 자랑해서는 안됩니다."

학은 하늘높이 날아갔습니다.

39. 덜렁이 토끼
(あわて うさぎ)

따끈따끈 따스한 햇살을 쬐며, 한 마리의 토끼가 기분좋은 듯이 낮잠을 자고 있었습니다.

"쿵"하고, 그때 갑자기 커다란 야자열매가 낮잠을 자고 있는, 토끼의 바로 옆에 떨어져 왔습니다.

"어머나, 지진이닷."

토끼는 깜짝 놀라고, 몹시 당황해서 벌떡 일어났습니다.

"큰일이다. 지진이다. 지진이다. 대지진이다."

토끼는 큰 소리로 외치면서 정신없어서 달리기시작했습니다.

"뭐라고, 지진이라고."

"그것은 큰일이다. 곧바로 도망가지않으면."

안색이 변해서 달려가는 토끼를 보고, 동료의 토끼들도 기절초풍.

"지진이닷. 대지진이닷" 하고, 입에 입으로 외치면서 달리기시작했습니다.

"시끄럽구나. 도대체 어찌된 것이냐 말해라."

낮잠 방해를 당한 사자는 불쾌한 듯이, 도망쳐 가는 토끼에게 물었습니다.

"큰일났습니다요. 사자님, 지진입니다요. 대지진입니다."

"지진이라고…. 이런 바보스런 놈이 있는 건가. 조금도 흔들리고 있지않잖아."

"엣, 아, 정말이다…. 이상하다."

토끼들은 멍청히 해서, 두리번 두리번 근처를 둘러보았습니다.

"하지만 아까(조금 전), 내가 낮잠을 자고 있는데…."

"왓핫핫핫, 아아 우습다."

토끼에게서 이야기를 들은 사자는 배를 움켜잡고 웃어댔습니다.

"토끼는 덜렁이로구나. 지진 따위는 당치도 않아요. 자, 보렴. 이 야자열매가 떨어져 있잖아."

사자에게 비웃음당하고, 토끼들은 부끄러운 듯이 귀를 늘어뜨리고, 살금살금 야자나무 뒤로 숨어 버렸습니다.

40. 종다리의 이사
(ひばりの ひっこし)

보리밭에 종다리(종달새) 둥지가 있었습니다.

새끼종다리들이 둥지 안에서 놀고 있는데, 농민이 밭으로 왔습니다.

"여기는 잘 여물었다. 근처의 사람들에게 추수의 거들어줌을 부탁하지 않으면 안된다."

그것을 들은 새끼종다리는 깜짝 놀랐습니다.

엄마종다리가 돌아 왔을 때,

"어머니, 큰일났어요. 농민이 보리베기를 근처의 사람들에게 부탁하자고 말하고 있었습니다. 빨리 이사않으면, 우리들이 발각되어 버립니다"라고 걱정스러운듯이 말했습니다.

엄마종다리는 웃으면서,

"아직 이사를 안해도 괜찮아. 걱정할 것은 없어요."라고 말했습니다.

"어떻게 해서지요. 엄마."

"사람에게 부탁하자 라고 말하고 있는 동안은 추수는 않는다. 스스로 추수하자고 말하면, 그때야말로 도망가는 것이다."

엄마종다리는 새끼종다리에 상냥하게 가르쳤습니다.

41. 원숭이의 투망질(그물질)
(さるの あみうち)

어부가 있었습니다. 배에 타고 강으로 물고기를 잡으러 갔습니다.

좋은 날씨입니다.

강은 푸른 하늘을 비추어 술술 아름답게 흘러가고 있었습니다.

"언제나, 여기에는 물고기가 많이 있기 때문에, 오늘도 이곳에 그물을 던져 보자."

어부는 그물을 커다랗게 펼쳐서 풍덩하고, 강 속으로 던져넣었습니다.

"이영차, 영차, 이영차." 하고 그물을 끌어올렸습니다.

보니까, 그물 속에 커다란 물고기와 작은 물고기가 펄떡펄떡하고, 한가득 뛰어오르고 있습니다.

어부는 기뻤습니다. 싱글벙글거리면서, 몇 번이나 그물을 던져, 물고기를 많이 잡았습니다.

그 동안에 배가 고파왔습니다.

"벌써(이미), 점심쯤일테지. 언덕에 올라가서 도시락을 먹자."

어부는 배 안에 그물을 두고, 도시락을 가지고, 배에서 상륙해(뭍에 올라) 갔습니다.

강가의 나무 위에 숲에서 나온 원숭이가 있었습니다.

원숭이는 조금 전부터 어부의 고기잡이를 가만히 (지켜)보고 있었습니다.

"재미있겠구나. 나도 한번 고기잡이를 해보고싶구나."

원숭이는 어부가 없어졌기 때문에, 나무 위에서 스르르 미끄러져 내려왔습니다.

배 안으로 들어갔습니다.

"좋다. 이 그물로 고기를 잡아야겠다. 재미있겠지."

그물을 잡고 일어섰습니다.

그렇지만, 처음으로 그물을 들었기 때문에, 어떻게 하면 좋을지 알지못합니다.

그물이 손이랑 발에 휘감겨서 움직일 수 없

게 되었습니다.

"이크 큰일이다. 그물아 떨어져라."

겨우 그물이 떨어졌습니다.

"이걸로 안심이다. 이번에는 이 그물을 강 속으로 던지면, 물고기가 가득히 잡히겠지. 어디, 해보자."

원숭이는 그물을 매고, 힘껏 머리 위에서 휘둘렀습니다. 그러자, 몸이 팽이처럼 빙글빙글 돌아서 멈추지 않습니다. 원숭이는 배 가운데 뒤집혔(넘어졌)습니다.

"어이구, 아파, 아파. 이번에는 조심해서 해보자."

원숭이는 더 한 번 머리 위에서, 그물을 휘둘렀습니다. 그리고, 강에 던져 넣었습니다.

그러자, 그물에 잡아(끌어)당겨져 원숭이는 그물과 함께 강 속으로 뛰어(날아) 들어가 버렸습니다.

42. 당나귀와 여치

(ろばと きりぎりす)

"여치님의 목소리는 아름답구나…."

당나귀는 풀숲에서 울고 있는 여치의 목소리를 듣고서, 아주 부러워졌습니다.

"여치님, 당신의 목소리는 정말로 훌륭하군요. 도대체 무엇을 먹으면, 그렇게 좋은 목소리가 나는 것입니까? 가르쳐 주세요."

당나귀는 어떻게든 해서 자신도 여치와 같은 목소리로 되고싶다고 생각했습니다.

"예. 우리들은 매일 풀의 이슬을 마시고 있을 뿐입니다."

"뭐라고, 그런 간단한 것이란 말인가…."

당나귀는 즉시 그날부터 매일 매일, 배고픈 것도 참고서, 풀 이슬을 마시며 지냈습니다.

그랬더니, 당나귀는 점점 홀쭉해져서 마침내 죽어 버렸습니다.

43. 우물에 내려온 여우

(いどに おりた きつね)

어느 밤, 여우가 산책하러 나왔습니다. 숲도, 산도 좋은 달밤입니다.

골짜기의 냇물은 달님에 비춰져서, 은띠처럼 빛나고 있었습니다.

"달님의 나라에 한 번 가보고 싶구나."

여우는 그렇게 생각하면서 산을 올라 가니, 우물이 있었습니다.

우물 물에 달님이 비춰져 있습니다.

여우는 우물 가에 우뚝서서, 우물 속에 비춰진 달님을 바라보고 있었습니다.

"아주 동그랗고 고운 달님이구나. 손으로 잡아보자."

여우는 두레박에 타고 풍덩 우물 바닥으로 내려왔습니다.

물은 흔들려서, 비춰져 있던 둥근 달님은 산산이 부서져 흐트러졌습니다.

여우는 실망했습니다.

"뭐야, 이런 거라면 산에 떠오른 달님을 보고 있는 편이 좋았다."

여우는 우물 밖으로 나오려고 했습니다. 그렇지만 밧줄을 오를 수가 없었습니다.

"난처하구나. 누가 와주어라. 이봐요, 이봐요"하고, 우물 바닥에서 (울음)소리를 내며, 부르고 있었습니다.

거기에 이리가 왔습니다. 언제나 산의 짐승을 괴롭히고 있는 나쁜 이리입니다. 여우는 이리를 따끔하게 맛을 보여 주려고 생각했습니다.

"이리군, 우물물은 맛있다네. 마시러 오지않겠는가."

"좋아 간다."

이리는 우물 바깥에 나와 있는 두레박에 뛰어탔습니다. 두레박은 기세좋게 우물 바닥으로 내려왔습니다.

그 기회에 반대편의 두레박에 잡고 있던 여우는, 스르르 올라가 우물 밖으로 뛰쳐나왔습니다.

"이리군. 잘 있거라."

여우는 이렇게 말하며, 달밤의 산으로 되돌아 갔습니다.

44. 달님의 옷
(おつきさまの きもの)

달님이 산책을 하면서 아래를 보니, 여자아이가 놀고 있었습니다.

달님은 그 어린아이들을 보고,

"나도 저 어린아이들처럼 옷을 입어보고 싶다. 옷을 입고 싶다" 라고 생각했습니다.

그래서, 두 사람에게 불렀습니다.

"안녕(밤인사). 너희들의 옷은 아주 예쁘구나. 나에게도 바느질해 주려무나."

여자어린아이들은 달님을 올려다보며 생긋생긋 웃었습니다.

"예, 만들어(장만해) 드리겠어요." 라고, 한 사람의 아이가 말했습니다.

"어머, 그래도(그렇더라도) 안되겠구나 못하겠어요." 하고, 또 한 사람의 아이가 말했습니다.

"아니, 왜?"

달님은 물었습니다.

"왜냐하면, 달님은 가느다란 초승달님으로 되기도 하고, 아주 둥글게 되기도 하는, 언제나 크기가 변해져 있는 걸요." 라고 그 아이는 대답했습니다.

45. 도깨비 사과
(おばけの りんご)

아저씨가 산보하러 갔습니다. 어디를 보아도 좋은 날씨입니다. 훈훈한 바람이 산들산들.

저쪽에도, 이쪽에도 꽃이 가득 피어 있고, 작은 새 소리도 들립니다.

"봄의 들판은 기분이 좋구나. 번화한 도회와 달리, 공기가 아주 상쾌하구나."

아저씨는 심호흡을 하면서, 한가로이 들판 길을 걸어 갔습니다.

그러자, 길 한 중간에, 사과가 한 개 떨어져 있었습니다. 아주 맛있을 듯한 사과입니다.

"글쎄, 누구도 지나가지 않는 길에 사과가 놓여 있다. 그 위에, 이 주위에는 사과나무는 없고, 이것은 이상한데. 누군가가 나를 속이려고 해서, 장난으로 놓아둔 것이겠지."

아저씨는 이상하게 생각해서, 사과를 짓밟아 보았습니다.

그러자, 사과가 덜덜거리며 흔들렸습니다. 고무풍선처럼 커지며 볼록하게 부풀었습니다.

아저씨는 몹시 놀랐습니다. 당황해서 뛰어내렸습니다.

"이놈은 도깨비사과렸다. 사과 따위에게 지고 견딜 것 같으냐."

아저씨는 몹시 서둘러서 몽둥이를 찾았습니다.

수풀 속에 막대기가 놓여 있었습니다. 막대기를 꽉 쥐고 달려왔습니다. 사과를 매섭게 쏘아보고 고함쳤습니다.

"이 도깨비 사과놈. 물러나라, 에이, 에이."

막대기를 치켜들어, 힘껏 사과를 계속 두들겼습니다.

사과는 두들겨 맞을 때마다, 몸을 흔들어 커다랗게 되었습니다.

뭉게뭉게, 뭉실. 뭉게뭉게, 뭉실.

아저씨는 기겁을 할 정도로 깜짝 놀랐습니다. 더욱 열중입니다.

"너 따위에게 질 것인가. 에이 에이 에이."

눈을 부릅뜨고서 엉망진창으로 계속 두들기는 아저씨의 고함소리가, 조용한 길에 높이 울려 퍼졌습니다.

드디어 사과는 길 한가득히 크게 커져서, 아저씨를 내려다 보았습니다.

아저씨는 기가 막혔습니다. 지쳐 버렸습니다. 사과 앞에 털썩 엉덩방아를 찧었습니다.

그때, 하느님이 연기처럼 조용히 나타났습니다. 그리고, 부드럽게 말씀하셨습니다.

"이보게, 그것은 화를 잘 내는 사과라네. 밟거나 계속 치거나 하면, 더 한층 화내는 거네. 모르는체 하는 얼굴을 해서 지나가는 거라네."

"예. 더 상대하지 않겠습니다."

"그것이 좋네. 덤벼들어 가면 점점 성을 내어, 끝내는 어떻게 해도 어쩔 수 없게 될테니까."

하느님은 웃으며 사라졌습니다.

아저씨는 사과 옆을 가만히 지나갔습니다. 그러자, 사과는 작게 줄어들기 시작했습니다.

46. 허풍선이 선수
(ほらふき せんしゅ)

어느 도회에, 거짓말만 계속하고 있기 때문에 누구로부터 상대해주지 않는, 허풍선이선수라 하는 별명의 운동선수가 있었습니다.

어느 때, 허풍선이선수는 운동시합을 위해서 먼 도회로 외출했습니다.

오래간만에 되돌아 오자, 즉시 도회의 사람들에게 자랑하는 이야기를 시작했습니다.

"올림픽의 선수 따위, 대단한 것은 아니죠. 누구 혼자서 나에게 이길 사람은 없었던 것. 나는 달리기라면 바람처럼 빠르게, 넓이뛰기로는 등에 날개가 있는 것처럼 가볍게 뛰어넘어 보였지요. 거짓말이라고 생각하면, 저 도회의 사람에게 들어 보렴."

그때, 이야기를 듣고 있던 도회 사람이 말했습니다.

"아무도 그런 먼 도회의 사람에게 듣지않더라도, 지금 곧 여기에서 보여 준다면, 정말인가 거짓인가 알 거예요."

허풍선이선수는 한 마디 말도 대답을 하지 못하고, 살금살금 도망쳐 버렸습니다.

47. 독수리와 까마귀
(わしと からす)

까마귀가 있었습니다. 나무 가지에 앉아서, 양지에서 볕쬐기를 하고 있었습니다.

가지의 아래에는 푸른 목장이 멀리까지 펼쳐져 있고, 많은 양들이 술래잡기를 하며 놀고 있었습니다.

까마귀는 양들을 내려다보면서 혼자말을 했습니다.

"좋은 날씨구나. 목장도 양도 햇님에게 비추어져서, 그림으로 그린 것처럼 아름답구나."

까마귀는 황홀해서 경치를 보고 있자니, 갑자기 쏴쏴 쏴쏴하는 세찬 바람 소리가 귀옆을 지나갔습니다.

"우와아 무엇일까."

까마귀가 머리를 움츠려 있자마자, 한 마리의 커다란 독수리가 하늘에서 훨훨 내려 온 것이었다.

왕독수리는 순식간에, 목장의 어린양을 한 마리 잡아올려서, 하늘로 날아올라 갔습니다.

어린 양은 울며 외쳤습니다.

"엄마, 살려주세요."

그 소리가 점점 하늘 위에서 작아졌습니다.

까마귀는 보고 있으며, 감탄했습니다.

"저토록 큰 양을 채어서 가면, 언제까지나 먹을거리에 곤란을 겪지않겠지. 아아, 부럽구나."

까마귀는 자신도 어린양을 채고싶어졌습니다.

"왕독수리도 새라면 자신도 새다. 좋다, 채어 도망치자."

까마귀는 나뭇가지에서, 기세좋게 날아올라 갔습니다.

"어느 양을 채어볼거나."

목장 위를 날아가면서, 살찐 양을 발견했습니다.

"맛있겠다. 저것으로 결정하겠다."

까마귀는 양의 등에 뛰어내렸습니다. 힘껏 잡아서 당겼습니다. 그렇지만, 양은 무거워서 옮겨지지 않습니다.

까마귀는 당황했습니다. 더 한 번 양의 덥수룩한 털 속으로, 깊게 발을 넣었습니다.

"영차, 영차." 하고 당겼습니다.

역시 소용없습니다. 양은 무거워서 들어올려지지(들리지) 않습니다. 당황해 있자니, 양치기의 아저씨들이 달려왔습니다.

"이 까마귀 놈. 뭣을 하려는 거야."

아저씨들의 고함소리에, 까마귀는 도망치려고 서둘렀습니다. 그렇지만, 발이 양의 털 안에 걸려서 빼내는 것이 되지 않습니다.

까마귀는 잡혀서 끌려감을 당했습니다.

48. 말과 당나귀
(うまと ろば)

말과 당나귀가 무거운 짐을 많이 등에 지고, 주인과 여행하러 갔습니다. 그런데, 당나귀는 더위와 피로로 완전히 약해져 버렸습니다.

"말님, 부탁입니다. 나의 짐을 조금만 짊어져 주세요."

그렇지만, 말은 당나귀의 부탁을 들어 주려고는 하지않았습니다. 불쌍하게 당나귀는 얼마 안 있어 힘이 다해져 쓰러졌습니다.

주인은 당나귀의 짐을 전부 말의 등에 옮겨 쌓았습니다.

"아아! 이런 것이 되는 거라면, 저 때 당나귀의 부탁을 들어서, 조금이라도 짐을 짊어져 줘야 했는데."

말은 후회하였지만 이미 소용이 없습니다. 그래서 앞으로 무거운 짐을 전부 혼자서 나르지 않으면 안되게 되어 버렸습니다.

49. 그림의 사자
(えに かいた ライオン)

굉장히 용감한 젊은이가 있었습니다. 사냥을 몹시 좋아해서 말에 타고, 창을 들고 매일 짐승을 쫓아서, 들이나 산을 뛰어다니고 있었습니다.

그런데, 젊은이의 아버지는 겁이 많은 늙은이었습니다. 아들이 사냥하러 나갈 때마다, "말에서 떨어져 부상을 입지않을까, 짐승에게 물리지는 않을까?" 하고 조마조마하는 것이었습니다.

어느 때, 난폭한 사자가 나와서 들판을 지나는 사람이 몇 명이나 습격당했습니다.

그래서, 사냥에 뛰어난 용감한 사람들로서, 그 사자를 퇴치하는 것이 되었습니다.

"나야말로 이 창으로 한번에 찔러주겠다."

젊은이는 그 날을 즐거움으로 분발해 있었습니다. 아버지는 그 이야기를 들은 밤, 아들이 사자와 싸워서, 물어뜯겨 죽는 꿈을 꾸었습니다.

"큰일이다. 그런 무서운 일이 정말로 일어난다면 어떻게 하지."

걱정한 아버지는 여러 사람을 부려서, 몹시 서둘러 하늘까지 닿을 정도로 높게 돌을 쌓고, 그 위에 집을 세웠습니다.

그래서, "사랑하는 아들이여, 아무쪼록 나의 말한 것을 들어 주어라."

이렇게 말하고, 억지로 그 집에 아들을 넣(가두)어 버렸습니다. 그래서, 여러 사람의 파수꾼을 붙여서 지키게 했습니다.

그 집은 매우 멋지고 깨끗하였습니다. 벽에는 여러 가지 동물의 그림이 그려져 있었습니다. 그 그림을 보면 아들도 사냥하러 간 셈이 되어, 위로가 될거라고 생각한 때문입니다.

그렇지만, 아들은 오히려 사냥하는 일을 생각해서, 고통스러워 견딜 수 없었습니다. 사자의 그림이 밉살스럽게 되어졌습니다.

"야, 이 나쁜 놈아." 하고 그림의 사자를 매섭게 쏘아보았습니다.

"내가 이런 곳에 억지로 처넣어져 있는 것은 너의 탓이다. 너 따위가 있기 때문에, 아버지가 하찮은 꿈을 꾸고, 정말로 생각한 것이다. 좋다. 네 눈을 으깨어 주겠다."

아들은 손의 손가락으로 기세좋게 벽의 사자 눈을 푹 찔렀습니다. 찰나에 아들은,

"아, 아얏." 하고 부르짖고 웅크리고 앉았습니다.

벽이 깨어져 커다란 가시가 아들의 손톱 사이에 꽂힌 것입니다.

소리랑 절규를 우연히 듣고 알아서 사람들이 어떻게 한 것인가고 급히 달려왔습니다.

가시는 빼냈습니다. 그렇지만, 세균이 몸 전체에 돌아서, 아들은 높은 열을 내었습니다.

즉시 의사가 초청되어 와서 치료를 했습니다. 그렇지만, 조금도 열은 내리지 않습니다. 가엾게도 아들은 마침내 죽어 버렸습니다.

"어떻게 말할 것이랴. 사자에게 죽임을 당하지 않도록 이 집을 지었는데, 그 벽의 그림으로 죽어져 버린 것은…."

아버지는 이렇게 말하며 한탄했습니다.

"목숨을 살리려고 해서, 대신해서 하찮은 죽는법을 하게 해 버렸습니다. 이런 일이 될 거였다면, 사자퇴치에 가게 해서 용감하게 싸우게 해주면 좋았다라고 생각합니다."

아버지도 울면서 말했습니다.

50. 두 마리의 염소
(にひきの やぎ)

"비켜요. 내가 먼저 건너기시작했으니까."

"틀려요. 건너기시작한 것은 내가 먼저였던걸."

깊은 계류의 외나무다리에서, 두 마리의 염소가 마주쳤습니다. 두 마리는 서로 상대를 물리치려고 해서 싸움을 시작했습니다.

"비키라면 비켜요."

쭉쭉, 머리로서 서로 밀 때마다 다리는 흔들흔들 흔들립니다.

조금이라도 다리를 미끄러지게 하면, 아래는 깊은 골짜기의 밑바닥입니다. 떨어지면 생명은 없습니다.

"이런 곳에서 싸움을 해서 떨어지면 큰일이다. 자, 너, 내가 웅크릴테니까, 나를 타고 넘어서 먼저 건너면 좋겠어."

한 마리의 염소가 말했습니다. 이렇게 해서, 두 마리의 염소는 어느 쪽도 되돌아가지 않고, 무사히 다리를 건넜습니다.

51. 독수리의 보은
(わしの おんがえし)

어떤 사람이 들판을 걷고 있노라니, 푸드득 푸드득 하는 소리가 들려왔습니다. 곁으로 가 보니, 한 마리의 커다란 독수리가 올가미그물에 걸려서, 나오려고 발버둥치고 있는 것이었어요.

"뭐야, 독수리가 올가미에 걸린 것이구나."

지나치려고 하자, 독수리는 슬픈듯한 목소리로 울며,

"아무쪼록 살려주세요."라고 말하는 듯이 사내를 응시했습니다.

"가엾구나. 어쩌면(경우에 따라서는), 이 독수리는 둥지에 새끼를 두고, 와서 있는 것인지도 모른다. 엄마독수리가 잡히면 새끼들은 굶어죽을 것이겠지. 그렇다, 구조해 주어야지."

사내는 올가미를 벗겨서 독수리를 밖으로 (꺼)내어 주었습니다.

독수리는 기쁜 듯이 날아오르더니,

"고맙습니다." 라고 말하는 듯, 사내의 머리 위에서 몇 번이고 원을 그리며, 그 다음에 산 쪽으로 날아갔습니다.

이튿 날의 일, 사내는 도회로 외출했습니다.

도중에 오래된 커다란 집이 있었습니다. 사내는 지쳤기 때문에, 그 집의 담그늘에서 쉬었습니다.

돌에 앉아 있자니, 독수리가 날아와서, 갑자기 모자를 물고 도망갔습니다.

"야, 무슨 짓이니?"

사내가 올려다 보니, 살려주었던 그 독수리입니다.

"뭐야, 배은망덕하다. 이런 것이라면, 어제 올가미에서 꺼내어 구해주는 일은 않았다."

사내는 모자를 되찾으려고 뒤쫓아 달려갔습니다.

담에서 열 걸음 정도 떨어진 때입니다. 우르르 우르르, 무서운 땅울림을 내더니, 담이 무너졌습니다.

금이 가 있었던 것입니다. 허리를 기대고(앉아) 있던 곳은 무너진 돌로 메워져 있습니다.

"아아, 다행이다. 하마터면 목숨을 잃을 뻔했다."

그 때, 독수리가 하늘에서 툭 모자를 떨어뜨렸습니다.

"그러고 보니, 너가 살려주었구나. 고맙다."

이번에는 사내가 독수리에게 인사를 하였습니다.

52. 심술쟁이 개
(いじわる いぬ)

심술궂은 개가 있었습니다. 배를 굶주려서 비틀비틀거리며 걸어가고 있었습니다.

"음식물을 먹고 싶어요."

목장까지 비트적 비트적 갔습니다. 그러자, 나무통 안에는 건초가 가득 들어 있었습니다.

목장의 소의 먹을거리입니다. 개는 나무통 안을 분한 듯이 매섭게 쏘아보고 있었습니다.

"소에게는 이런 많은 먹을거리가 있다. 그런데도 나에게는 이런 것은 먹을 수 없다. 좋다. 화가 나서 소 따위에게 먹게 해 줄건가(먹게 해줄 수 없지)."

개는 나무통 안으로 들어갔습니다. 건초 위에 털썩 뒹굴었습니다. 얼마 안있어 소가 배(를) 고파서 되돌아왔습니다.

"개야, 나무통 안에서 나와 주어라. 거기에 나의 먹을거리가 있는 것이다."

"안돼. 먹게 해줄 건가. 물러날까보냐."

개는 으르렁거리며, 소를 접근하지 못하게 합니다.

소들은 기가 막혀서 웃었습니다.

"개야, 스스로 먹을 수 없는 것은 좋아하는 자에게 먹게 말야 어떠냐. 웃음거리예요."

개는 비척비척 도망갔습니다.

53. 원숭이와 콩
(さると まめ)

"기쁘구나, 기쁘도다. 콩이 많아 기쁘구나."

원숭이가 사이 좋은 친구들로부터 양 손에 한가득 콩을 받고 크게 기뻐, 아주 좋은 기분으로 들길을 강동강동 달려갔습니다.

"맛있을 듯한 콩이구나. 익혀서 먹어보자구나. 그렇지 않으면 볶아서 먹어보자구나…. 그렇다, 반분은 콩자반으로 하고, 반분은 볶은콩으로 해보자고."

톡 데굴데굴…. 그 때, 원숭이의 손에서 조그마한 콩알이 하나 굴러 떨어졌습니다.

"아차, 큰일이다."

원숭이는 당황해서 주우려고 했습니다. 그렇지만, 아아, 곤란했습니다. 양손에는 콩을 들고 있기 때문에 사용할(손쓸) 수 없습니다.

"곤란하구나. 어떻게 해보자. 아아, 그렇다. 좋은 수가 있다."

원숭이는 양손에 들고 있는 콩을 흘리지 않도록 해서, 살짝 조용히 웅크렸습니다.

입으로 물어서, 떨어진 콩을 주우려고 생각했던 것입니다. 그런데 큰일. 눈 깜짝할(앗이라고 말할) 사이에, 호드득 호드득, 호드득 호드득하고, 이번은 열 알 정도 떨어져 버렸습니다.

"아뿔사, 아뿔사. 곤란하다. 어떻게 해보자…."

원숭이는 당황했습니다.

"어떻게든 능숙하게 주울 좋은 방법은 없으려나."

원숭이가 초초하게 굴면 초조할수록, 주르르, 데구루루, 호드득 호드득…. 양손에 든 콩은 자꾸자꾸 굴러 떨어집니다.

"에에잇."

갑자기 원숭이는 얼굴을 새빨갛게 해서 화내기 시작했습니다.

"이제 아주 귀찮아. 이런 콩이란 더 이상 필요찮아."

원숭이는 양손에 남아 있는 콩을 거리낌 없이 근처에 흩뿌려서, 발로 짓밟더니, 푹푹 화를 내면서, 빨랑빨랑 집으로 돌아가 버렸습니다.

54. 당나귀의 그늘
(ろばの かげ)

여행자가 돈을 내고 당나귀에 탔습니다.

당나귀의 임자는 따가닥 따가닥 당나귀를 끌고 갔습니다.

햇님은 쨍쨍 비쳐서 타들어붙는 듯합니다.

"덥다 더워. 잠깐 내려서 쉬어서 가자."

여행자는 당나귀에서 내렸습니다. 하지만, 그늘이 없습니다.

그래서, 당나귀의 그늘에 들어가 쉬었습니다.

그러자, 그것을 보고 있던 당나귀의 임자가,

"당나귀는 빌려드렸지만 그늘까지는 빌려드리지 않았습니다."라고 여행자를 밀어내려고 했습니다.

"이런 바보같은 이야기가 있는가, 내가 빌린 당나귀의 그늘이라면 나의 것이다."

"아니 아니요. 당나귀의 그늘은 나의 것입니다. 비켜주세요."

두 사람은 서로 밀고 있었습니다만, 마침내 싸움을 시작했습니다.

그 사이에, 당나귀는 등이 가볍게 되어졌기 때문에, 크게 기뻐서 도망쳐 가 버렸습니다.

55. 아주머니의 실패
(おばさんの しっぱい)

아주머니가 닭을 다섯 마리 기르고 있었습니다.

어느 닭도 매일 노른자가 두 개 들어 있는 계란을 낳았습니다.

"멋지다, 훌륭하다."라고 아주머니는 닭을 칭찬하며, 크게 기뻐했습니다.

"계란이예요. 계란이예요. 노른자가 두 개 들어 있는, 갓낳은 커다란 계란이예요."

아주머니는 매일 커다란 소리를 내며, 시장으로 계란을 팔러 갔습니다.

"계란장사, 계란을 주세요. 어디 어디, 갈라서 봅시다. 어머나, 뭐, 정말이다. 어느 것이나 노른자가 두 개 들어 있다."

계란은 모두에게 기꺼이 받아들여져 잘 팔렸습니다.

"고맙습니다. 고맙습니다." 하고, 아주머니는 돈이 점점 늘어나서 기뻐서 어쩔 줄 모릅니다.

"자, 닭아, 모두 여기에 오너라. 목욕을 시켜 줄게. 다리를 씻어줄게. 날개를 닦아 줄게."

아주머니는 물투성이가 된 닭을 씻기도 하고, 머리를 쓰다듬기도 해서, 큰 소동입니다.

"닭아, 안녕. 오오, 오늘 아침도 멋진 알을 모두 잘 낳아주어라. 사례로 깨끗한 닭장을 만들어 줄게. 지금까지, 빈 터에 기르고 있어서 미안해. 오오, 귀엽다. 사랑스럽다. 닭아."

이윽고 멋진 닭장이 지어졌습니다. 넓은 운동장도 만들어졌습니다.

아주머니도 살고 있는 낡은 집을 헐고, 새로운 깨끗한 집을 지었습니다.

그 동안에, 아주머니는 점점 욕심부리는 생각을 일으켜 왔습니다.

"닭은 매일 알을 하나씩 낳지만, 두 개씩 낳아주기를 바라는 거다. 글쎄, 어떻게 하면 두 개씩 낳을까. 음 그렇다. 닭의 모이를 두 배로 늘리면 낳을테지."

아주머니는 자신의 생각이 아주 멋지다고 생각했습니다.

"나는 얼마나 머리가 좋은 것인가. 곧, 돈이 집에 들여 놓을 수 없을 정도 많이 모이어(쌓이어) 처치곤란해 버린다."

아주머니는 즐거워져 춤추기 시작했습니다. 매일, 닭에게 모이를 두 배로 주었습니다.

닭은 부쩍부쩍 살쪘습니다. 커다랗게 커다랗게 되었습니다. 몸이 무겁게 되어, 움직이는 것이 되지않습니다. 모두 느릿 느릿 걸으며, 운동을 하는 것도 되지않습니다.

어느 닭도 알을 낳지않게 되었습니다.
아주머니가 닭의 배를 두드리고 부탁해도, 계란은 하나도 낳지않게 되었습니다.

56. 돼지와 낙타
(ぶたと らくだ)

어느 날 돼지와 낙타가 산책 도중에 사과나무를 발견했습니다.
"와앗, 맛있을 것 같은 사과구나. 돼지군, 빨리 먹자요."
낙타는 몹시 기뻐서 목을 늘리더니, 높은 나무 가지에 달려 있는 사과를 덥석덥석 먹기 시작했습니다.
"낙타군, 나도 먹고싶(은 것)지만 키가 미치지 않아요…."
"흥, 그것은 가엾구나. 키가 작다고 말하는 것은 아주 불편한 것이라네."
낙타는 맛있는 듯이 사과를 먹으면서, 시치미를 뗀 얼굴로 있었습니다.
어느 날의 일입니다. 돼지와 낙타는 또 산책하러 나갔습니다. 그러자, 이번은 주변을 빙 울짱으로 두른 고구마 밭을 발견했습니다.
"와앗, 맛있을 것 같은 고구마구나. 낙타군, 빨리 먹자요."
돼지는 울짱을 빠져 들어가더니 우적우적 맛있는 듯이 고구마를 먹기시작했습니다.
"돼지군, 나도 먹고 싶지만 키가 너무 커서 (지나쳐서)…."
"흥, 키가 지나친 것도, 불편한 것이라네. 딱해서."
돼지는 시치미를 떼고 말했습니다.

57. 뛰어넘기 경주
(とびこえ きょうそう)

"깡총이군, 저쪽 산으로 놀려 가지않겠니."
돼지인 꿀꿀이가 토끼인 깡총이에게 말했습니다.
"응, 가자."

둘은 사이 좋게 줄지어 걸어갔습니다.
좋은 날씨입니다. 푸른 하늘에 햇님이 눈부시게 빛나고 있습니다.
"너희들, 어디로 가니."
여우인 캥캥이가 걸어왔습니다.
"저쪽 산으로 놀러 가는 거란다."
"나도 가자."
캥캥이도 한 패에 넣었습니다.
다람쥐인 쪼르르도 나무에서 내려왔습니다. 작은 새인 쨱쨱이도 날아왔습니다.
모두는 소리를 맞추어, 노래를 부르면서 갔습니다. 이쪽 산과 저쪽 산의 사이에 길이 있었습니다.
"야아, 이 길을 뛰어넘기 내기하지 않겠니."
깡총이가 말했습니다.
"응, 뛰어보자."
꿀꿀이가 말했습니다.
"자아 내가 심판관이 될게."
캥캥이가 말했습니다.
"이쪽 내에서 저쪽 초원(풀밭)까지 멋지게 뛴 자를 뛰어넘기선수로 하자."
캥캥이가 말하니 모두 찬성했습니다.
가위바위보해서 이겼기 때문에, 깡총이가 먼저 뛰는 것으로 되었습니다.
"하나, 둘, 셋."
깡총이는 긴 뒷다리로 지면을 찼습니다. 깡총 뛰어갔습니다.
그렇지만, 아까운 일로 저쪽 초원에 조금 못 미친 장소에서 떨어져 버렸습니다.
깡총이는 거기에 서서,
"와아, 유감이다."라고 말했습니다.
이번은 꿀꿀이입니다.
꿀꿀이는 멀리부터 전속력으로 달려 와서, 탕하고 뛰었습니다.
그런데, 깡총이보다도 더 앞에서 떨어져 버렸습니다.
"어머 어머."
꿀꿀이는 헐떡헐떡 숨을 쉬면서, 머리를 긁

었습니다.
깡총이는 뒤를 돌아 보고,
"캥캥이야 나의 쪽이 많이 뛰었기 때문에 내가 선수란다." 라고 말했습니다.
그러자 캥캥이는,
"틀리다. 저쪽 초원까지 뛰어넘지 못한 걸. 둘 다 선수로는 안돼요." 라고 말했습니다.

58. 쥐의 궁리
(ねずみの くふう)

형과 남동생의 사이 좋은 쥐가 있었습니다.
"형, 닭의 알이 떨어져 있어요."
"맛있겠구나. 굴러서 집으로 옮겨서 먹자."
"하지만, 저쪽으로 데굴데굴, 이쪽으로 데굴데굴 굴러가서, 잘 옮기지 못해요."
곤란해 있자니, 나쁜 여우가 달려왔습니다.
"기다려, 그 계란을 넘겨 줘."
"앗, 뺏기면 큰일이다. 남동생아, 달걀을 안아서 뒤집어. 너의 꼬리를 잡아 당겨서 옮길테니."
"예, 이제 됐어요."
"영차, 영차."
형제의 쥐는 알을 둥지 안으로 능숙하게 옮겼습니다.

59. 이리와 양치기
(おおかみと ひつじかい)

양치기의 사내아이가 산길을 되돌아오니,
"살려주세요."라는 소리가 들려 왔습니다.
보니, 이리가 깊은 구덩이에 떨어져 나올 수 없어서 곤란해 있는 것이었습니다.
"부탁입니다. 살려주세요. 그렇게 하면, 결코 당신의 양은 잡지 않겠습니다."
"정말인가."
"정말이고 말고요."
그래서, 양치기는 밧줄로 이리의 앞발을 묶어서 끌어올리려고 했습니다만, 뜻대로 되지 않습니다. 겨우 손을 뻗쳐서 당겨올렸습니다.

이리는 구덩이로부터 나오자,
"감히 너는 나를 밧줄로 묶으려고 했잖아. 자, 먹어 줄테니까, 그렇게 각오해." 하고 갑자기 덤벼들었습니다.
양치기는 깜짝 놀랐습니다.
"나는 너를 살려 주려고 했던 거야. 그것을 먹으려 한다니 은혜를 모르는 자다."
사내아이와 이리가 다투고 있을 때, 원숭이가 다가와서 멈췄습니다.
"기다리세요. 무엇 때문에 싸움을 하고 있는 것인지, 내가 재판을 해드리지요."
양치기의 사내아이는 이리를 구해주려 했던 것이라고 말합니다.
이리는 양치기가 밧줄로 다리를 묶으려고 해서 혼남(심한 일)을 당했다고 말합니다.
그래서, 영리한 원숭이는 말했습니다.
"그러면, 더 한 번 그때의 그대로 해서, 나에게 보여 주세요."
"좋고말고."
이리는 구덩이 속으로 뛰어들어갔습니다. 그러자,
"은혜를 모르는 이리야, 언제까지도 그곳에 그렇게 해서 있으면 좋겠다."
원숭이는 양치기 사내아이와 함께 재빨리 가버렸습니다.

60. 암탉과 밀
(めんどりと こむぎ)

암탉과 돼지와 집오리가 한 집에 살고 있었습니다.
어느 날의 일입니다. 암탉이 부지런히 밭에서 일하고 있는데, 한가로이 돼지가 노래를 부르며 지나가는 길이었습니다.
"돼지야, 돼지야."
암탉은 돼지에게 소리를 질렀습니다.
"함께 밭을 갈아주라(다오)."
"암탉아, 밭이란 걸 갈아서 무얼 하려고."
"밀씨를 뿌리는 것이지요."

"밀씨를 뿌려서 무얼 하려고."
"맛있는 밀을 많이 열매맺게 하려는 것이지요."
"밀을 열매맺어서 무얼 하려고."
"맷돌에 갈(빻)아서 밀가루를 만드는 것이지요."
"밀가루로(를) 무얼 하려고."
"맛있는 케익을 만드는 것이지요."
"후우웅…."
"돼지도 맛있는 케익이 먹고싶겠지요."
"그건 먹고 싶지. 케익은 제일 좋아하는 거."
"그렇다면, 함께 밭을 갈아주라."
"미안하지만 암탉아, 나는 귀찮은 일이 아주 싫어서요. 거들어주기는 할 수 없네요."

돼지는 그렇게 말하고, 암탉의 말하는 것 따위 들으려고도 하지않고, 재빠르게 가 버렸습니다.

이윽고, 암탉의 밭에는 큰 알맹이의 멋진 밀이 많이 많이 여물었습니다.

"자아, 맷돌로 밀을 갈(빻)아서, 많은 밀가루를 만들자."

부지런한 자의 암탉은 쉴 틈도 없이, 이번은 무거운 맷돌을 뱅글뱅글 돌려서, 밀가루를 만들기시작했습니다.

"꽥 꽥 꽥, 암탉아, 무엇을 하고 있는 거니."

집오리가 마침 지나가면서 암탉에게 소리쳤습니다.

"앗, 집오리야, 마침 좋은 시기에 와 주었다. 좀 도와주지 않겠니?"
"에엣, 내가 이런 일, 당치도 않아."
"하지만 집오리야, 이렇게 해놓으면, 언제라도 맛있는 케익을 만들 수 있단다."
"암탉아, 나는 지금 몹시 바쁜 거예요. 그래서, 도저히 거들어 주는 것 따위, 하고 있을 겨를은 없어요."

집오리는 그렇게 말하고, 엉덩이를 흔들흔들 거리며 가 버렸습니다.

"뱅글, 뱅글, 뱅글뱅글…. 무거운 맷돌을 암탉은 열심히 계속 돌려서, 새하얀 밀가루를 많이 만들었습니다.

"자아, 모두 맛있는 케익을 만들테니, 거들어 다오."
"예, 어머니."

어미 암탉은 병아리들에게 도움을 받아서, 케익을 만들기 시작했습니다.

"밀가루에 계란과 설탕을 섞는 거야. 그 다음에 우유도 넣자요."

얼마간 있으니, 암탉의 방에 맛있는 듯한 케익의 향기가 한가득 퍼졌습니다.

"자아, 다 구워졌어요. 모두 테이블에 앉아라."
"와앗, 맛있겠다."

병아리들은 몹시 기뻤습니다.

"모두, 엄마를 도와주어 고맙구나. 자아, 먹어요."

그때, 케익의 향기에 유혹되어, 돼지와 집오리가 살짝 암탉의 방을 들여다 보았습니다. 그렇더라도, 아무것도 도와주지 않았던 돼지와 집오리는 침을 흘리면서, 보고 있을 수 밖에 도리가 없었습니다.

문법활용

1. 형용사 용법과 활용

- 「けいようし」(형용사)는 「事物」의 성질이나 상태 등을 나타내는 품사인데, 어미가 「い」로 끝나며, 어미가 활용한다.
  - やさ(優)しい(상냥하다)
  - おとな(大人)しい(온순하다)
  - おとこ(男)らしい(사내답다)
  - つよ(強)い(강하다)
  - よわ(弱)い(약하다)
  - なが(長)い(길다)
  - みじか(短)い(짧다)
  - あか(赤)い(빨갛다)
  - ちい(小)さい(작다)
  - おお(大)きい(크다)

① 「い」로 끝나는 형용사는 명사를 수식할 때에는 「おおきい—큰, あかい—빨간」이 되고, 보어로 쓰일 때에는 「おおきい—크다, あかい—빨갛다」가 된다.
  - あかい はな(花)   (빨간 꽃)   … 명사수식
  - 花が あかい   (꽃이 빨갛다) … 보어

② 형용사의 정중형은 형용사 원형에 「です」를 붙여주면 된다.
  - おおきい → おおきいです。   (큽니다)
  - あかい → あかいです。   (빨갛습니다)

③ 형용사를 부정할 때에는 어미 「い」를 「く」로 바꾸고 그 밑에 「ない, ないです, ありません」 등을 달아준다.
  - あかい → あかく ない   (빨갛지 않다)
    - ないです
    - ありません   (빨갛지 않습니다)

④ 형용사의 활용

　형용사의 활용이란 형용사의 기본형에 다른 말이 연결될 때 형용사의 어미(맨 끝자)가 변화하는 것을 말하며, 어미의 윗 부분을 어간(변화하지 않는 부분)이라고 한다.

※ **うつくしい**(아름답다)…원형

활용형	어미변화	연결어	
① 미연형	かろ	う	아름다울 것이다.
② 연용형	かっ	た	아름다웠다
	く	なる	아름다워지다
	く	て	아름다워서
③ 종지형	い	。	아름답다
④ 연체형	い	とき	아름다울 때
⑤ 가정형	けれ	ば	아름답다면
⑥ 명령형	×	×	×

어간: うつくし

※② 연용형 : 어미 「い」가 かっ+た(たり), く+て(ては・ない・ても), も+なる, も+ありません 등에 접속된다.

③ 종지형 : 기본형(어미い)+そうだ(と・が・から・しい) 등에 접속된다.

④ 연체형 : 기본형(어미い)으로 종료, とき(こと・の・のに・ので・ばかり) 등에 접속된다.

• 형용사의 명사화

형용사어미 「い」를 「さ・み・け」로 바꾸면 명사가 된다.

おおきい(크다) → おおきさ(크기)	さびしい(쓸쓸하다) → さびしさ(쓸쓸함)	たのしい(즐겁다) → たのしさ(즐거움)
つよい(강하다) → つよみ(강함)	おもしろい(재미있다) → おもしろみ(재미)	かるい(가볍다) → かるみ(가벼움)
ねむい(졸리다) → ねむけ(졸음)	さむい(춥다) → さむけ(한기)	

2. 형용동사 용법

• 「형용동사」는 형용사와 마찬가지로 사물의 성질이나 상태를 나타내는 품사인데, 어미는 「だ」로 끝나며, 어미가 활용한다.

  きれいだ　　　　（깨끗하다）　　しず(静)かだ　　（조용하다）
  にぎ(賑)やかだ　（번화하다）　　あわ(哀)れだ　（불쌍하다）
  しんせつ(親切)だ（친절하다）　　べんり(便利)だ（편리하다）

① 형용동사의 정중형은 어미 「だ」가 「です」로 바뀐다.
  りっぱ(立派)だ(훌륭하다) → 立派です(훌륭합니다)
  元気だ(건강하다)　　　　 → 元気です(건강합니다)

② 형용동사의 활용 : 형용동사의 기본형에 다른 말이 연결될 때 형용동사의 어미가 변화하는 것을 말하며, 변화하지 않는 부분을 어간이라 한다.

  ※ **しょうじきだ**(정직하다)…원형

활용형	어미변화	연결어	
① 미연형	だろ	う	정직할 것이다.
② 연용형	だっ	た	정직했다
	で	ある	정직하다
しょうじき	に	なる	정직해지다
③ 종지형	だ	。	정직하다
④ 연체형	な	とき	정직할 때
⑤ 가정형	なら	ば	정직하다면
⑥ 명령형	×	×	×

 ※③ 종지형 : 기본형(だ)으로 종료, そうだ(と・けれでも・が・から) 등에 접속된다.
  ④ 연체형 : 기본형(だ) → な＋とき(の・のに・ので) 등에 접속된다.

3. 5단활용동사

● 동사의 활용어미가「あ・い・う・え・お」의 5단에 걸쳐서 규칙적으로 활용하는 동사이다.

(예) よむ(읽다) …… 동사원형

활용형	어미변화	연결어
① 미연형	ま / も	ない (읽지않는다 - 부정) う　 (읽자 - 의지・권유형)
② 연용형	み	ます(よんだ - 과거형)
③ 종지형	む	。
④ 연체형	む	とき(읽을 때)
⑤ 가정형	め	ば(읽으면)
⑥ 명령형	め	읽자(명령어미로 종료)

(어간「よ」가 각 어미변화에 연결됨)

※ ① 미연형은 조동사「ない・ぬ・せる・させる・れる・られる」 등에 접속되는 형이다.

● 5단동사 판별법
(1) 동사원형의 활용어미가「る」가 아닌 모든 동사
    (예) よむ・いく・とぶ・はなす・おもう … 등

(2)「る」앞의 글자가「あ・う・お」단인 모든 동사
    (예) かる・とる・のる・つる・あたる … 등

(3)「る」앞의 글자가「い・え」단인 예외의 5단동사
    (예)
    ① い段
        い(要)る・はい(入)る・まい(参)る・き(切)る・し(知)る・はし(走)る・ち(散)る・かぎ(限)る … 등
    ② え段
        え(選)る・かえ(帰)る・け(蹴)る・て(照)る・へ(減)る・ね(練)る … 등

4. 동사의 활용형

일본어의 동사는 어간(語幹(ごかん : 변하지 않는 부분)과 어미(語尾 ; ごび : 변하는 부분―모두 「**ウ段**」글자로 끝맺고 있음)로 나누어지는데 뒤에 연결되는 말에 따라 어미가 여러 가지로 변한다.

이러한 동사의 어미변화를 「동사의 활용」(どうしの かつよう)이라고 한다. 단, 동사 중에는 「くる・する」의 변격동사처럼 어간과 활용어미의 구별이 없고 전체가 변화하는 것도 있다.

동사의 활용형에는 다음과 같은 6종류가 있다.

① 미연형(**未然形:みぜんけい**)은 「ない・う・よう」 등에 연결되는 형태인데 부정・미래・추측 등을 나타낸다.
　耳で きかない。(귀로 듣지 않는다.)
　耳で きこう。(귀로 듣자.)

② 연용형(**連用形:れんようけい**) 「ます・たい・て・た・たり」 등에 연결되는 형태이다.
　耳で ききます。(귀로 듣습니다.)

③ 종지형(**終止形:しゅうしけい**)은 문장을 끝맺는 형태인데 동사원형과 같다.
　耳で きく。(귀로 듣다.)

④ 연체형(**連体形:れんたいけい**)은 「とき・ひと」 등의 체언에 연결되는 형태이다.
　耳で きくとき。(귀로 들을 때)

⑤ 가정형(**仮定形:かていけい**)은 「ば」에 연결되는 형태인데 가정의 뜻을 나타낸다.
　耳で きけば。(귀로 들으면)

⑥ 명령형(**命令形:めいれいけい**)은 命令의 뜻을 나타내며 문장을 끝맺는 형태로 쓰인다.
　耳で きけ。(귀로 들어라.)

5. 동사의 음편형

5단활용동사의 연용형이 조사「て・たり」와 조동사「た」등에 연결될 때 나타나는 현상인데 이것은 발음의 편의상 일어나는 현상이므로「음편」이라고 일컫는다.

동사의 음편형에는 어미가「い」로 변하는「い音便形」,「っ」로 변하는「促音便形」, 그리고「ん」으로 변하는「撥音便形」,이 3 가지가 있다.

(1) **い音便形** : 동사원형의 어미가「く・ぐ」인 경우
　　(단, 行く는 예외 → 行き(ます)… 行って, 行った, 行ったり)

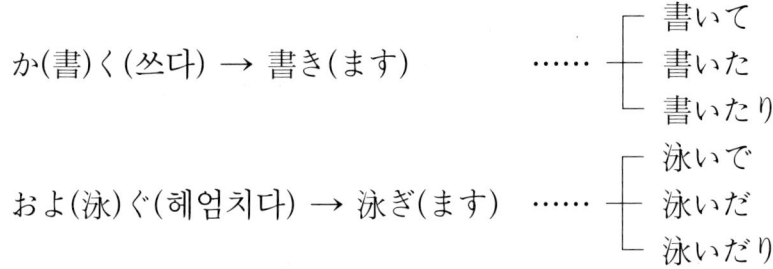

(2) **促音便形** : 동사원형의 어미가「う・つ・る」인 경우

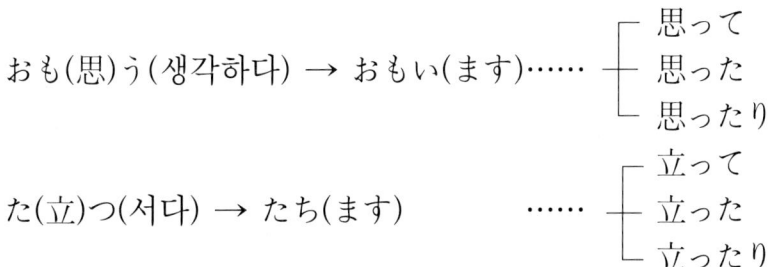

(3) **撥音便形** : 동사원형의 어미가「む・ぶ・ぬ」인 경우

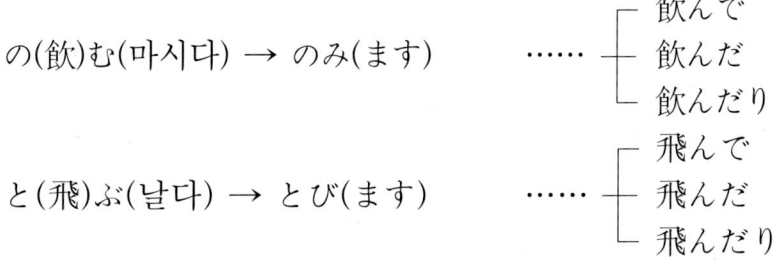

6. 상1단동사・하1단동사・カ행변격동사・サ행변격동사 활용

(1) 상1단동사 활용례(見る: 보다)

기본형	어간	미연형	연용형	종지형	연체형	가정형	명령형	의지・권유형
見る	み	み	み	みる	みる	みれ	みろ みよ	み
접속되는 말		ない	ます/ た/て /たり	종료	とき	ば	종료	よう

(2) 하1단동사 활용례(食べる: 먹다)

기본형	어간	미연형	연용형	종지형	연체형	가정형	명령형	의지・권유형
食べる	た	たべ	たべ	たべる	たべる	たべれ	たべろ/ たべよ	たべ
접속되는 말		ない	ます/ た/て /たり	종료	とき	ば	종료	よう

(3) カ행변격동사 활용례(くる: 오다)

기본형	어간	미연형	연용형	종지형	연체형	가정형	명령형	의지・권유형
来る	○	こ	き	くる	くる	くれ	こい	こ
접속되는 말		ない	ます/ た/て /たり	종료	とき	ば	종료	よう

(4) サ행변격동사 활용례(する: 하다)

기본형	어간	미연형	연용형	종지형	연체형	가정형	명령형	의지・권유형
する	○	し/さ /せ	し	する	する	すれ	しろ/ せよ	し
접속되는 말		ない/ せる/ れる/ ぬ	ます/ た/て /たり	종료	とき	ば	종료	よう

일본어 회화 및 독해력 향상을 위한
イソップの ぐうわ
たのしく まなぶ にほんご

초판인쇄	2011년 7월 5일
초판발행	2011년 7월 10일

지은이 : 林 相 倍
펴낸이 : 張 世 珍
펴낸데 : 學 士 院

대구광역시 중구 서문로2가 38-3
전화 : (053) 253-6967, 254-6758
FAX : (053) 253-9420
등록 : 1975년 11월 17일 (라120호)

□ 무단복제 엄금   정가 16,000원